30 दिन में हिन्दी से उड़िया सीखें

AF579768

कृष्ण गोपाल विकल
अमिताभ ढींगरा

www.diamondbook.in

© प्रकाशकाधीन

प्रकाशक : डायमंड पॉकेट बुक्स (प्रा.) लि.
X-30 ओखला इंडस्ट्रियल एरिया, फेज-II
नई दिल्ली-110020
फोन : 011-40712200
ई-मेल : wecare@diamondbooks.in
वेबसाइट : www.diamondbooks.in
संस्करण : 2025

30 दिन में हिन्दी से उड़िया सीखें
by कृष्ण गोपाल विकल अमिताभ ढींगरा

प्रस्तावना

मातृभाषा के अतिरिक्त किसी भी भाषा को सीखना अपने आप में सुखद अनुभव है। किसी बालक को उसकी दैनिक जिंदगी में भाषा सीखते हुए देखने से इस बात का ख्याल आता है। बालक हर क्षण माता-पिता या अन्य रिश्तेदारों से नये शब्द सीखता है, तब उसका हृदय आश्चर्य, आतुरता, रोमांच और अनुभूति से भर उठता है। शब्द के विविध रूपों के साथ वह खिलौने की तरह खेलता है और सहज भाव से आनंदपूर्वक उसका अध्ययन करता है।

नई भाषा सीखना, जीवन के अद्‌भुत अनुभव से गुजरने जैसा है क्योंकि वह सर्जनात्मक कार्य के अनंत अवसर खोल देता है। गांधी जी कहते थे कि हमें अधिक से अधिक भाषाओं का ज्ञान होना चाहिए। इससे हमें उस भाषा की संस्कृति का भी पता चलता है।

इस पुस्तक के माध्यम से ऐसे लोगों को भाषा सीखाने का प्रयास है, जिनकी मातृभाषा उड़िया नहीं है। उड़िया भाषा को बड़ी ही सरल एवं सहजता के साथ सीखने के तरीके यहां प्रस्तुत किए गए हैं। इस किताब में वर्णमाला, शब्द, वाक्य क्रमानुसार दर्शाये गये हैं और प्रतिदिन जीवन में प्रयोग होने वाले संवादों को समाहित किया गया है। स्थिति संबंधित वाक्यों एवं संवादात्मक वाक्यों के चुनाव में भारतीय भाषा और संस्कृति में अधिकतम प्रयोग में आने वाले सरल वाक्यों को चुना गया है। इस पुस्तक का उद्‌देश्य यह है कि पाठक सीखने की प्रक्रिया के दौरान अभिव्यक्त होने की तथा संवाद साधने की कला से और भी समृद्ध बनें साथ ही भारतीय उपमहाद्वीप में तथा विश्व के कोने-कोने में बोली जाने वाली उड़िया के साथ जल्दी से संपर्क साध सकें।

उड़िया, विश्व में हजारों लोगों की मातृभाषा है और उनके अलावा और भी कई लोग इस भाषा का प्रयोग करते हैं और समझते भी हैं। अतः विश्व के सबसे बड़े लोकतंत्र के साथ जुड़ने के लिए यह भाषा मुख्य आधार है। इस भाषा के साथ आपका परिचय सिर्फ बिजनेस संवाद का एक अवसर प्रदान करता है। इतना ही नहीं, यह भाषा विशाल उड़िया भाषी परिवार के साथ बात करने का एक आध्यात्मिक आनंद भी प्रदान करती है।

हमें विश्वास है कि हिन्दी के माध्यम से उड़िया सीखने वालों के लिए यह पुस्तक अति लोकप्रिय बनेगी। युवा पीढ़ी भी इसे बहुत पसंद करेगी।

–कृष्ण गोपाल विकल

–अमिताभ ढींगरा

प्रकाशकीय

देश को एकसूत्र में पिरोने के उद्देश्य के साथ इस पुस्तक श्रृंखला (**हिंदी के माध्यम से भारतीय भाषाएं सीखिए**) का प्रकाशन कर रहे हैं। जो पाठक को अपनी मातृभाषा के अलावा अन्य भारतीय भाषा सीखने का सुंदर अवसर प्रदान करके देशवासियों की एकजुटता को मजबूत और समृद्ध बनाएगी।

इस श्रेणी की सभी पुस्तकों को पांच हिस्सों में बांटा गया है। हर पुस्तक का पहला हिस्सा भाषा के मूलभूत ज्ञान को समेटेगा और अन्य हिस्से संवाद, पहलू और अध्ययन के साथ भाषा के सभी पक्षों को समेट कर पाठक को सरलता से भाषा का ज्ञान प्रदान करेगा।

इस पुस्तक को तैयार करने में प्रसिद्ध लेखक और कई पुस्तकों के संपादक कृष्ण गोपाल विकल जी ने मेहनत की है। वह इसके प्रमुख संपादक भी हैं। उनको श्री अमिताभ ढींगरा का सुंदर सहयोग प्राप्त हुआ। हम उम्मीद करते हैं कि देश के विविध हिस्सों के लोग एक-दूसरे के करीब आएं और एक-दूसरे को समझें। इससे देश की एकता-अखंडता सुदृढ़ होगी। इसी विश्वास के साथ हमारी यह पुस्तक प्रस्तुत है।

–नरेन्द्र कुमार वर्मा

वर्णमाला

भाग-१ : वर्णमाला

भाग-२ : शब्द

भाग.३ : वर्गीकृत वाक्य

भाग-४ : स्थिति सूचक वाक्य

भाग-५ : संवाद

परिशिष्ट

भाग-१ : वर्णमाला

पहली सीढ़ी ୧ମ ସୋପାନ

आप सबका स्वागत है
ଆପଣମାନଙ୍କୁ ସ୍ୱାଗତ

यह किताब अभी आप के हाथ में है।

यह इस बात का निर्देश करती है कि आपको उड़िया भाषा सीखने में रुचि है। हमारे लिए यह प्रसन्नता की बात है।

भारत की सभी भाषाओं में निःशंक उड़िया का प्रयोग होता है। विश्व में सबसे ज्यादा बोलने वाली भाषा में इंग्लिश, चाइनीज, हिन्दी के अलावा उड़िया भाषा का भी अधिक प्रयोग किया जाता है। उड़िया वह भाषा है, जिनके पास अपनी ही विशाल और समृद्ध साहित्य विरासत है।

आप सब के प्रशंसनीय उत्साह का यहां पर स्वागत है और आप सबको सफलता मिले ऐसी शुभकामनाएं है। एक के बाद एक सीढ़ी चढ़ते जाओ और आपके लक्ष्य तक अचूक पहुंचें... तो चलो, शुरू करते हैं हम हमारी शब्दयात्रा।

संवादो में अभिवादन (नमस्ते) के वाक्य :

उड़िया में अंग्रेजी की तरह अभिवादन के लिए समयसूचक स्वतंत्र पद नहीं है। जैसे – **गुड मोर्निंग, गुड इवनिंग, गुड नाइट** आदि...। उड़िया में हम हर समय किसी व्यक्ति को मिलते ही ନମସ୍କାର **(नमस्कार) या** ପ୍ରଣାମ **(नमस्ते)**, आदि प्रयोग करते हैं। अलग-अलग धर्म के लोग अपनी-अपनी श्रद्धा-परंपरा के अनुसार अलग-अलग शब्द का प्रयोग भी करते है। उदा., - ସତ୍ ଶ୍ରୀ ଅକାଲ ! ସଲାମ ଆଲେକୁମ, आदि।

मिलने पर ଦେଖାହେଲେ

नमस्कार, श्रीमान्!	ନମସ୍କାର, ମହାଶୟ !	Namaskār, mahāshaẏ!
नमस्कार, महोदया!	ନମସ୍କାର, ମହାଶୟା !	Namaskār, mahāshaẏā!
नमस्कार, मित्र!	ପ୍ରଣାମ, ମିତ୍ର !	Pranām, mitra!
नमस्ते, भाई!	ପ୍ରଣାମ, ଭାଇ !	Pranām, bhai!

नमस्ते, साथी!	ପ୍ରଣାମ, ବନ୍ଧୁ!	Pranām, Bandhu!
शुभ रात्रि, बहन!	ଶୁଭରାତ୍ରି, ଭଉଣୀ!	Shubharātri, Bhaunī!

विदा होने पर ବିଦାୟ ନେଲାବେଳେ

विदा, मेरे बच्चे!	ବିଦାୟ, ପିଲାମାନେ!	Vidāẏa, pilāmāne!
अच्छा विदा!	ବିଦାୟ!	Vidāẏa!
अलविदा!	ବିଦାୟ!	Vidāẏa!
अलविदा!	ଶୁଭ ବିଦାୟ!	Shubha Vidāẏa!

शुभकामनाएं ଶୁଭକାମନା

दीवाली शुभ हो!	ଶୁଭ ଦିପାବଳୀ!	Shubha Dipābaḷī!
ईद मुबारक!	ଇଦ୍ ର ଶୁଭେଚ୍ଛା!	Id ra subhechhā!
गुरुपर्व की बधाई!	ଗୁରୁପର୍ବର ଅଭିନନ୍ଦନ!	Guruparvara abhinandan!
क्रिसमस पर बधाई!	କ୍ରିସ୍‌ମସର ଅଭିନନ୍ଦନ!	Krismasra abhinandan!

टिप्पणी

सभी भारतीय उड़िया में किसी भी स्थिति में ନମସ୍କାର **(नमस्कार) या** ପ୍ରଣାମ **(नमस्ते) कहते हैं। उनकी धार्मिक या तो सांप्रदायिक आस्था बताने के लिए मुस्लिम** ସଲାମ ଆଲେକୁମ **(सलाम आलेकुम), सिक्ख** ସତ୍ ଶ୍ରୀ ଅକାଲ **(सत् श्री अकाल), राष्ट्रवादी** ଜୟ ହିନ୍ଦ୍ **(जय हिंद) और मानवतावादी** ଜୟ ଜଗତ୍ **(जय जगत्) बोलते हैं।**

दूसरी सीढ़ी - ୨ୟ ସୋପାନ

वर्णमाला
ବର୍ଣ୍ଣମାଳା

उड़िया भाषा की अपनी ही अलग लिपि है, जिनको ब्राह्मी लिपि कहा जाता है।

उड़िया वर्णमाला में ११ स्वर और ३५ व्यंजन का समावेश होता है।

यहां हम स्वरों का अध्ययन करते हैं :

स्वर ସ୍ୱରବର୍ଣ୍ଣ

ଅ	ଆ	ଇ	ଈ	ଉ	ଊ	ଋ
अ	आ	इ	ई	उ	ऊ	ऋ
ୠ	ଏ	ଐ	ଓ	ଔ	ଅଂ	ଅଃ
ॠ	ए	ऐ	ओ	औ	अं	अः

पहचान और उच्चार—

ଉ	ଊ	ଅ	ଆ	ଓ	ଔ	ଅଂ
ଅଃ	ଇ	ଈ	ଋ	ୠ	ଏ	ଐ

1. स्वरों ଅ ଆ ଓ ଔ ଅଂ ଅଃ एक समय ଅ ଆ ଓ ଔ ଅଂ ଅଃ लिखा करते थे, लेकिन स्टान्डर्डाइड उड़िया लिपि में अब वह प्रयोग नहीं होता। यह बात उड़िया सीखने वाले को ध्यान में रखनी चाहिए।

2. उड़िया स्वरों के दो विभाग होते हैं।:

   (i) (ह्रस्व स्वर ହ୍ରସ୍ୱ) और (ii) (संधि स्वर ସନ୍ଧି)

(i) **ह्रस्व स्वर** ହ୍ରସ୍ୱ ସ୍ୱର:

ଅ	ଇ	ଉ	ଋ
अ	ई	उ	ऋ

(ii) **संधि-स्वर ସନ୍ଧି ସ୍ୱର**

ଆ	ଈ	ଊ	ଏ	ଐ	ଓ	ଔ
आ	ई	ऊ	ए	ऐ	ओ	औ

3. ह्रस्व स्वरों का उच्चारण संक्षिप्त होता है और संधि या दीर्घ स्वरों का उच्चारण लंबा होता है। यह उच्चारण कैसे होते है, यहां समझते हैं :.

अक्षर	**उच्चार**	**समजूति**
ଅ	(ह्रस्व) अ	'अ' का उच्चारण संक्षिप्त होता है। उदा., **अमल**
ଆ	(संधि) आ	'आ' का उच्चारण लंबा होता है। उदा., **आगे**
ଇ	(ह्रस्व) इ	'इ' का उच्चारण संक्षिप्त होता है। उदा., **इस**
ଈ	(संधि) ई	'ई' का उच्चारण लंबा होता है। उदा., **ईश**
ଉ	(ह्रस्व) उ	'उ' का उच्चारण संक्षिप्त होता है। उदा., **ऊपर**
ଊ	(संधि) ऊ	'ऊ' का उच्चारण लंबा होता है। उदा., **ऊंट**
ଋ	(ह्रस्व) ऋ	'ऋ' का उच्चारण संक्षिप्त होता है। उदा., **ऋषि**
ଏ	(संधि) ए	'ए' का उच्चारण लंबा होता है। उदा., **एक**
ଐ	(युति स्वर) ऐ	'ऐ' का उच्चारण लंबा होता है। उदा., **ऐरावत**
ଓ	(संधि) ओ	'ओ' का उच्चारण लंबा होता है। उदा., **घोड़ा**
ଔ	(युति स्वर) औ	'औ' का उच्चारण लंबा होता है। उदा., **औपचारिक**
ଅଂ	(संधि) अं	'अं' का उच्चारण लंबा होता है। उदा., **अंतर**
ଅଃ	(संधि) अः	'अः' का उच्चारण लंबा होता है। उदा., **दुःख**

टिप्पणी

* ଅ, (ଅଂ), ଅଃ वास्तव में पूर्ण स्वर नहीं हैं, लेकिन गौण स्वर (ଅଯୋଗବାହ) है। किन्तु सुविधा के लिए उन्हें स्वरों के साथ रखा जाता है।

तीसरी सीढ़ी - ୩ୟ ସୋପାନ

व्यंजन
ବ୍ୟଞ୍ଜନ ବର୍ଣ୍ଣ

हम जानते हैं कि उड़िया में ४० व्यंजन हैं। उनमें से कुछ व्यंजन उड़िया की विशेषता है, जो अंग्रेजी या अन्य किसी भाषा में नहीं है।

सामान्यत: उड़िया वर्णमाला की किताबों में यह देखने को मिलते हैं, उनके मुताबिक व्यंजन इस प्रकार है :

କ	ଖ	ଗ	ଘ	ଙ	ଚ	ଛ	ଜ	ଝ	ଞ
क	ख	ग	घ	ङ	च	छ	ज	झ	ञ
ଟ	ଠ	ଡ	ଢ	ଣ	ତ	ଥ	ଦ	ଧ	ନ
ट	ठ	ड	ढ	ण	त	थ	द	ध	न
ପ	ଫ	ବ	ଭ	ମ	ଯ	ର	ଲ	ୱ	
प	फ	ब	भ	म	य	र	ल	व	
	ଶ	ଷ	ସ	ହ	କ୍ଷ	ୟ	ଳ		
	श	ष	स	ह	क्ष	य	ल		

ଅତିରିକ୍ତ ବର୍ଣ୍ଣ

କ୍ଷ ଡ଼ ଢ଼ ୟ

उड़िया में ଅ 'अ' प्रत्येक व्यंजन और स्वर ध्वनि में निर्गत है, उसी के अनुसार उच्चारण भी किया जाता है।

पहचान और उच्चार

ଗ	ମ	ଭ	ର	କ୍ଷ	ଖ	ଶ	ୱ	ବ	କ
ଘ	ଧ	ଙ	ଡ	ଢ	ଦ	ଞ	ଟ	ଣ	ଠ
ତ	ନ	ଯ	ଥ	ଚ	ଜ	ଛ	ଝ	ଫ	ପ
ଳ	ଷ	ସ	ୟ	ହ	ଲ	ଂ	ଃ	ଁ	୍

व्यंजन के प्रकार

मूलत: व्यंजन के दो प्रकार हैं। 1. ବର୍ଗୀୟ बर्ग्य, 2. ଅବର୍ଗୀୟ अबर्ग्य

କ से ମ - तक के 25 व्यंजनों को स्पर्श व्यंजन (ବର୍ଗୀୟ ବ୍ୟଞ୍ଜନ) कहते हैं। ये पांच भागों में विभाजित है।

(i) 'କ' ବର୍ଗ-	କ, ଖ, ଗ, ଘ, ଙ	କଣ୍ଠ୍ୟ ବର୍ଗ
(ii) ଦ 'ଚ' ବର୍ଗ-	ଚ, ଛ, ଜ, ଞ, ଝ	ତାଲବ୍ୟ ବର୍ଗ
(iii) 'ଟ' ବର୍ଗ-	ଟ, ଠ, ଡ, ଢ, ଣ	ମୂର୍ଦ୍ଧନ୍ୟ ବର୍ଗ
(iv) 'ତ' ବର୍ଗ-	ତ, ଥ, ଦ, ଧ, ନ	ଦନ୍ତ୍ୟ ବର୍ଗ
(v) 'ପ' ବର୍ଗ-	ପ, ଫ, ବ, ଭ, ମ	ଓଷ୍ଠ୍ୟ ବର୍ଗ

ଯ, ୟ, ର, ଳ, ଲ, ୱ, ଶ, ଷ, ସ, ହ, କ୍ଷ, ଂ (अनुस्वार), ଃ (विसर्ग), ଁ (चन्द्रबिन्दु) अबर्य व्यंजन है- ଅବର୍ଗୀୟ ବ୍ୟଞ୍ଜନ।

व्यंजनों के उच्चार :

आइए, जानते हैं, कौन से व्यंजन का उच्चार किस प्रकार किया जाता है :

अक्षर	उच्चार	उदाहरणार्थ शब्द
କ	क	कमल
ଖ	ख	खरगोश
ଗ	ग	गमला
ଘ	घ	घड़ी
ଙ	ङ	ङ

ଚ	च	चरखा
ଛ	छ	छतरी
ଜ	ज	जग
ଝ	झ	झंडा
ଞ	ञ	न्य प्रकार का सिंगल साउण्ड
ଟ	ट	टमाटर
ଠ	ठ	ठठेरा
ଡ	ड	डमरू
ଢ	ढ	ढोलक
ଣ	ण	रण – 'ण'
ତ	त	तबला
ଥ	थ	थन
ଦ	द	दवात
ଧ	ध	धन
ନ	न	नल
ପ	प	पवन
ଫ	फ	फल
ବ	ब	बकरी
ଭ	भ	भवन
ମ	म	माता
ଯ	य	यम
ର	र	रात
ଲ	ल	फल

ୱ	व	वक्त
ଶ	श	शलगम
ଷ	ष	षट्कोण
ସ	स	सपेरा
ହ	ह	हथौड़ा
କ୍ଷ	क्ष	क्षत्रिय
ୟ	य	यह
ଳ	ल	लट्टू

टिप्पणी

1. ଙ, ଞ, ଣ, ଡ଼ और ଢ଼ कभी भी शब्द के प्रारंभ में नहीं आते।

2. ଖ, ଘ, ଛ, ଝ, ଠ, ଢ, ଣ, ଧ, ଫ, ଭ और ଷ व्यंजन उड़िया भाषा की विशेषता हैं, जो व्यंजन अंग्रेजी जैसी भाषा में नहीं दिखते। इन व्यंजनों को उच्चार के माध्यम से प्रेक्टिस से समझा जा सकता है।

चौथी सीढ़ी - ୪ର୍ଥ ସୋପାନ

वर्णमाला कैसे लिखें ଅକ୍ଷର କେମିତି ଲେଖିବେ

1. उड़िया भाषा 'ब्राह्मी' लिपि में लिखी जाती है। यह लिपि रोमन लिपि की तरह बायें से दांये लिखी जाती है। हिन्दी की तरह उड़िया में शब्दों के ऊपर रेखाएं नहीं होतीं।

आइए, हम आरंभ करते हैं कि स्वर और व्यंजन किस प्रकार से लिखे जा सकते हैं।

स्वर ସ୍ୱର

ଅ	ଆ	ଇ	ଈ	ଉ	ଊ
ଋ	ୠ	ଏ	ଐ	ଓ	ଔ

व्यंजन ବ୍ୟଞ୍ଜନ

କ	ଖ	ଗ	ଘ	ଙ
ଚ	ଛ	ଜ	ଝ	ଞ
ଟ	ଠ	ଡ	ଢ	ଣ
ତ	ଥ	ଦ	ଧ	ନ
ପ	ଫ	ବ	ଭ	ମ
ଯ	ର	ଲ	ୱ	ଶ
	ଷ	ସ	ହ	
	କ୍ଷ	ୟ	ଳ	
	ଡ଼		ଢ଼	

पांचवीं सीढ़ी - ୫ମ ସୋପାନ

स्वर एवं उनकी मात्रा
ସ୍ୱର ଏବଂ ସେଗୁଡ଼ିକର ମାତ୍ରା

उड़िया लिपि में स्वर के दो प्रकार हैं :-

(१) सिलेबिक फोर्म्स और (२) एब्रिवेटेड फोर्म्स।

यहां सिलेबिक फोर्म्स और एब्रिवेटेड फोर्म्स को इस प्रकार से देख सकोगे।

सिलेबिक फोर्म्स : ଅ ଆ ଇ ଈ ଉ ଊ ଋ ଏ ଐ ଓ ଔ

एब्रिवेटेड फोर्म्स :- ା ି ୀ ୁ ୂ ୃ େ ୈ ୋ ୌ

1. (i) सिलेबिक फोर्म्स को अलग तरह से इस प्रकार लिखा जा सकता है :

ଆ (आ) ଆଓ (आओ) ଆଇନ୍ତୁ (आइए)

(ii) स्वर के एब्रिवेटेड फोर्म्स व्यंजन के अक्षरों के आगे के भाग में आते हैं, वह इस प्रकार हैं :

(a) ା ୀ अक्षर के बाद आते हैं।

(b) େ अक्षर के पहले आते हैं।

(c) ୁ ୂ ୃ अक्षर के नीचे आते हैं।

(d) ି ୀ अक्षर के ऊपर आते हैं।

स्वर के इस एब्रिवेटेड फोर्म्स को मात्राएं भी कहा जाता है।

स्वर और व्यंजन का मात्राओं के साथ संयोजन।

2. स्वर (ସ୍ୱର) और କ୍ व्यंजन का मात्राओं के साथ संयोजन किस प्रकार होता है, उसे यहां समझते हैं। इस संयोजन को बारहखड़ी (ମାତ୍ରା) भी कहा जाता है।

କ	କା	କି	କୀ	କୁ	କୂ	କୃ	କେ	କୈ	କୋ	କୌ	କଂ	କଃ
क	का	कि	की	कु	कू	कृ	के	कै	को	कौ	कं	कः

आगे के भाग में आने वाली मात्रा किस प्रकार से संयोजित होती है, वह यहां बताया गया है :

ଖ	ଖା	ଖି	ଖୀ	ଖୁ	ଖୂ	ଖୃ	ଖେ	ଖୈ	ଖୋ	ଖୌ	ଖଂ	ଖଃ
ख	खा	खि	खी	खु	खू	खृ	खे	खै	खो	खौ	खं	खः
ଗ	ଗା	ଗି	ଗୀ	ଗୁ	ଗୂ	ଗୃ	ଗେ	ଗୈ	ଗୋ	ଗୌ	ଗଂ	ଗଃ
ग	गा	गि	गी	गु	गू	गृ	गे	गै	गो	गौ	गं	गः
ଘ	ଘା	ଘି	ଘୀ	ଘୁ	ଘୂ	ଘୃ	ଘେ	ଘୈ	ଘୋ	ଘୌ	ଘଂ	ଘଃ
घ	घा	घि	घी	घु	घू	घृ	घे	घै	घो	घौ	घं	घः
ଚ	ଚା	ଚି	ଚୀ	ଚୁ	ଚୂ	ଚୃ	ଚେ	ଚୈ	ଚୋ	ଚୌ	ଚଂ	ଚଃ
च	चा	चि	ची	चु	चू	चृ	चे	चै	चो	चौ	चं	चः
ଟ	ଟା	ଟି	ଟୀ	ଟୁ	ଟୂ	ଟୃ	ଟେ	ଟୈ	ଟୋ	ଟୌ	ଟଂ	ଟଃ
ट	टा	टि	टी	टु	टू	टृ	टे	टै	टो	टौ	टं	टः
ତ	ତା	ତି	ତୀ	ତୁ	ତୂ	ତୃ	ତେ	ତୈ	ତୋ	ତୌ	ତଂ	ତଃ
त	ता	ति	ती	तु	तू	तृ	ते	तै	तो	तौ	तं	तः
ପ	ପା	ପି	ପୀ	ପୁ	ପୂ	ପୃ	ପେ	ପୈ	ପୋ	ପୌ	ପଂ	ପଃ
प	पा	पि	पी	पु	पू	पृ	पे	पै	पो	पौ	पं	पः
ଯ	ଯା	ଯି	ଯୀ	ଯୁ	ଯୂ	ଯୃ	ଯେ	ଯୈ	ଯୋ	ଯୌ	ଯଂ	ଯଃ
य	या	यि	यी	यु	यू	यृ	ये	यै	यो	यौ	यं	यः
ର	ରା	ରି	ରୀ	ରୁ	ରୂ	–	ରେ	ରୈ	ରୋ	ରୌ	ରଂ	ରଃ
र	रा	रि	री	रु	रू	–	रे	रै	रो	रौ	रं	रः
ଲ	ଲା	ଲି	ଲୀ	ଲୁ	ଲୂ	ଲୃ	ଲେ	ଲୈ	ଲୋ	ଲୌ	ଲଂ	ଲଃ
ल	ला	लि	ली	लु	लू	लृ	ले	लै	लो	लौ	लं	लः
ବ	ବା	ବି	ବୀ	ବୁ	ବୂ	ବୃ	ବେ	ବୈ	ବୋ	ବୌ	ବଂ	ବଃ
व	वा	वि	वी	वु	वू	वृ	वे	वै	वो	वौ	वं	वः
ଶ	ଶା	ଶି	ଶୀ	ଶୁ	ଶୂ	ଶୃ	ଶେ	ଶୈ	ଶୋ	ଶୌ	ଶଂ	ଶଃ
श	शा	शि	शी	शु	शू	शृ	शे	शै	शो	शौ	शं	शः

ସ ସା ସି ସୀ ସୁ ସୂ ସୃ ସେ ସୈ ସୋ ସୌ ସଂ ସଃ
स सा सि सी सु सू सृ से सै सो सौ सं सः

ହ ହା ହି ହୀ ହୁ ହୂ ହୃ ହେ ହୈ ହୋ ହୌ ହଂ ହଃ
ह हा हि ही हु हू हृ हे है हो हौ हं हः

स्वर और व्यंजन का शब्दों में संयोजन :

व्यंजनों के साथ स्वरों का संयोजन होने के बाद शब्द बनता है. अतः यहां हम समझते हैं कि, यह संयोजन होने के बाद उड़िया भाषा के शब्द कैसे बनतें हैं और उनके अर्थ क्या होते हैं-

(i) **स्वर ଆ (आ) के साथ व्यंजनों का संयोजन :**

ଆ के संयोजन वाले कुछ शब्द इस प्रकार हैं :

 କାମ **kāma,** काम
ନାମ **nāma,** नाम
ମାତା **mātā,** माता
ଖାଦ୍ୟ **khādya,** खाना
ବାଡ଼ **bāḍa,** बाड़
ଠିକଣା **ṭhikanā,** पता
ଉଠିବା **uṭhibā,** जागना
ଦୌଡ଼ିବା **daudibā,** भागना
ଗହଣା **gahanā,** गहना
ଝରଣା **jharaṇā,** झरना

(ii) **स्वर ଇ (इ) का व्यंजनो के साथ संयोजन :**

स्वर ଇ इ का संयोजन होता है, तब उसका ह्रस्व चिह्न अक्षर के आगे आता है।

ଦିନ **dina,** दिन
ଶିର **śira,** सिर
ପିତା **pitā,** पिता
ବିନା **bina,** बिना
ଯଦି **yadi,** यदि
ଗତି **gati,** गति
ମିତ୍ର **mitra,** मित्र
ଚିତ୍ର **chitra,** चित्र
ଶନିବାର **śanibār,** शनिवार
ରବିବାର **ravibār,** रविवार

***(iii)* स्वर ୀ (ई) का व्यंजनों के साथ संयोजन :**

व्यंजनों के साथ संयोजन :-

ବୀଣା **bīna,** बीणा	ଗୀତ **gīta,** गीत
ଭଉଣୀ **bhauṇī,** बहन	ଶରୀର **sharīra,** शरीर
ମୀନ **mīna,** मछली	ଜନନୀ **jananī,** माँ
କୀରଣ **kīraṇa,** किरण	ଶୀତ **shīta,** सर्दी

***(iv)* स्वर उ (ୁ) का व्यंजनों के साथ संयोजन :**

स्वर ୁ (उ) और ୂ (ऊ) का संयोजन व्यंजनों के साथ होता है, तब 'ର' के अलावा व्यंजनों में वह इस प्रकार अक्षर के नीचे के भाग में लिखा जाता है।

ୁ (उ)

ଗୁଣ **guṇa,** गुण	ଶୁଣ **śuṇa,** to सुनना
ଗୁରୁ **guru,** अध्यापक	ଫୁଲ **phula,** फूल
ପଶୁ **paśu,** पशु	ବାୟୁ **bāẏu,** हवा

ୂ (ऊ)

ମୂଷା **mūṣā,** चूहा	ରୂପା **rūpā,** चाँदी
ଧୂଳି **dhūli,** धूल	ରୂପ **rūpa,** आकार, सौंदर्य
କୂପ **kūpa,** कुँआ	କୂଳ **kūla,**

(v) व्यंजनो के साथ ୃ (ऋ) का संयोजन

ୃ (ऋ)

କୃପା **kṛpā,** कृपा	ଘୃଣା **ghṛnā,** घृणा
କୃଷି **kṛṣi,** कृषि	ଗୃହ **gṛha,** गृह
ପୃଥକ୍ **pṛthak,** पृथक	କୃପଣ **kṛpaṇa,** कृपण

(vi) **स्वर ଏ (ए), ଐ (ऐ) का व्यंजनों के साथ संयोजन :**

ଏ (ए)

ଦେଶ **desha,** देश — କ୍ଷେତ **kṣeta,** खेत

ମତେ **mate,** मुझे — ସେ **se,** उसे

ସେବା **sevā,** सेवा — ସେନା **senā,** सेना

ଲେଖିବା **lekhibā,** लिखना — ଖେଳିବା **khelibā,** खेलना

ଐ (ऐ)

ବୈଭବ **baibhaba,** वैभव — କୈଳାଶ **kailāsh,** कैलाश

ସୈତାନ **saitān,** शैतान — ଶୈଶବ **shaishaba,** शैशव

ମୈଦାନ **maidān,** मैदान — ମୈଥୁନ **maithuna,** मैथुन

ଦୈନିକ **dainika,** दैनिक — ସୈନିକ **sainika,** सैनिक

(vii) **स्वर ଓ (ओ), ଔ (औ) का व्यंजनो के साथ संयोजन :**

ଓ (ओ)

ଚୋର **chora,** चोर — ଗୋଶାଳା **goshālā,** गोशाला

ଦୋଷ **doṣa,** दोष — କୋଷ **koṣ,** कोष

ଯୋଡ଼ିବା **joḍibā,** जोड़ना — ଭୋଜନ **bhojana,** भोजन

ବୋତଲ **botal,** बोतल

ଔ (औ)

ଗୌର **gaura,** गौर — ମୌନ **mauna,** मौन

ଯୌନ **jauna,** यौन — ଚୌଥ **chautha,** चौथा

ନୌକା **naukā,** नौका — କୌଶଳ **kaushala,** कौशल

ଯୌବନ **jaubana,** यौवन — ଚୌଡ଼ା **chauḍā,** चौड़ा

(viii) अयोगवाह (सेमी वॉवेल्स [ଅଯୋଗବାହ]) का व्यंजनों के साथ संयोजन :

उड़िया भाषा में सेमी वॉवेल्स तीन प्रकार के हैं :

(i) ଅନୁସ୍ୱାର (अनुस्वार)—स्वर और व्यंजन के संयोजन में अक्षर के ऊपर रखा जाता है, (उदा., ଅଂଶ) स्वर और व्यंजन का संयोजन होता है तब उसका उच्चार इस प्रकार होता है। उदा., (उदा., କଂସ).

(ii) ବିସର୍ଗ (विसर्ग)—विसर्ग चिह्न स्वर व्यंजन संयोजन में अक्षर के आगे रखा जाता है। उदा., (ନିଃସନ୍ଦେହ, ଦୁଃଖ,).

(iii) ଚନ୍ଦ୍ରବିନ୍ଦୁ (अनुनासिक)—अनुनासिक अर्धनश्य ध्वनि है, जिसे ଚନ୍ଦ୍ରବିନ୍ଦୁ (चंद्रबिंदु) रीत से लिखा जाता है।

(a) अनुनासिक सिर्फ स्वर संज्ञा के ऊपर ही लिखा जाता है। उदा., — ଭଅଁର, ଚଅଁର.

अनुस्वार ଅନୁସ୍ୱାର (ं)

ଅଂକ **aṁka,** अंक　　ଅଂଗ **aṁga,** अंग

ଅଂଶ **aṁśa,** अंश　　ସିଂହ **siṁha,** सिंह

विसर्ग ବିସର୍ଗ (ଃ)

ଦୁଃଖ **duḥkha,** दु:ख

ନିଃସଙ୍କୋଚ **niḥsaṅkoch,** नि:संकोच

ପୁନଃ **punaḥ,** पुन:

ଦୁଃସହ **duḥsaha,** दु:सह

चन्द्रविंदु ଚନ୍ଦ୍ରବିନ୍ଦୁ (ँ)

ମାଇଁ **maiã,** आँटी　　ହଁ **haã,** हाँ

ଭଅଁର **bhaãra,** भँवरा　　କେଉଁଠି **keuãṭhi,** कहाँ

छठी सीढ़ी - ୬ଷ୍ଠ ସୋପାନ

संयुक्त वर्ण ସଂଯୁକ୍ତ ବର୍ଣ୍ଣ

କ୍ଷ ତ୍ର ଜ୍ଞ अतिरिक्त अक्षर हैं। जो दो स्वरों और एक व्यंजन का मिश्र रूप हैं और इसलिए उसे संयुक्त वर्ण कहा जाता है।

संयुक्त वर्णों के घटकों को इस प्रकार अलग किया जा सकता है :—

କ୍ଷ = କ୍ + ଷ + ଅ kṣa : उदा.,—କକ୍ଷ **kakṣa**, कक्षा

ତ୍ର = ତ + ର + ଅ tra : उदा.,—ପତ୍ର **patra**, पत्र

ଜ୍ଞ = ଜ + ଞ + ଅ jña : उदा.,—ଜ୍ଞାନ **jñāna** or ज्ञान

ସଂଯୁକ୍ତ ବର୍ଣ୍ଣ–जब दो या दो से ज्यादा व्यंजनों के बीच में स्वर न हो और उनका उच्चार एक साथ होता हो, तब उसे संयुक्त वर्ण कहा जाता है।

उदा.- ଦ୍+ ଭ = ଦ୍ଭ; ଦ୍ + ଦ = ଦ୍ଦ; ତ୍ + ପ = ତ୍ପ; କ୍ + ର = କ୍ର; ଟ୍ + ଟ = ଟ୍ଟ

संयुक्त वर्णों का वर्गीकरण तीन प्रकार से किया जा सकता है।

(a) ପୂର୍ଣ୍ଣ ସଂଯୁକ୍ତ ବ୍ୟଞ୍ଜନ (दूसरे पूर्ण व्यंजन के तहत छोटे आकार के उपयोग) उदा.— ଣ୍ଣ, ଷ୍ଠ... आदि।

(b) ସାଙ୍କେତିକ ସଂଯୁକ୍ତ ବ୍ୟଞ୍ଜନ (व्यंजक के नीचे से प्रतिकात्मकता का प्रयोग करने वाले व्यंजन) उदा.— ନ୍ତ, ନ୍ଥ, ମ୍ଭ, ମ୍ଭ... आदि।

(c) ସଂକ୍ଷିପ୍ତ ସଂଯୁକ୍ତ ବ୍ୟଞ୍ଜନ, ଯାହାକି ଯୁକ୍ତାକ୍ଷର ରୂପେ ଉପରେ ଲେଖାଯାଏ (व्यंजक के ऊपर से प्रतिकात्मकता का प्रयोग करते व्यंजन) उदा.- ତର୍କ, ଥର୍କ, ବର୍ଗ आदि।

ବିନା ପୂର୍ଣ୍ଣଚ୍ଛେଦ ବ୍ୟଞ୍ଜନ, ଯାହାକି ଯୁକ୍ତାକ୍ଷର ରୂପେ ଅଲଗା-ଅଲଗା ପ୍ରଥମ ବ୍ୟଞ୍ଜନରେ ହଲନ୍ତ୍ ଲଗାଇ ଲେଖାଯାଏ (व्यंजन उर्ध्वाधर रेखा में समाप्त नहीं होते हैं। वह पहले व्यंजन के हलंत से लिखे जाते हैं।) उदा.- ଖ + ଡ୍ + ଗ = ଖଡ୍ଗ।

ଯୁକ୍ତାକ୍ଷରର ଉପବାଦ ରୂପ (संयुक्त वर्णों के असाधारण रूप) उदा.— ର୍ + କ = ର୍କ; ଡ୍ + ର = ଡ୍ର; ଦ୍ + ମ = ଦ୍‌ମ; ଶ୍ + ର୍ = ଶ୍ର ।

इस प्रकार के संयुक्त वर्णों के कुछ ऐसे रूप हैं, जो रेग्युलर नियमों के मुताबिक नहीं होते। अब हम ऊपर दर्शाये गये पांचों प्रकार के कुछ उदाहरण निम्नलिखित देखते हैं ।

प्रकार एक ପୂର୍ଣ୍ଣଚ୍ଛେଦ ଥିବା ବ୍ୟଞ୍ଜନ

କ୍କ ଗ୍ଧ ଧ୍ୱ ଛ ଚ୍ଛ ଜ୍ୱ

ଦ୍ଦ ନ୍ୟ ଧ୍ୱ ବ୍ୟ ଭ୍ୟ ମ୍ୟ

ଲ୍ୟ ଓ୍ୱ ଶ୍କ ଷ୍ଟ ସ୍ୱ

प्रकार दो ଖୁଣ୍ଟିଧାରୀ ପୂର୍ଣ୍ଣଚ୍ଛେଦ ଥିବା ବ୍ୟଞ୍ଜନ

କ୍ + ୟ = କ୍‌ୟ — କ୍ୟ, କୌ, କ୍ୟେ, କ୍ୟୋ

ଜ୍ + ୟ = ଜ୍‌ୟ — ଜ୍ୟ, ଜୌ, ଜ୍ୟେ, ଜ୍ୟୋ

ସ୍ + ୟ = ସ୍‌ୟ — ସ୍ୟ, ସୌ, ସ୍ୟେ, ସ୍ୟୋ

प्रकार तीन ବିନା ପୂର୍ଣ୍ଣଚ୍ଛେଦ ବ୍ୟଞ୍ଜନ (ଉପର-ତଳ ଲେଖାଯାଉଥିବା)

ଦ୍ + ଦ = ଦ୍ଦ, ଦ୍ + ଧ = ଦ୍ଧ, ହ୍ + ର = ହ୍ର

ଦ୍ + ବ = ଦ୍ବ, ଟ୍ + ର = ଟ୍ର, ଡ୍ + ର = ଡ୍ର

प्रकार चार ବିନା ପୂର୍ଣ୍ଣଚ୍ଛେଦ ବ୍ୟଞ୍ଜନ (ଅଲଗା ଅଲଗା ଲେଖାଯାଉଥିବା)

ଟ୍ + ଟ = ଟ୍ଟ, ଟ୍ + ଠ = ଟ୍ଠ

ଡ୍ + ଡ = ଡ୍ଡ, ଢ୍ + ୟ = ଢ୍ୟ

प्रकार पाँच ଯୁକ୍ତାକ୍ଷରମାନଙ୍କ ଉପବାଦ ରୂପ

(i) सहित ର

କ୍ + ର = କ୍ର/ ଗ୍ର, ଘ୍ର, ଜ୍ର, ପ୍ର

ତ୍ + ର = ତ୍ର/ ବ୍ର, ଦ୍ର, ଧ୍ର

ପ୍ + ର = ପ୍ର/ ଫ୍ର, ବ୍ର, ଭ୍ର, ମ୍ର

ଶ୍ + ର = ଶ୍ର/ ସ୍ର, ଥ୍ର

(ii) ର୍ दूसरे व्यंजनों के साथ

ର୍ + କ = ର୍କ, ର୍ଖ, ର୍ଗ, ର୍ଘ, ର୍ଚ

ର୍ + ଛ = ର୍ଛ, ର୍ଜ, ର୍ଟ, ର୍ଠ, ର୍ଡ

ର୍ + ଣ = ର୍ଣ, ର୍ତ, ର୍ଥ, ର୍ଦ, ର୍ଧ

ର୍ + ନ = ର୍ନ, ର୍ପ, ର୍ଫ, ର୍ବ, ର୍ଭ

ର୍ + ମ = ର୍ମ, ର୍ଯ, ର୍ବ, ର୍ଲ, ର୍ଶ

ର୍ + ଷ = ର୍ଷ, ର୍ସ, ର୍ହ

(iii) ହ୍ सहित ୟ, ମ, ନ

ହ୍ + ମ = ହ୍ମ

ହ୍ + ୟ = ହ୍ୟ

ହ୍ + ନ = ହ୍ନ

ହ୍ + ବ = ହ୍ବ

ଦ୍ + ମ = ଦ୍ମ

ଦ୍ + ୟ = ଦ୍ୟ

(iv) କ୍ଷ, ତ୍ର, ଜ୍ଞ

କ୍ + ଷ = କ୍ଷ (କକ୍ଷ)

ତ୍ + ର = ତ୍ର (ପତ୍ର)

ଜ୍ + ଞ = ଜ୍ଞ (ଜ୍ଞାନ)

इसके अलावा परंपरागत रीत से लिखे जाने वाले विविध प्रकार के संयोजन अलग-अलग शब्दों में इस प्रकार आते हैं :

(କ) ଭକ୍ତି **bhakti,** भक्ति — ଶକ୍ତି **śakti,** शक्ति

(ଖ) ମୁଖ୍ୟ **mukhẏa,** मुख्य — ସଂଖ୍ୟା **sankhẏā,** संख्या

(ଘ) ଉପସ୍ଥିତ **upasthita,** उपस्थित — ସ୍ଥିତି **sthiti,** स्थिति

(ଗ) ଯୋଗ୍ୟ **yogẏa,** योग्य — ଶସ୍ୟ **śasẏa,** अन्न

(ଦ୍) ବିଦ୍ୟା **vidẏā,** विद्या — ଦ୍ୱାରା **dvārā,** द्वारा

(ତ୍) ଯତ୍ନ **yatna,** प्रयत्न — ସତ୍ୟ **satẏa,** सत्य

(ଥ୍) ନିତ୍ୟ **nitẏa,** नित्य — ମୂଲ୍ୟ **mūlẏa,** मूल्य

(ନ୍) ନ୍ୟାୟ **nẏāya,** न्याय — ଅନ୍ୟ **anya,** अन्य

(ଚ) ଉଚ୍ଚତା **uchchtā** — (ଜ୍) ଲଜ୍ଜା **lajjā,** लज्जा

(ଟ୍) ଖଟ୍ଟା **khattā,** खट्टा — (ଡ) ଆଡ୍ଡା **āḍḍā,** अड्डा

(ଲ୍) ଦିଲ୍ଲୀ **dilli,** दिल्ली — (ଣ୍) ପୁଣ୍ୟ **punya,** पुण्य

(ର-) କାର୍ଯ୍ୟ **kārẏa,** कार्य — ଆଦର୍ଶ **ādarś,** आदर्श

ଅର୍ଥ **artha,** अर्थ — ବର୍ଷ **varṣa,** वर्ष

ବର୍ଷା **varṣā,** वर्षा — କାର୍ଯ୍ୟାଳୟ **kāryālaya,** कार्यालय

(-ର) ପ୍ରକାଶ **prakāś,** प्रकाश — ଗ୍ରାମ **grām,** ग्राम

କ୍ରମ **krama,** क्रम — ଶ୍ରମ **śrama,** श्रम

ଡ୍ରାମା **ḍrāmā,** ड्रामा — ରାଷ୍ଟ୍ର **rāṣtra,** राष्ट्र

टिप्पणी

1. କ୍ଷ, ତ୍ର, ଜ୍ଞ अधिक अक्षर है, जो संयोजन है ।
2. ତ୍ର, କ୍ର, ହ୍ମ, ହ୍ନ, ହୃ, ଶ୍ର और ଦ୍ୟ वैकल्पिक रूप से ज्यादातर ତ୍ର, କ୍ର, ଦ୍‌ମ, ହ୍‌ମ, ହ୍‌ନ, ଶ୍‌ର और ଦ୍‌ୟ प्रकार से भी लिखे जाते हैं ।
3. କ୍ର का अर्थ होता है କ୍ର हल् है और उस में ହଲନ୍ତ୍ स्वर नहीं है। जब ର୍କ का अर्थ होता है के, उसमे ର हल् है. और उस में भी ହଲନ୍ତ୍ स्वर नहीं है। इस प्रकार : ଟ୍ର में ଟ୍ हल् है और उस में भी स्वर नहीं है, इस बात को याद रखना जरूरी है ।

सातवीं सीढ़ी - ୭ମ ସୋପାନ

शब्द के भेद ଶବ୍ଦର ଭେଦ

1. शब्द के मुख्यत: दो घटक होते हैं– ଉଦ୍ଦେଶ୍ୟ (उद्देश्य) और ବିଧେୟ (विधेय)। ଉଦ୍ଦେଶ୍ୟ उद्देश्य इससे तय होता है कि वाक्य में क्या कहा गया है। (ବିଧେୟ) इससे वाक्यों का कथन स्पष्ट होता है।

   वाक्य में ଉଦ୍ଦେଶ୍ୟ और ବିଧେୟ एक या उससे ज्यादा शब्दों में समाहित होते हैं। अत: शब्द वाक्य में उसका विशिष्ट कार्य करता है।

2. शब्दों के अलग-अलग ८ प्रकार हैं। जिन्हें पाट्‌र्स आफ स्पीच या शब्द भेद कहा जाता है। वह इस प्रकार हैं :

1. ସଂଜ୍ଞା (संज्ञा)	5. କ୍ରିୟା-ବିଶେଷଣ (क्रिया-विशेषण)
2. ସର୍ବନାମ (सर्वनाम)	6. ସମ୍ବନ୍ଧ-ବୋଧକ(संबंध-बोधक)
3. ବିଶେଷଣ (विशेषण)	7. ସଂଯୋଗୀକରଣ (योजक)
4. କ୍ରିୟା (क्रिया)	8. ବିସ୍ମୟସୂଚକ (विस्मयादिबोधक)

प्रथम चार ବିକାରୀ (विकारी) हैं, और अन्य चार ଅବିକାରୀ (अविकारी) हैं।

अब यहां दिये गये वाक्य का ध्यानपूर्वक अध्ययन करें :—

ଓଃ ! ମୋ ଛୋଟ ଭାଇ ଏବଂ ଭଉଣୀ କୋଠରୀ ଭିତରେ ମୋତେ ଧିରେ-ଧିରେ କହିଲେ ।

ओह! छोटे भाई और बहन ने मुझे कमरे के अंदर हौले-हौले बताया।

ऊपर के वाक्य में –

'ଓଃ ! ମୋ ଛୋଟ ଭାଇ ଏବଂ ଭଉଣୀ' ଉଦ୍ଦେଶ୍ୟ (उद्देश्य) है ।

'କୋଠରୀ ଭିତରେ ମୋତେ ଧିରେ-ଧିରେ କହିଲେ' ବିଧେୟ (विधेय) है।

तो आइए, पार्टस ऑफ स्पीच के मुताबिक इस वाक्य के हर एक शब्द का व्याकरणानुसार वर्गीकरण करते हैं :

(1) ଓଃ (ओह) — विस्मयादिबोधक[8]

(2) ଛୋଟ (छोटे) —विशेषण[3]

(3) ଭାଇ (भाई) — संज्ञा[1]

(4) ଏବଂ (और) — समुच्चयबोधक[7]

(5) ଭଉଣୀ (बहन ने) — संज्ञा[1]

(6) ମୋତେ (मुझे) — सर्वनाम[2]

(7) (କୋଠରୀ) ଭିତରେ (कमरे के अंदर) — संबंधबोधक[6]

(8) ଧିରେ-ଧିରେ (धीमे से) — क्रिया विशेषण[5]

(9) କହିଲେ (बताया) — क्रिया[4]

अब हम पाट्र्स ऑफ स्पीच के हरेक प्रकार की भूमिका समझेंगे। आगे के अध्यायों में वाक्य के उदाहरणों में इस के विषय में गहराई से समझेंगे।

शब्द के भेद

ଶବ୍ଦର ଭେଦ

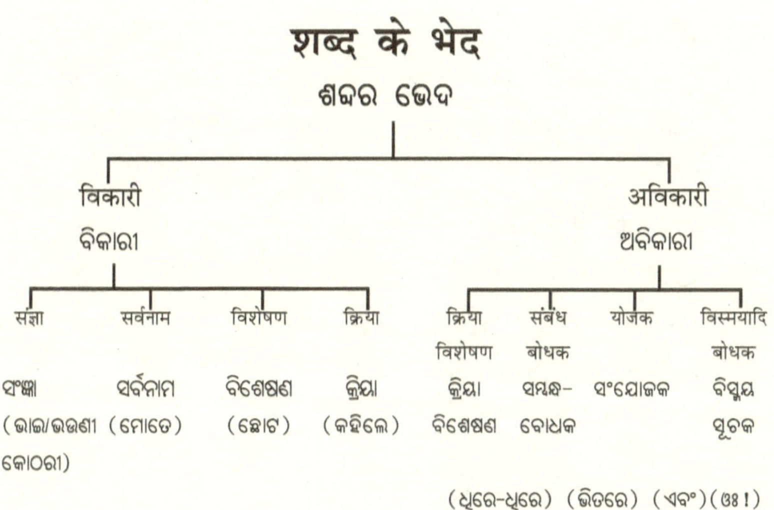

संज्ञा ସଂଜ୍ଞା

संज्ञा किसी भी बाबत का नाम है।

उड़िया में संज्ञा के तीन प्रकार हैं।

(i) ବ୍ୟକ୍ତିବାଚକ व्यक्तिवाचक

(ii) ଜାତିବାଚକ जातिवाचक

(iii) ଭାବବାଚକ भाववाचक

ଗୋପାଳ ଜଣେ ପୁରୁଷ ଥଟେ।	गोपाल एक पुरुष है।
ମୁମ୍ବାଇ ଏକ ନଗର ଥଟେ।	मुम्बई एक नगर है।
ବାଇବେଲ ଏକ ପୁସ୍ତକ ଥଟେ।	बाइबिल एक पुस्तक है।

(i) ଗୋପାଳ, ମୁମ୍ବାଇ और ବାଇବେଲ अनुक्रम व्यक्ति, स्थान और वस्तु (चीज़) के निश्चित नाम है। अतः वह **व्यक्तिवाचक नाम** है।

(ii) ପୁରୁଷ, ନଗର और ପୁସ୍ତକ वह निश्चित वर्ग के जाति के नाम है इसलिए वह **जातिवाचक नाम** कहलाते हैं।

(iii) **भाववाचक नाम** संज्ञा का दूसरा प्रकार है और वह स्थिति, गुणवत्ता या क्रिया की संज्ञा है। उदा.,, ପୁରୁଷତ୍ୱ, ନାଗରିକତା, ଜ୍ଞାନ आदि।

यहां दिये गये वाक्यों को पढ़ें :

(a)	ସତ୍ୟତା ମନୁଷ୍ୟର ସର୍ବୋତ୍ତମ ଗୁଣ ଥଟେ।	सच्चाई मनुष्य का सर्वोत्तम गुण है।
(b)	ମୋ ପିଲାଦିନ କଥା ମୋର ମନେଅଛି।	मुझे अपना बचपन याद है।
(c)	ହାସ୍ୟରେ ଜୀବନ ରହିଛି।	मुस्कुराहट में जीवन है।

ऊपर के वाक्यों में ସତ୍ୟତା, ପିଲାଦିନ और ହାସ୍ୟ भाव, गुणवत्ता, स्थिति, क्रिया आदि दर्शाते है। अतः उन को भाववाचक संज्ञा कहते हैं।

भाववाचक संज्ञा अलग-अलग तीन प्रकार से बनती है।

(1) ଜାତିବାଚକ ସଂଜ୍ଞାରୁ (जातिवाचक संज्ञाओं से)

(2) ବିଶେଷଣରୁ (विशेषणों से)

(3) କ୍ରିୟାରୁ (क्रियाओं से)

सामान्य संज्ञा से

सामान्य संज्ञा		अमूर्त संज्ञा	सामान्य संज्ञा		अमूर्त संज्ञा
ଶତ୍ରୁ	–	ଶତ୍ରୁତା; शत्रुता	ପୁରୁଷ	–	ପୁରୁଷତ୍ୱ, पुरुषत्व
ମାନବ	–	ମାନବିକତା; मानवता	ଗୁରୁ	–	ଗୁରୁତ୍ୱ, गुरुत्व
ମିତ୍ର	–	ମିତ୍ରତା; मित्रता	ଦେବ	–	ଦେବତ୍ୱ, देवत्व
ପିଲା	–	ପିଲାଳିଆମି; लड़कपन	ଶିଶୁ	–	ଶୈଶବ, बचपन
ଚୋର	–	ଚୋରୀ; चोरी			

विशेषण से

विशेषण		भाववाचक संज्ञा	विशेषण		भाववाचक संज्ञा
ଚତୁର	–	ଚତୁରତା; चतुरता	ଚତୁର	–	ଚାତୁର୍ଯ୍ୟ, चातुर्य
ସୁନ୍ଦର	–	ସୁନ୍ଦରତା; सुंदरता	ସୁନ୍ଦର	–	ସୌନ୍ଦର୍ଯ୍ୟ, सौंदर्य
ମଧୁର	–	ମଧୁରତା; मधुरता	ମଧୁର	–	ମାଧୁର୍ଯ୍ୟ, माधुर्य
ଲଘୁ	–	ଲଘୁତା; लघुता	ଲଘୁ	–	ଲଘୁତ୍ୱ, लघुत्व
ଖରାପ	–	ଖରାପ ପଣିଆ; बुराई	ମଙ୍ଗଳ	–	ମାଙ୍ଗଳିକ, भलाई
ଉଚ୍ଚ	–	ଉଚ୍ଚତା; ऊँचाई	ଭଲ	–	ଭଲ ପଣିଆ, अच्छाई
ଥଣ୍ଡା	–	ଥଣ୍ଡାଳିଆ, सर्दी	ବୃଦ୍ଧ	–	ବାର୍ଦ୍ଧକ୍ୟ; बुढ़ापा
ମୋଟା	–	ମୋଟାପଣ, मोटापा			

क्रिया से

क्रिया		भाववाचक संज्ञा	क्रिया		भाववाचक संज्ञा
ଜ୍ଞାନ ଆହରଣ	–	ଜ୍ଞାନ; समझ	ପରଖିବା	–	ପରଖ, जांच
ଝଗଡ଼ା କରିବା	–	ଝଗଡ଼ା; झगड़ा	ଛାପିବା	–	ଛାପା, छापा

ଯୁଦ୍ଧ କରିବା –	ଯୁଦ୍ଧ; युद्ध	ଲେଖିବା –	ଲିପି, लिखाई
ଲେଖିବା –	ଲେଖା; लिखावट	ସଜାଇବା –	ସାଜସଜା, सजावट
ସଞ୍ଚୟ କରିବା –	ସଞ୍ଚୟ; बचत	ଖର୍ଚ୍ଚ କରିବା –	ଖର୍ଚ୍ଚ, खपत

टिप्पणी

1. यहां कुछ उड़िया अनुभव बताये गये हैं, जो संज्ञा, विशेषण और क्रियापदों के साथ संयोजन करके भाववाचक संज्ञा बनाते हैं।

   (i) –ତା, –ତ୍ୱ **उदाहरण** : ମନୁଷ୍ୟତା, ଦେବତ୍ୱ

   (ii) –ତା, –ତ୍ୱ, –ଥାମୀ, –ୀ, –ପଣ –ୟ **उदाहरण** : ସୁନ୍ଦରତା, ଲଘୁତ୍ୱ, ପାଗଳାମୀ, ଦାମୀ, ମୋଟାପଣ, ସୌନ୍ଦର୍ଯ୍ୟ

   (iii) –ଇଥା, ଅତା, ଇତ, –ଥା, ଥନୀ **उदाहरण** : କଟକିଥା, ସାବଧାନତା, ଲଜ୍ଜିତ, ଝଗଡ଼ା, ଲେଖନୀ

2. कभी-कभी शब्द मूलतः स्वयं भाववाचक संज्ञा बनता है।

भाववाचक संज्ञा	संबधित संज्ञा
ବିଚାର	ବିଚାର କରିବା
ପରଖ	ପରଖିବା

आठवीं सीढ़ी - ୮ମ ସୋପାନ

लिंग
ଲିଙ୍ଗ

उड़िया में लिंग (ଲିଙ୍ଗ) भेद बहुत ही आसान है, क्योंकि उड़िया में लिंग भेद का आधार प्राकृतिक लिंग से तय होता है, संज्ञा अथवा सर्वनाम के स्त्रीलिंग अथवा पुल्लिग के आधार पर।

लिंग के आधार पर उड़िया में संज्ञा अथवा सर्वनाम को चार भागों में बांटा जा सकता है।

1. पुल्लिग (ପୁଲିଙ୍ଗ):

सभी पुरुष भाव को निर्देशित करते शब्द पुल्लिग हैं। उदा.: ବାଳକ (लड़का), ପୁରୁଷ (आदमी), ଦେବତା (भगवान), ବାଘ (बाघ), ଘୋଡ଼ା (घोड़ा) आदि।

2. स्त्रीलिंग (ସ୍ତ୍ରୀଲିଙ୍ଗ):

सभी स्त्री भाव को निर्देशित करते शब्द स्त्रीलिंग हैं। उदा.: ବାଳିକା (लड़की), ନାରୀ शब्द (औरत), ଦେବୀ (देवी), ବାଘୁଣୀ (बाघिन), ଘୋଡ଼ୀ (घोड़ी)।

3. सामान्य लिंग (ସାଧାରଣ ଲିଙ୍ଗ / ଉଭୟ ଲିଙ୍ଗ):

इस लिंग में हमें संज्ञा अथवा सर्वनाम का पता नहीं होता है। वो या तो पुल्लिग हो सकता है अथवा स्त्रीलिंग हो सकता है। उदा.: ପିଲା (बच्चा), ଶ୍ରମିକ (कर्मचारी), ଶିଶୁ (शिशु), ମନୁଷ୍ୟ (मानवता), ବ୍ୟକ୍ତି (व्यक्ति) आदि।

4. नपुंसक लिंग (କ୍ଲୀବଲିଙ୍ଗ):

वे सभी संज्ञा अथवा सर्वनाम जिस पर स्त्रीलिंग अथवा पुल्लिग का प्रयोग ना हो। उदा: भौतिक वस्तुएं: ପଥର (पत्थर), ଟେବୁଲ୍ (मेज), ସୁନା (सोना), ବହି (पुस्तक); भावात्मक संज्ञा: ଶୈଶବ (बचपन), ସ୍ୱାଧୀନତା (स्वतंत्रता), ବୁଦ୍ଧି (बुद्धिमानी) आदि।

कुछ संज्ञाओं के पुल्लिंग (ପୁଲିଙ୍ଗ) और स्त्रीलिंग (ସ୍ତ୍ରୀଲିଙ୍ଗ) रूप:

ପୁଲିଙ୍ଗ (पुल्लिंग)	ସ୍ତ୍ରୀଲିଙ୍ଗ (स्त्रीलिंग)
ପୁରୁଷ (पुरुष)	ସ୍ତ୍ରୀ (स्त्री)
କୁକୁର (कुत्ता)	ମାଈ କୁକୁର (कुतिया)
ବୃଷଭ (बैल)	ଗାଈ (गाय)
ସିଂହ (शेर)	ସିଂହୀ (शेरनी)
ଓଟ (ऊँट)	ମାଈଓଟ (ऊँटनी)
ଘୋଡ଼ା (घोड़ा)	ଘୋଡ଼ି (घोड़ी)
ବାଳକ (लड़का)	ବାଳିକା (लड़की)
ଚାକର (नौकर)	ଚାକରାଣୀ (नौकरानी)
ଧୋବା (धोबी)	ଧୋବଣୀ (धोबिन)
ବୁଢ଼ା (बूढ़ा)	ବୁଢ଼ୀ (बूढ़ी)
ପିତା (पिता)	ମାତା (माता)
ପୁଅ (पुत्र)	ଝିଅ (पुत्री)
ଭାଇ (भाई)	ଭଉଣୀ (बहन)
ଦାଦା (चाचा)	ଖୁଡ଼ୀ (चाची)
ବଡ଼ବାପା (ताऊ)	ବଡ଼ମା (ताई)
ମାମୁଁ (मामा)	ମାଇଁ (मामी)
ଭଣଜା (भतीजा)	ଭାଣିଜୀ (भतीजी)
ଅଭିନେତା (अभिनेता)	ଅଭିନେତ୍ରୀ (अभिनेत्री)
ଲେଖକ (लेखक)	ଲେଖିକା (लेखिका)
କବି (कवि)	କବୟିତ୍ରୀ (कवयित्री)
ପୁରୁଷ (आदमी)	ନାରୀ (औरत)
ସମ୍ରାଟ (सम्राट)	ସାମ୍ରାଜ୍ଞୀ (साम्राज्ञी)
ଦେବତା (देव)	ଦେବୀ (देवी)
ନାୟକ (नायक)	ନାୟିକା (नायिका)
ରାଜକୁମାର (राजकुमार)	ରାଜକୁମାରୀ (राजकुमारी)

नौवीं सीढ़ी - ୯ମ ସୋପାନ

वचन
ବଚନ

अंग्रेजी तथा अन्य अनेक भाषाओं की तरह उड़िया में भी वचन (नंबर) के दो प्रकार हैं : - (i) एकवचन (ଏକବଚନ) और (ii) बहुवचन (ବହୁବଚନ)। उड़िया में संस्कृत की तरह द्विवचन (ଦ୍ୱିବଚନ) का समावेश नहीं है। सभी संज्ञा, सर्वनाम, क्रिया के समावेश इन्हीं दो वचन में ही होता है।

उड़िया में आम तौर पर बहुवचन संज्ञाएं प्रत्यय जोड़कर बनाई जाती हैं।

नीचे कुछ संज्ञाओं के एकवचन और बहुवचन रूप दिए गए हैं:

एकवचन	**बहुवचन**
ବାଳକ (लड़का)	ବାଳକମାନେ (लड़के)
ବାଳିକା (लड़की)	ବାଳିକାମାନେ (लड़कियां)
ପୁରୁଷ (आदमी)	ପୁରୁଷମାନେ (आदमी)
ନାରୀ (औरत)	ନାରୀମାନେ (औरतें)
ଶିଶୁ (शिशु)	ଶିଶୁମାନେ (शिशुओं)
ସାଧୁ (साधु)	ସାଧୁମାନେ (साधुओं)
ଚୋର (चोर)	ଚୋରମାନେ (चोरों)
ମିତ୍ର (दोस्त)	ମିତ୍ରମାନେ (दोस्तों)
ଛାତ୍ର (छात्र)	ଛାତ୍ରମାନେ (छात्रों)
ପିଲା (बच्चा)	ପିଲାମାନେ (बच्चों)
ଭାଇ (भाई)	ଭାଇମାନେ (भाइयों)
ଭଉଣୀ (बहन)	ଭଉଣୀମାନେ (बहनें)

ଶିକ୍ଷକ (शिक्षक)	ଶିକ୍ଷକମାନେ (शिक्षकों)
ବାଘ (बाघ)	ବାଘଗୁଡ଼ିକ (बाघों)
ଛେଳି (बकरी)	ଛେଳିଗୁଡ଼ିକ (बकरियां)
କୁକୁର (कुत्ता)	କୁକୁରଗୁଡ଼ିକ (कुत्ते)
ଗାଈ (गाय)	ଗାଈଗୁଡ଼ିକ (गायें)
ଚଢ଼େଇ (चिड़िया)	ଚଢ଼େଇଗୁଡ଼ିକ (चिड़ियों)
କାଉ (कौवा)	କାଉଗୁଡ଼ିକ (कौवें)
ଫଳ (फल)	ଫଳଗୁଡ଼ିକ (फलों)
ବହି (पुस्तक)	ବହିଗୁଡ଼ିକ (पुस्तकें)
କଲମ (कलम)	କଲମଗୁଡ଼ିକ (कलमें)
ପେନ୍‌ସିଲ୍ (पेंसिल)	ପେନ୍‌ସିଲଗୁଡ଼ିକ (पेंसिलें)
ଆଙ୍ଗୁଳି (उंगली)	ଆଙ୍ଗୁଳିଗୁଡ଼ିକ (उंगलियां)
ବୋତଲ (बोतल)	ବୋତଲଗୁଡ଼ିକ (बोतलें)
ପତ୍ର (पत्र)	ପତ୍ରଗୁଡ଼ିକ (पत्रों)
ନଦୀ (नदी)	ନଦୀଗୁଡ଼ିକ (नदियां)
ଆମ୍ବ (आम)	ଆମ୍ବଗୁଡ଼ିକ (आमों)
ଦିନ (दिन)	ଦିନଗୁଡ଼ିକ (दिनों)
ରାତି (रात)	ରାତିଗୁଡ଼ିକ (रातें)
ପତ୍ର (पत्ती)	ପତ୍ରଗୁଡ଼ିକ (पत्तियां)
ସଂଖ୍ୟା (संख्या)	ସଂଖ୍ୟାଗୁଡ଼ିକ (संख्याएं)
ଘର (घर)	ଘରଗୁଡ଼ିକ (घरों)
କବାଟ (दरवाजा)	କବାଟଗୁଡ଼ିକ (दरवाजें)
ଝରକା (खिड़की)	ଝରକାଗୁଡ଼ିକ (खिड़कियां)

दसवीं सीढ़ी - ୧୦ତମ ସୋପାନ

कारक एवं संज्ञा-शब्दों के रूप
କାରକ ଏବଂ ସଂଜ୍ଞା-ଶବ୍ଦର ରୂପ
कारक ୍କାରକ

उड़िया भाषा में अलग-अलग पदस्थिति दर्शाने के लिए आठ विभक्तियां (ବିଭକ୍ତି) हैं। अंग्रेजी भाषा की तरह उड़िया में भी संबंधित अनुगो का प्रयोग होता है। (ବିଭକ୍ତିଗୁଡ଼ିକ) विभक्ति (कारक) उसके अनुग और उसके प्रयोग इस प्रकार हैं :

	कारक	अनुग	प्रयोग
1.	କର୍ତ୍ତା कर्ता		ରାମ
2.	କର୍ମ कर्म	କୁ, ଙ୍କୁ	ରାମ କୁ
3.	କରଣ करण	ଦ୍ୱାରା, ସହିତ	ରାମ ଦ୍ୱାରା
4.	ସମ୍ପ୍ରଦାନ संप्रदान	ଦ୍ୱାରା, କୁ, ପାଇଁ	ରାମ କୁ, ରାମ ପାଇଁ
5.	ଉପାଦାନ आपादान	ଠାରୁ, ରୁ	ରାମ ଠାରୁ
6.	ସମ୍ବନ୍ଧ संबंध	ର, ରେ, ଙ୍କ, ମାନଙ୍କ	ରାମର, ରାମଙ୍କ, ରାମ ପାଖରେ
7.	ଅଧିକରଣ अधिकरण	ରେ, ଠାରେ, ଉପରେ	ରାମ ଠାରେ, ରାମ ଉପରେ, ରାମ ଠାରୁ ଉପରେ
8.	ସମ୍ବୋଧନ संबोधन	ଆରେ, ଏ, ହେ, କିରେ	ହେ ରାମ! ଆରେ ରାମ!

अब नीचे बताये गये मुहावरों के वाक्यों पर से कारक (विभक्ति) और उसके अनुगों का प्रयोग आप क्रमानुसार समझ सकते हो :

1. कर्ता कारक କର୍ତ୍ତା କାରକ

(i) ରାମ ଆସିଲା । राम आया।

(ii) ରାମ କହିଲା । राम ने कहा।

यह याद रखना जरूरी है कि, भूतकाल के रूप में अनुग ଲା, ଲି, ଲେ ज्यादातर कर्ता कारक के अकर्मक क्रियापद के साथ आता है।

2. कर्म कारक କର୍ମ କାରକ

(i) ଏହି ପୁସ୍ତକକୁ ନେଇଯାଅ । इस पुस्तक को ले जाओ।

(ii) ରାମକୁ କଠିନ ପରିଶ୍ରମ କରିବା ଉଚିତ୍ । राम को मेहनत करनी चाहिए।

3. करण कारक କରଣ କାରକ

(i) ନିଜ ହାତରେ ଏଠାରେ ଦସ୍ତଖତ କରନ୍ତୁ । अपने हाथ से यहां दस्तखत करिए।

(ii) ଏହା ଅମିତ ଦ୍ୱାରା ଲେଖାଯାଇଛି । यह अमित के द्वारा लिखा गया है।

4. सम्प्रदान कारक ସମ୍ପ୍ରଦାନ କାରକ

(i) ଏହି ପୁସ୍ତକ ଆଭାକୁ ଦିଅ । आभा को यह पुस्तक दो।

(ii) ମା'ଙ୍କ ପାଇଁ ଗୋଟିଏ କପ୍ କ୍ଷୀର ଆଣ । माँ के लिए एक कप दूध ले आओ।

5. आपादा कारक କର୍ତ୍ତା କାରକ

(i) ଗଛରୁ ପତ୍ର ପଡ଼େ । पेड़ से पत्ता गिर रहा है।

(ii) ମୁଁ ଆଶ୍ରମରୁ ଆସୁଛି । मैं आश्रम से आ रहा हूं।

6. सम्बन्ध कारक ଉପାଦାନ କାରକ

(i) ବିକାଶ ରାକ୍ଷୀର ଭାଇ ଅଟେ । विकास राखी का भाई है।

(ii) ମୁଁ ଆଗ୍ରାର ଦୁର୍ଗକୁ ଗଲି । मैं आगरा के किले में गया था।

(iii) ଲକ୍ଷ୍ମୀ ବାଇ ଝାନ୍‌ସୀର ରାଣୀ ଥିଲେ । लक्ष्मी बाई झांसी की रानी थी।

7. अधिकरण कारक ଅଧିକରଣ କାରକ

(i) ଆମେ କୋଠରୀରେ ବସିଛୁ । हम कमरे में बैठे हैं।

(ii) ଟେବୁଲ୍ ଉପରେ ପୁସ୍ତକଟି ଅଛି । पुस्तक मेज पर है।

8. सम्बोधन कारक ସମ୍ବୋଧନ କାରକ

(i) ହେ ଭଗବାନ ! ମୋତେ ରକ୍ଷା କର । — हे भगवान! मेरी रक्षा करो।

(ii) ଆରେ ପିଲାମାନେ ! ଦୌଡ଼ି ପଳାଅ । — ऐ बच्चों! भाग जाओ।

(iii) ଏ ଝିଅ ! ଏଠାକୁ ଆସ୍ । — ऐ लड़की! इधर आओ।

संज्ञाशब्दों की रूपावली ସଂଜ୍ଞାଶବ୍ଦର ରୂପାବଳୀ

पुल्लिंग शब्द 'लड़का' (ପିଲା ଶବ୍ଦର ରୂପାବଳୀ)

कारक	एकवचन	बहुवचन
1. कर्ता	ପିଲା/ପିଲାଟି	ପିଲାଏ/ପିଲାମାନେ
2. कर्म	ପିଲାକୁ	ପିଲାଙ୍କୁ
3. करण	ପିଲା ଦ୍ୱାରା	ପିଲାଙ୍କ ଦ୍ୱାରା
4. सम्प्रदान	ପିଲାଟି ପାଇଁ	ପିଲାଙ୍କ ପାଇଁ
5. अपादान	ପିଲା ଠାରୁ	ପିଲାଙ୍କ ଠାରୁ
6. संबंध	ପିଲାର	ପିଲା ମାନଙ୍କର
7. अधिकरण	ପିଲା ଠାରେ/ଉପରେ	ପିଲାଙ୍କ ଠାରେ/ଉପରେ
8. संबोधन	ଏ ପିଲା !	ଆରେ ପିଲାମାନେ !

टिप्पणी

उड़िया भाषा में अनुग (पोस्ट-पोज़िसन) का ही प्रबंध है। उदा., पद 'ऑन दी रोड' का उड़िया अनुवाद **'ସଡ଼କ ଉପରେ'**– होगा। लेकिन उड़िया में ऑन शब्द पूर्वग (प्रि-पोज़िसन) है, क्योंकि वह संज्ञा के पहले आता है। लेकिन **'ଉପରେ'** (पोस्ट-पोज़िसन) अनुग (क्योंकि वह संज्ञा के बाद आता है)।

भाग-२ : शब्द

ग्यारहवीं सीढ़ी - ୧୧ତମ ସୋପାନ

सर्वनाम ସର୍ବନାମ

जो शब्द नाम की जगह प्रयोग हो वह शब्द सर्वनाम (ସର୍ବନାମ) कहलाता है। वास्तव में सर्वनाम संज्ञा का प्रतिनिधित्व करता है। उड़िया में संज्ञा के छः प्रकार है :

(1) ବ୍ୟକ୍ତିବାଚକ पुरुषवाचक : ମୁଁ (मैं), ତୁ/ତୁମେ(तुम), ସେ (वह), ଆପଣ (आप ଆଦରସୂଚକ आदरसूचक)

(2) ନିଶ୍ଚୟବାଚକ निश्चयवाचक : ଏହା (यह), ତାହା (वह)

(3) ଅନିଶ୍ଚିତବାଚକ अनिश्चयवाचक : କେହି (कोई), କିଛି (कुछ)

(4) ପ୍ରଶ୍ନବାଚକ प्रश्नवाचक : କିଏ (कौन), କ'ଣ (क्या)

(5) ସମ୍ବନ୍ଧବାଚକ संबंधवाचक : ଯିଏ, ଯାହା, ଯେଉଁ (जो)

(6) ଆତ୍ମବାଚକ निजवाचक : ସ୍ୱୟଂ (स्वयं) सभी व्यक्तियों के लिए

सर्वनाम में ସମ୍ବୋଧନ କାରକ (Vocative case) नहीं होते हैं।

उड़िया में तीन पुरुष ପୁରୁଷ होते हैं :

(i) ପ୍ରଥମ ପୁରୁଷ उत्तम पुरुष —ମୁଁ, ଆମେ

(ii) ଦ୍ୱିତୀୟ ପୁରୁଷ मध्यम पुरुष —ତୁ, ତୁମେ, ଆପଣ (ଆଦରସୂଚକ) (आदरसूचक)

(iii) ତୃତୀୟ ପୁରୁଷ अन्य पुरुष —ସେ, ସେମାନେ

ସର୍ବନାମ ଶବ୍ଦଗୁଡ଼ିକର ରୂପାବଳୀ सर्वनाम शब्दों की रूपावली

ମୁଁ (मैं) उत्तम पुरुष

(i) ମୁଁ/ମୋର- ଆମେ/ଆମେମାନେ

(ii) ମୋତେ-ଆମକୁ

(iii) ମୋ ଦ୍ୱାରା-ଆମ ଦ୍ୱାରା

(iv) ମୋତେ/ମୋ ପାଇଁ-ଆମକୁ/ଆମ ପାଇଁ

(v) ମୋ ଠାରୁ-ଆମ ଠାରୁ

(vi) ମୋର-ଆମର

(vii) ମୋ ଠାରେ/ମୋ ଉପରେ-ଆମ ଠାରେ /ଆମ ଉପରେ

ତୁ (तुम/आप) मध्यम पुरुष

(i) ତୁ- ତୁମେ/ଆପଣ
(ii) ତୋତେ-ତୁମକୁ
(iii) ତୋ ଠାରେ/ତୋ ଦ୍ୱାରା- ତୁମ ଠାରେ/ତୁମ ଦ୍ୱାରା
(iv) ତୋତେ/ତୋ ପାଇଁ- ତୁମକୁ/ତୁମ ପାଇଁ
(v) ତୋ ଠାରୁ-ତୁମ ଠାରୁ
(vi) ତୋର-ତୁମର
(vii) ତୋ ଉପରେ-ତୁମ ଉପରେ

ସେ (वह) अन्य पुरुष

(i) ସେ-ସେମାନେ
(ii) ତାକୁ-ତାଙ୍କୁ ସେମାନଙ୍କୁ
(iii) ତା ଦ୍ୱାରା- ସେମାନଙ୍କ ଦ୍ୱାରା
(iv) ତାକୁ/ତା ପାଇଁ-ସେମାନଙ୍କୁ/ସେମାନଙ୍କ ପାଇଁ
(v) ତା ଠାରୁ-ସେମାନଙ୍କ ଠାରୁ
(vi) ତାର/ତାହାର-ତାଙ୍କର/ ସେମାନଙ୍କର
(vii) ତା ଠାରେ/ତା ଉପରେ-ତାଙ୍କ ଠାରେ /ସେମାନଙ୍କ ଉପରେ

ଆପଣ ଆଦରସୂଚକ आप आदरसूचक (मध्यम पुरुष)

ଏକବଚନ— 1. ଆପଣ, 2. ଆପଣଙ୍କୁ, 3. ଆପଣଙ୍କ ଦ୍ୱାରା, 4. ପାଇଁ (ଙ୍କୁ), 5. ଠାରୁ, 6. ଙ୍କ, 7. ଠାରେ (ଉପରେ)

ବହୁବଚନ— 1. ଆପଣମାନଙ୍କ/ଆପଣମାନେ, 2. ଆପଣମାନଙ୍କୁ, 3. ଆପଣମାନଙ୍କ ଦ୍ୱାରା, 4. ଆପଣମାନଙ୍କୁ/ଆପଣମାନଙ୍କ ପାଇଁ, 5. ଆପଣମାନଙ୍କ ଠାରୁ, 6. ଆପଣମାନଙ୍କ, 7. ଆପଣମାନଙ୍କ ଠାରେ/ଆପଣମାନଙ୍କ ଉପରେ ।

आइए, कुछ सर्वनामों का प्रयोग निम्नलिखित वाक्यों से जानते हैं :

1. ମୁଁ ଏ ବାବଦରେ କିଛି ଜାଣିନାହିଁ ।	मैं इस बारे में कुछ नहीं जानता।
2. ଆମେ ସେଠାକୁ ଯିବାକୁ ଚାହୁଁନାହୁଁ ।	हम वहां नहीं जाना चाहते।
3. ସେ ଏବେ କ'ଣ କରିବ ?	वह अब क्या करेगा?
4. ଏହା ଏକବାରେ ଠିକ୍ ଅଟେ ।	यह बिल्कुल ठीक है।
5. ଆପଣ ପୁନାରେ କେଉଁଠି ରହିବେ ?	आप पूना में कहां ठहरेंगे?
6. ମୁଁ ନିଜେ ସେଠାରେ ଉପସ୍ଥିତ ଥିଲି ।	मैं स्वयं वहीं उपस्थित था।
7. କେହି ଆସିବାର ଅଛି ।	कोई आने वाला है।
8. ଏମିତି କିଏ କହୁଛି ?	ऐसा कौन कहता है?
9. ଏବେ ଆପଣଙ୍କର କ'ଣ ଦରକାର ?	अब आपको क्या चाहिए?
10. କିଛି ଫଳ ଖାଇଦିଅ ।	कुछ फल खा लो।

टिप्पणी

सर्वनाम ଆପଣ, ତୁମେ और ତୁ में अलग-अलग प्रकार के मानवाचक अर्थ दर्शाते हैं।

ଆପଣ संबोधन वयोवृद्ध या बुज़ुर्ग व्यक्तियों के लिए होता है और वह अन्य पुरुष बहुवचन की तरह एक व्यक्ति होने के बावजूद बहुवचन प्रकार के रूप में भी प्रयोग होता है। शब्द कोई संबंधी या मित्र के लिए प्रयोग किया जाता है और उसमें भी वह किसी एक व्यक्ति के लिए प्रयोग होने के बावजूद बहुवचन का भाव रखता है।

ତୁ संबोधन ज्यादातर घृणा की भावना व्यक्त करने के लिए प्रयोग किया जाता है। लेकिन दूसरी तरफ सच्चा प्रेम दर्शाने के लिए भी उसका प्रयोग होता है। यह ईश्वर को संबोधन करने के लिये भी प्रयोग किया जाता है।

बारहवीं सीढ़ी - ୧୨ତମ ସୋପାନ

विशेषण ବିଶେଷଣ

विशेषण (ବିଶେଷଣ) संज्ञा अथवा सर्वनाम की विशेषता/गुण दर्शाने वाले शब्द विशेषण कहलाते हैं। उड़िया में छः प्रकार के विशेषण हैं—

(1)	ଗୁଣବାଚକ	गुणवाचक
(2)	ଅବସ୍ଥାବାଚକ	स्थितिवाचक
(3)	ସଂଖ୍ୟାବାଚକ	संख्यावाचक
(4)	ପୂରଣବାଚକ	विशेष संख्यावाचक
(5)	ପରିମାଣବାଚକ	परिमाणवाचक
(6)	ସାର୍ବନାମିକ	सार्वनामिक

आइए, कुछ वाक्यों के माध्यम से विशेषण का प्रयोग देखें :

(i)	ଗୌରବ ଭଲ ପିଲା ଅଟେ ।	गौरव अच्छा लड़का है।
(ii)	ବେଦ ହେଉଛି ଚାରି ପ୍ରକାର ।	वेद चार हैं।
(iii)	ପାଞ୍ଚ ଲିଟର କ୍ଷୀର ଆଣ ।	पांच लीटर दूध लाओ।
(iv)	ଏହି ପୁସ୍ତକ ମୋର ଅଟେ ।	यह पुस्तक मेरी है।

'ଭଲ ପିଲା', 'ଚାରି ବେଦ', 'ପାଞ୍ଚ ଲିଟର କ୍ଷୀର' और 'ଏହି ପୁସ୍ତକ'–पद पदों में क्रमानुसार, ଭଲ, ଚାରି, ପାଞ୍ଚ और ଏହି वह ଗୁଣବାଚକ, ସଂଖ୍ୟାବାଚକ, ପରିମାଣବାଚକ और ସାର୍ବନାମିକ ବିଶେଷଣ विशेषण हैं।

ବିଶେଷଣର ତୁଳନାବସ୍ଥା विशेषण की तुलनावस्था

1. ସୋନିୟା ଡେଙ୍ଗା ଅଟେ।
2. ଆଭା ସୋନିୟା ଠାରୁ ଡେଙ୍ଗା ଅଟେ।
3. ମିନାକ୍ଷୀ ସବୁଠାରୁ ଡେଙ୍ଗା ଅଟେ।

ऊपर के वाक्यों से ज्ञात होता है कि विशेषण की तीन डिग्री हैं : ଡେଙ୍ଗା तुलनात्मक डिग्रियों को दर्शाने के लिए उड़िया में कोई विशेष रूप व्यवस्था नहीं है, लेकिन कुछ विशेषणों में निश्चित प्रकार के रूप देखने को मिलते हैं, जैसे –

विधायक	तुलनात्मक	सर्वोच्चतादर्शक
ଉଚ୍ଚ	ଉଚ୍ଚତର	ଉଚ୍ଚତମ
ନିମ୍ନ	ନିମ୍ନତର	ନିମ୍ନତମ
ସରଳ	ସରଳତର	ସରଳତମ
ଲଘୁ	ଲଘୁତର	ଲଘୁତମ
ଅଧିକ	ଅଧିକତର	ଅଧିକତମ
ଦୀର୍ଘ	ଦୀର୍ଘତର	ଦୀର୍ଘତମ
ଶ୍ରେଷ୍ଠ	ଶ୍ରେଷ୍ଠତର	ଶ୍ରେଷ୍ଠତମ
ନିକଟ	ନିକଟତର	ନିକଟତମ
ପ୍ରିୟ	ପ୍ରିୟତର	ପ୍ରିୟତମ
ନବୀନ	ନବୀନତର	ନବୀନତମ

कुछ विशेषण निम्नलिखित स्तंभ में दर्शाये गये हैं :

गुणवाचक	संख्यावाचक	परिमाणवाचक	सर्वनामिक
ନୂଆ	ଦଶ	ଦଶ (କିଲୋ)	ଏହା (କଲମ)
नया	दस	दस (किलो)	यह (पेन)
ଦୈନିକ	ଅଧା	ସାରା (ଧନ)	ତାହା (ଗାଈ)
दैनिक	आधा	सारा (धन)	वह (गौ)
ସୁନ୍ଦର	ଚୌଥ	କିଛି (କ୍ଷୀର)	ଯେଉଁ (କୁକୁର)
सुंदर	चौथा	कुछ (दूध)	जो (कुत्ता)

ସୁସ୍ଥ	ଦୁଇଗୁଣ	ଦୁଇ (ମିଟର)	ସେହି (ପୁସ୍ତକ)
स्वस्थ	दुगुना	दो (मीटर)	वो (पुस्तक)
କଳା	ଏକୁଟିଆ	ଆହୁରି (ଘିଅ)	କେଉଁ (ବାଳକ)
काला	अकेला	और (घी)	कौन (बालक)
ଭଲ	କିଛି	ସବୁ (ପାଣି)	ସେହି (ଘରେ)
अच्छा	कुछ	सारा (पानी)	उस (घर में)

विशेषणों की रचना

(i) उड़िया नामों में – ଶାଳୀ जोड़ते हुए :

ବଳ	ବଳଶାଳୀ	ପ୍ରତିଭା	ପ୍ରତିଭାଶାଳୀ
ଶକ୍ତି	ଶକ୍ତିଶାଳୀ	ଭାଗ୍ୟ	ଭାଗ୍ୟଶାଳୀ

(ii) उड़िया नामों में – ବାନ / ମାନ जोड़ते हुए :

ଧନ	ଧନବାନ	ଗୁଣ	ଗୁଣବାନ
ଶ୍ରୀ	ଶ୍ରୀମାନ	ବୁଦ୍ଧି	ବୁଦ୍ଧିମାନ

(iii) उड़िया नामों में – ଇକ जोड़ते हुए :

ରାଜନୀତି	ରାଜନୈତିକ	ନୀତି	ନୈତିକ
ମାସ	ମାସିକ	ଉଦ୍ୟୋଗ	ଔଦ୍ୟୋଗିକ
ଇତିହାସ	ଐତିହାସିକ	ଭୂଗୋଳ	ଭୌଗୋଳିକ
ଦିନ	ଦୈନିକ	ସେନା	ସୈନିକ

(iv) उड़िया नामों में – ଇତ जोड़ते हुए :

ସମ୍ବନ୍ଧ	ସମ୍ବନ୍ଧିତ	ଆନନ୍ଦ	ଆନନ୍ଦିତ
ସମ୍ମାନ	ସମ୍ମାନିତ	ଶିକ୍ଷା	ଶିକ୍ଷିତ

(v) उड़िया नामों में – ଇୟ जोड़ते हुए :

ପର୍ବତ	ପର୍ବତୀୟ	ରାଷ୍ଟ୍ର	ରାଷ୍ଟ୍ରୀୟ
ଭାରତ	ଭାରତୀୟ	ବିଭାଗ	ବିଭାଗୀୟ

(vi) उड़िया नामों में – ଇ जोड़ते हुए :

ଜଙ୍ଗଲ	ଜଙ୍ଗଲୀ	ସୁଖ	ସୁଖୀ

ସନ୍ୟାସ	ସନ୍ୟାସୀ	ଦେଶ	ଦେଶୀ
ପରଦେଶ	ପରଦେଶୀ	ଲୋଭ	ଲୋଭୀ

(v) उड़िया नामों में – ଇଆ जोड़ते हुए :

ଚକଚକ	ଚକଚକିଆ	ସାଙ୍ଗ	ସାଙ୍ଗିଆ
କୋଳଥ	କୋଳଥିଆ	ରଙ୍ଗ	ରଙ୍ଗିଆ

टिप्पणी

1. (i) सामान्यतः परिमाणवाचक विशेषणों में आत्यंतिकता दर्शाने के लिए या भार दर्शाने के लिऐ – ସାରା, କିଛି शब्द का प्रयोग होता है। उदा., — ଦେଶସାରା, ଅନ୍ନକିଛି आदि।

(ii) कभी-कभी अति अल्पता दर्शाने के लिए भी — ଇଆ, ଏ शब्द प्रयोग किया जाता है। उदा., — ଛୋଟିଆ କଣ୍ଢେଇ, ଟିକିଏ ଜାଗା.

(iii) - ଭଳି कभी-कभी अन्य प्रकार जैसा या तो अन्य के समान जैसा दर्शाने के लिए भी प्रयोग किया जाता है।

(a) अन्य प्रकार जैसा-

କଳା ଭଳି **काला-सा**	ଶେତା ଭଳି **पीला-सा**
ମୋଟା ଭଳି **मोटा-सा**	ପତଳା ଭଳି **पतला-सा**

(b) अन्य के समान जैसा -

ଏକା ଭଳି **एक-सा**	ତୁମ ଭଳି **तुम-सा**
ତା ଭଳି **(पुरुष) उस-सा**	ମୋ ଭଳି **मुझ-सा**
ତା ଭଳି **(स्त्री) उस-सा**	ଆମ ଭଳି **हम-सा**

तेरहवीं सीढ़ी - ୧୩ତମ ସୋପାନ

क्रिया

କ୍ରିୟା

କ୍ରିୟା (क्रिया) या क्रियापद व्यक्ति, स्थान या वस्तु के कार्य का निर्देश करते हैं।

क्रिया सामान्यतः दो प्रकार की होती है : (१) सकर्मक क्रिया (२) अकर्मक क्रिया।

(i) ସକର୍ମକ କ୍ରିୟା सकर्मक क्रिया (जिस में वस्तु (चीज़-ऑब्जेक्ट) द्वारा होती क्रिया दर्शाई जाती है वह सकर्मक क्रिया है।) उदा.,— ମିନାକ୍ଷୀ କାର୍ଯ୍ୟ କରେ। यहां କରେ वह सकर्मक क्रिया है। क्योंकि, उसका କାର୍ଯ୍ୟ हो रहा है ऐसा भाव है।

सकर्मक क्रिया दो भागों में बंटे हुए हैं (i) वह क्रिया जो समाप्त होने वाली है - ସମାପିକା କ୍ରିୟା, (ii) वह क्रिया जो अभी भी जारी है - ଅସମାପିକା କ୍ରିୟା।

(ii) ଅକର୍ମକ କ୍ରିୟା अकर्मक क्रिया (अकर्मक क्रिया यानी ऐसी क्रिया जिनमें वस्तु-ऑब्जेक्टिव या कार्य जरूरी नहीं है। वह शब्द खुद ही अर्थ में पूर्ण है।); उदा., - ଘୃଣା ଚାଲେ। यहां ଚାଲେ अकर्मक क्रिया है। क्योंकि, यहां कार्य अथवा ऑब्जेक्ट नहीं है।

यहां कुछ सकर्मक तथा अकर्मक क्रिया के उदाहरण दिये गये हैं, जिन्हें याद रखने जैसा है :

1. ସକର୍ମକ କ୍ରିୟା सकर्मक क्रिया

କରିବା	करना	ଶୁଣିବା	सुनना
ପଢ଼ିବା	पढ़ना	କହିବା	कहना
ଲେଖିବା	लिखना	ରଖିବା	रखना
ଦେଖିବା	देखना	ନେବା	लेना
ଜାଣିବା	जानना	ଦେବା	देना

2. ଅକର୍ମକ କ୍ରିୟା अकर्मक क्रिया

ଚାଲିବା	चलना	ଆସିବା	आना
ରହିବା	रहना	ଯିବା	जाना
ଉଠିବା	उठना	ହେବା	होना
ଶୋଇବା	सोना	ପଡ଼ିବା	गिरना
ହସିବା	हंसना	ପହଞ୍ଚିବା	पहुंचना

दोनो क्रिया, अकर्मक और सकर्मक – के सामान्यतः दो विभाग होते हैं :

(i) ସାମାନ୍ୟ କ୍ରିୟା सामान्य क्रिया

(ii) ଧାତୁ धातु

(i) सामान्य क्रिया (ସାମାନ୍ୟ କ୍ରିୟା) क्रिया का असल रूप है और वह ज्यादातर 'ବା' द्वारा अंत होते हैं। उदा., ପଢ଼ିବା, ରଖିବା, ଚାଲିବା, आदि।

(ii) धातु (ଧାତୁ) वह शब्द का मूल है। शब्द में से 'ବା' दूर कर देने से उसका मूल धातु प्राप्त होता है। उदा., ପଢ଼, ରଖ, ଚାଲ आदि।

वास्तव में हर एक शब्द को उसके धातुओं की बाबत में और उड़िया में धातु के साथ 'ବା' लगाने से उसका सामान्य रूप ସାମାନ୍ୟ ରୂପ बनता है।

तो आइए, यहां हम कुछ सामान्य रूपों (सकर्मक और अकर्मक क्रिया) और उसके धातु के विषय में अध्ययन करते हैं :

सकर्मक क्रिया

सकर्मक		धातु	अकर्मक		धातु
କିଣିବା	खरीदना	କ୍ରୟ	ଖାଇବା	खाना	ଖା
ବିକିବା	बेचना	ବିକ୍ରୟ	ପିଇବା	पीना	ପି
ବୁଝିବା	समझना	ବୁଝ	କହିବା	बोलना	କହ
ଧୋଇବା	धोना	ଧୋ	ଧରିବା	पकड़ना	ଧର
ଗାଇବା	गाना	ଗା	ଭାଙ୍ଗିବା	तोड़ना	ଭାଙ୍ଗ

अकर्मक क्रिया

सकर्मक		धातु	अकर्मक		धातु
ରହିବା	ठहरना	ରହ	ଦେଖାଯିବା	दिखना	ଦେଖା
ଡରିବା	डरना	ଡର	ହସିବା	हंसना	ହସ
କାନ୍ଦିବା	रोना	କାନ୍ଦ	ଖେଳିବା	खेलना	ଖେଳ
ମରିବା	मरना	ମର	କଳି କରିବା	लड़ना	କଳି
ବାହାରିବା	निकलना	ବାହାର	ହେବା	होना	ହ

ବିଧି ରୂପ विधि रूप

किसी व्यक्ति को हम कुछ कार्य करने के लिए प्रेरणा देते हैं, विनती करते हैं या तो आदेश करते हैं, तब विधि रूप का प्रयोग होता है।

निम्नलिखित वाक्यों को ध्यानपूर्वक पढ़ें :

(1)	ନିବନ୍ଧ ଲେଖ।	निबंध लिखो
	ଏଠାରେ ବସ।	यहां बैठ।
	ଚାହା ଆଣ।	चाय ला।
	ତାକୁ ଡାକ।	उसे बुला।
	ପୁସ୍ତକ ପଢ଼।	पुस्तक पढ़।
(2)	କ୍ଷୀର ଆଣ।	दूध लाओ।
	ଶାନ୍ତ ରୁହ।	शांत रहो।
	ଗୀତ ଗାଅ।	गीत गाओ
	ଝରକା ଖୋଲ।	खिड़की खोलो।
	କାମ କର।	काम करो।
(3)	ଦୟାକରି ଆସନ୍ତୁ।	कृपया आइए।
	ଦୟାକରି ଘରେ ରୁହନ୍ତୁ।	कृपया घर पर रहिए।
	ଦୟାକରି ବାହାରକୁ ଯାଆନ୍ତୁ।	कृपया बाहर जाइए।

जैसे (1), (2) और (3) के वाक्यों को ध्यान से देखें। तीनों में आपको सामान्य फर्क की अनुभूति होगी। लेकिन तीनों में एक चीज़ सामान्य है और वह है सबजेक्ट. ତୁ, ତୁମେ और ଆପଣ शब्द की अनुपस्थिति।

(i) ତୁ शब्द का संबोधन सामान्यतः नौकर या निचले वर्ग के व्यक्तियों के लिए होता है। वह समान कक्षा के व्यक्ति के लिए प्रयोग नहीं होता है। उदा. :

ରାମୁ (ତୁ) ଦୁଇ କପ୍ ଚାହା ଆଣ୍। रामू (तू) दो कप चाय ला।

(ii) ତୁମେ संबोधन सामान्यतः दोस्त या समान कक्षा के व्यक्ति के युवानो के लिए प्रयोग होता है। उदा. :

ଭାଇ, ତୁମେ ଆଜି ବିଦ୍ୟାଳୟ ନାହିଁକି ଗଲନାହିଁ? भाई, तुम आज विद्यालय क्यों नहीं गए?

ଦେବେନ୍ଦ୍ର, ମୋ ଘରକୁ ନିଶ୍ଚୟ ଆସିବ। देवेन्द्र, मेरे घर अवश्य आना।

(iii) ଆପଣ संबोधन सामान्यतः ऊंचे दरजे के व्यक्ति अथवा जिन्हें आप मान देना चाहते हैं, उन व्यक्तियों के लिए प्रयोग किया जाता है। उदा. :

ମାମୁଁ, ଆପଣ ମୋ ସହିତ ଆସନ୍ତୁ। मामा जी, आप मेरे साथ आइए।

ମହାଶୟ, ଦୟାକରି ଆପଣ ମୋ କଥା ଶୁଣନ୍ତୁ। श्रीमान्, कृपया आप मेरी बात सुनिए।

ନା शब्द का संबोधन नकारात्मक अर्थ व्यक्त करने के लिए प्रयोग किया जाता है। सामान्यतः यह शब्द क्रियापद के बाद या पहले प्रयोग किया जाता है। उदा.,

ହସନା। मत हंसो।

କାନ୍ଦନା। रोओ मत।

ପାଟିତୁଣ୍ଡ କରନା। शोर मत करो।

ସେଠାରେ ବସନା। वहां मत बैठिए।

टिप्पणी

1. **धातु** (ଧାତୁ) शब्द में 'ଇବା' दूर कर देने से शब्द की मूल धातु प्राप्त होती है। उदा. – सामान्यतः 'ଖା' की मूल धातु ଖାଇବା, ପି की मूल धातु ପିଇବା है।
2. उड़िया में विधि रूप वाक्य दो प्रकार से बनते हैं :
   (a) सामान्य रूप से
   (b) मानवाचक रूप से
   (a) सामान्य रूप से विधि रूप वाक्य इस प्रकार लिखा जा सकता है :
   (i) सामान्य रूप से वाक्यों में क्रिया के मूल धातु (ଧାତୁ) का प्रयोग होता है। उदा.- ଖା, ପଢ଼୍, ଲେଖ୍ आदि।
   (ii) क्रिया के मूल रूपों के साथ ଅ स्वर लगाते हुए विधि रूप इस प्रकार बनते हैं - ଖାଅ, ପଢ଼, ଲେଖ आदि।
   (b) मानवाचक रूप से प्रयोग होने वाली क्रिया में स्वर **'ଅନ୍ତୁ'** शब्द के मूल रूप के साथ प्रयोग किया जाता है। उदा.- ଖାଆନ୍ତୁ, ପଢ଼ନ୍ତୁ, ଲେଖନ୍ତୁ आदि।

चौदहवीं सीढ़ी - ୧୪ତମ ସୋପାନ

काल (1)

କାଳ (1)

କାଳ (काल) काल क्रिया का समय दर्शाता है। उड़िया भाषा में काल के मुख्य तीन प्रकार हैं :

(i) ବର୍ତ୍ତମାନ କାଳ — वर्तमान काल
(ii) ଭବିଷ୍ୟତ କାଳ — भविष्यत् काल
(iii) ଅତୀତ କାଳ — भूत काल

यहां हम एक के बाद एक तीनों काल का अध्ययन करेंगे।

ବର୍ତ୍ତମାନ କାଳ **वर्तमान काल**

वर्तमान काल को तीन भागों में बांटा जा सकता है :

(1) ସାମାନ୍ୟ ବର୍ତ୍ତମାନ — सामान्य वर्तमान
(2) ତତ୍କାଳିକ ବର୍ତ୍ତମାନ — तात्कालिक वर्तमान
(3) ସମ୍ଭାବ୍ୟ ବର୍ତ୍ତମାନ — सम्भाव्य वर्तमान

1. ସାମାନ୍ୟ ବର୍ତ୍ତମାନ **सामान्य वर्तमान**

यहां वर्तमान काल में ହେବା (be) शब्द के साथ युति दर्शायी गई है।

प्रथम पुरुष : ମୁଁ ଅଟେ। (मैं हूं।) ଆମେ ଅଟୁ। (हम हैं)
द्वितीय पुरुष : ତୁ ଅଟୁ। ତୁମେ ଅଟ। ଆପଣ ଅଟନ୍ତି। (तुम हो)
ତୁମେମାନେ ଅଟ। ଆପଣମାନେ ଅଟନ୍ତି। (हम हो)
तृतीय पुरुष : ସେ ଅଟେ। (वह है)
ସେମାନେ ଅଟନ୍ତି। (वे हैं)

ହେବା यह सहायक क्रियापद है। वह मुख्य क्रिया की सहायता करता है।

निम्नलिखित वाक्यों में ପଢ଼ (पढ़) क्रियापद के साथ युति वर्तमान काल में दर्शायी गई है। मूल धातुओं के साथ यहां अनुग ଏ–ଉ–ନ୍ତି लगाये गये हैं।

प्रथम पुरुष : ମୁଁ ପଢ଼େ। — मैं पढ़ता/पढ़ती हूं।
ଆମେ ପଢୁ। — हम पढ़ते/पढ़ती हैं।

द्वितीय पुरुष :	ତୁ ପଢୁ।	तू पढ़ता/पढ़ती है।
	ତୁମେ ପଢ଼।	तू पढ़ता/पढ़ती है।
तृतीय पुरुष :	ସେ ପଢ଼େ।	वह पढ़ता/पढ़ती है।
	ସେମାନେ ପଢ଼ନ୍ତି।	वे पढ़ते/पढ़ती हैं।

यहां क्रियापद के संयोजन पद इस प्रकार हो सकते हैं :

जब वर्तमान काल में निषेधात्मक वाक्य लिखने हों, तब हम मुख्य क्रियापद के आगे ନାହିଁ/ନାହୁଁ लगाते हैं। उदाहरणार्थ :

ଆମେ ପଢୁ ନାହୁଁ।	हम नहीं पढ़ते।
ତୁ ପଢୁ ନାହୁଁ।	तू नहीं पढ़ता।
ସେମାନେ ପଢ଼ନ୍ତି ନାହିଁ।	वे नहीं पढ़ते।

2. ତତ୍କାଳିକ ବର୍ତ୍ତମାନ तात्कालिक वर्तमान

शब्द क्रियापद के मूल धातु के साथ ଥିଛି अनुसार इस प्रकार लगाये जाते हैं।

प्रथम पुरुष :	ମୁଁ ଖାଉଥିଛି।	मैं खा रहा/रही हूं।
	ଆମେ ଖାଉଥିଛୁ।	हम खा रहे/रही हैं।
द्वितीय पुरुष :	ତୁ ଖାଉଥିଛୁ।	तू खा रहा/रही है।
	ତୁମେ ଖାଉଥିଛ।	तुम खा रहे/रही हो।
तृतीय पुरुष :	ସେ ଖାଉଥିଛି।	वह खा रहा/रही है।
	ସେମାନେ ଖାଉଛନ୍ତି।	वे खा रहे/रही हैं।

3. ସମ୍ଭାବ୍ୟ ବର୍ତ୍ତମାନ संभाव्य वर्तमान

संभाव्य वर्तमान में मूल क्रियापद ଥିଛି (ଥିବି, ଥିବୁ, ଥିବ, ଥିବେ). लगते हैं।

प्रथम पुरुष :

एकवचन :	ମୁଁ ଯାଉଥିବି।	मैं जाता हूंगा।
बहुवचन :	ଆମେ ଯାଉଥିବୁ।	हम जाते होंगे।

द्वितीय पुरुष :

एकवचन :	ତୁ ଯାଉଥିବୁ।	तू जाता होगा।
बहुवचन :	ତୁମେ ଯାଉଥିବ।	तुम जाते होंगे/होंगी।

तृतीय पुरुष :

एकवचन :	ସେ ଯାଉଥିବ।	वह जाता होगा/होगी।
बहुवचन :	ସେମାନେ ଯାଉଥିବେ।	वे जाते होंगे।

ଭବିଷ୍ୟତ କାଳ **भविष्यत् काल :**

भविष्य काल को दो भागों में बांटा जा सकता है :

(1) ସାମାନ୍ୟ ଭବିଷ୍ୟତ — सामान्य भविष्यत्

(2) ସମ୍ଭାବ୍ୟ ଭବିଷ୍ୟତ — सम्भाव्य भविष्यत्

1. ସାମାନ୍ୟ ଭବିଷ୍ୟତ **सामान्य भविष्यत् :**

(–ଇବି, –ଇବ, –ଇବୁ, –ଇବେ आदि, मूल क्रियापद में जोड़े जाते हैं)।

यहां ଦେଖ धातु के साथ सामान्य भविष्य के वाक्यों में उपयुक्त अनुगो का संयोजन निर्देश किये गये है :

प्रथम पुरुष :	ମୁଁ ଦେଖିବି ।	मैं देखूंगा/देखूंगी।
	ଆମେ ଦେଖିବୁ ।	हम देखेंगे/देखेगी।
द्वितीय पुरुष	ତୁ ଦେଖିବୁ ।	तू देखेगा/देखेगी।
	ତୁମେ ଦେଖିବ ।	तुम देखोगे/देखोगी।
तृतीय पुरुष :	ସେ ଦେଖିବ ।	वह देखेगा/देखेगी।
	ସେମାନେ ଦେଖିବେ ।	वे देखेंगे/देखेंगी।

2. ସମ୍ଭାବ୍ୟ ଭବିଷ୍ୟତ **संभाव्य भविष्यत्**—

(इस काल में पुरुष और वचन के अनुसार क्रियापद के मूल धातु के साथ –ପାରେ, –ପାରୁ, –ପାର –ପାରନ୍ତି, की युति होती है।)

ଖେଳ शब्द को ले कर इस युति को निम्नलिखित दर्शाया गया है :

प्रथम पुरुष :	ମୁଁ ଖେଳିପାରେ ।	मैं खेलूं।
	ଆମେ ଖେଳିପାରୁ ।	हम खेलें।
द्वितीय पुरुष :	ତୁ ଖେଳିପାରୁ ।	तू खेल।
	ତୁମେ ଖେଳିପାର ।	तुम खेलो।
तृतीय पुरुष :	ସେ ଖେଳିପାରେ ।	वह खेले।
	ସେମାନେ ଖେଳିପାରନ୍ତି ।	वे खेलें।

संभाव्य भविष्य काल का अर्थ होता है –भविष्य में संभावना (ଭବିଷ୍ୟତରେ ସମ୍ଭାବନା), इच्छा (ଇଚ୍ଛା), सुझाव (ପ୍ରସ୍ତାବ), उद्देश्य (ଉଦ୍ଦେଶ୍ୟ), शर्त (ସର୍ତ୍ତ), आदि उदाहरण :

(i) ଭବିଷ୍ୟତରେ ସମ୍ଭାବନା, ଥାଉ ନଥାଉ-
କାଳେ ସେ ଆସିଯିବ । — कहीं वह आ न जाए।

(ii) ଭବିଷ୍ୟତରେ ଇଚ୍ଛା-
ଅନୁକୁ କୁହ ଯେ ବହିଗୁଡ଼ିକ ଆଣିବ । — अनु से कहो कि किताबें लाए।

(iii) ଭବିଷ୍ୟତରେ ପ୍ରସ୍ତାବ-
ଏମିତି କାହିଁକି ନ କରିବା ? — ऐसा क्यों न करें?

(iv) ଭବିଷ୍ୟତରେ ଉଦ୍ଦେଶ୍ୟ–
ତୁମେ ଜଣେ ବୈଜ୍ଞାନିକ ହୁଅ । — तुम एक वैज्ञानिक बनो।

(v) ଭବିଷ୍ୟତରେ ସର୍ତ୍ତ–
ଯଦି ସେମାନେ ଆସିବେ ତେବେ ତୁମେ ମଧ୍ୟ ଚାଲି ଆସିବ । — यदि वे आएं तो तुम भी आ जाना।

टिप्पणी

ମୁଁ ଏହାକୁ ଏବେ ସମାପ୍ତ କରିଛି । **मैंने इसे अभी समाप्त किया है।**

इस वाक्य को उड़िया में लिखा जाए, तो वह वर्तमान काल में नहीं गिना जायेगा। उड़िया में उसे आसन्न भूत कहा जाता है।

'मैंने इसे अभी समाप्त किया है।' ऐसा उड़िया में इस प्रकार कह सकते हैं :

(i) ମୁଁ ଏହାକୁ ଏବେ ସମାପ୍ତ କରିଛି ।

(ii) ମୁଁ ଏହାକୁ ଏବେ ସମାପ୍ତ କରି ସାରିଛି ।

आप जानते हो कि आसन्न भूत (ଆସନ୍ନ ଅତୀତ) की रचना एकवचन में 'है' को लगाकर होती है। जबकि बहुवचन में ଛନ୍ତି उसके आगे 'हैं' लगाया जाता है। (ସାମାନ୍ୟ ଅତୀତ) में ତୁମେ और ତୁମେ, और ଛ और ଛି जरूर के हिसाब से लगाया जाता है।

पंद्रहवीं सीढ़ी -୧୫ତମ ସୋପାନ

काल (2)

କାଳ (2)

ଅତୀତ କାଳ भूतकाल

उड़िया में भूतकाल के छः भेद हैं :

(1) ସାମାନ୍ୟ ଅତୀତ କାଳ — सामान्य भूतकाल

(2)	ଆସନ୍ନ ଅତୀତ କାଳ	आसन्न भूतकाल
(3)	ପୂର୍ଣ୍ଣ ଅତୀତ କାଳ	पूर्ण भूतकाल
(4)	ସନ୍ଦିଗ୍ଧ ଅତୀତ କାଳ	संदिग्ध भूतकाल
(5)	ତତ୍କାଳିକ ଅତୀତ କାଳ	तात्कालिक भूतकाल
(6)	ସର୍ତ୍ତମୂଳକ ଅତୀତ କାଳ	हेतुहेतुमद् भूतकाल

(1) ସାମାନ୍ୟ ଅତୀତ **सामान्य भूत**

निश्चित स्थिति या असामान्यता के अलावा काल को सामान्य भूतकाल कहा जाता है। इस काल के रूप मूल क्रिया के साथ ଲ, ଲା, ଲି, ଲୁ लगाने से बनते हैं।

ସକର୍ମକ କ୍ରିୟା **'କରିବା' सकर्मक 'क्रिय'**

(सामान्य भूत 'to do')

प्रथम पुरुष —	एकवचन	ମୁଁ କଲି	मैंने किया।
	बहुवचन	ଆମେ କଲୁ	हमने किया।
द्वितीय पुरुष —	एकवचन	ତୁ କଲୁ	तूने किया।
	बहुवचन	ତୁମେ କଲ	तुमने किया।
तृतीय पुरुष —	एकवचन	ସେ କଲା	उसने किया।
	बहुवचन	ସେମାନେ କଲେ	उन्होंने किया।

अकर्मक क्रिया 'ହସିବା'

(अकर्मक क्रिया 'to laugh')

प्रथम पुरुष —	एकवचन	ମୁଁ ହସିଲି	मैं हंसा/हंसी।
	बहुवचन	ଆମେ ହସିଲୁ	हम हंसे/हंसी।
द्वितीय पुरुष —	एकवचन	ତୁ ହସିଲୁ	तू हंसा/हंसी।
	बहुवचन	ତୁମେ ହସିଲ	तू हंसा/हंसी।
तृतीय पुरुष —	एकवचन	ସେ ହସିଲା	वह हंसा/हंसी।
	बहुवचन	ସେମାନେ ହସିଲେ	वे हंसे/हंसी।

(2) ଆସନ୍ନ ଅତୀତ **आसन्न भूत**

यह काल ऐसा दर्शाता है कि, क्रिया अभी-अभी पूरी हुई है।

उदाहरण :	ମୁଁ କରିଛି –	मैंने किया है।
	ମୁଁ ହସିଛି –	मैं हंसा हूं।

सकर्मक क्रिया (सकर्मक क्रिया 'to do')

एकवचन :	ମୁଁ/ତୁ/ସେ କରିଛି।	मैंने/तूने/उसने किया है।
बहुवचन :	ଆମେ/ତୁମେ/ସେମାନେ କରିଛନ୍ତି।	हमने/तुमने/उन्होंने किया है।

अकर्मक क्रिया ଅକର୍ମକ କ୍ରିୟା **'ହସିବା'**

(अकर्मक क्रिया 'to laugh' स्त्रीलिंग-पुल्लिंग)

प्रथम पुरुष :	एकवचन	ମୁଁ ହସିଛି	मैं हंसा हूं/हंसी हूं।
	बहुवचन	ଆମେ ହସିଛୁ	हम हंसे हैं/हंसी हैं।
द्वितीय पुरुष :	एकवचन	ତୁ ହସିଛୁ	तू हंसा है/हंसी है।
	बहुवचन	ତୁମେ ହସିଛ	तुम हंसे हो/हंसी हो।
तृतीय पुरुष :	एकवचन	ସେ ହସିଛି	वह हंसा है/हंसी है।
	बहुवचन	ସେମାନେ ହସିଛନ୍ତି	वे हंसे हैं/हंसी हैं।

(3) ପୂର୍ବ ଅତୀତ पूर्ण भूत

यह काल दर्शाता है कि काफी समय पहले क्रिया पूर्ण हो चुकी थी।

उदाहरण : ମୁଁ କରିଥିଲି – मैंने किया था।

ମୁଁ ହସିଥିଲି – मैं हंसा था।

ସକର୍ମକ କ୍ରିୟା 'କରିବା'

(सकर्मक क्रियापद 'to do' पुल्लिंग-स्त्रीलिंग)

एकवचन : ମୁଁ କରିଥିଲି/ତୁ କରିଥିଲୁ/ସେ କରିଥିଲା ।

बहुवचन : ଆମେ କରିଥିଲୁ/ତୁମେ କରିଥିଲ/ସେମାନେ କରିଥିଲେ ।

अकर्मक क्रियापद ଅକର୍ମକ କ୍ରିୟା **'ହସିବା'**

(अकर्मक क्रियापद 'to laugh' पुल्लिंग-स्त्रीलिंग)

(4) ସନ୍ଦିଗ୍ଧ ଅତୀତ संदिग्ध भूत

इस काल में क्रिया भूत काल में की गई है ऐसी संभावना दर्शाती है।

उदाहरण : ମୁଁ କରିଥିବି – मैंने किया होगा।

ମୁଁ ହସିଥିବି – मैं हंसा होगा।

सकर्मक क्रिया ସକର୍ମକ କ୍ରିୟା **'କରିବା'**

(सकर्मक क्रिया 'to do' पुल्लिंग-स्त्रीलिंग)

एकवचन : ମୁଁ କରିଥିବି/ତୁ କରିଥିବୁ/ସେ କରିଥିବ ।

बहुवचन : ଆମେ କରିଥିବୁ/ତୁମେ କରିଥିବ/ସେମାନେ କରିଥିବେ ।

अकर्मक क्रियापद ଅକର୍ମକ କ୍ରିୟା **'ହସିବା'**

(अकर्मक क्रियापद 'to laugh' पुल्लिंग-स्त्रीलिंग)

प्रथम पुरुष : एकवचन : ମୁଁ ହସିଥିବି ।

बहुवचन : ଆମେ ହସିଥିବୁ ।

द्वितीय पुरुष :	एकवचन	ତୁ ହସିଥିବୁ ।
	बहुवचन	ତୁମେ ହସିଥିବ ।
तृतीय पुरुष :	एकवचन	ସେ ହସିଥିବ ।
	बहुवचन	ସେମାନେ ହସିଥିବେ ।

(5) ଅପୂର୍ଣ୍ଣ ଅତୀତ अपूर्ण भूत

इस काल में भूत काल में कुछ क्रिया हो रही थी ऐसा दर्शाया जाता है।

उदाहरण :	ମୁଁ କରୁଥିଲି –	मैं कर रहा था।
	ମୁଁ କରି ଆସୁଥିଲି –	मैं करता था।
	ମୁଁ ହସୁଥିଲି –	मैं हंस रहा था।
	ମୁଁ ହସି ଆସୁଥିଲି –	मैं हंसता था।

सकर्मक क्रियापद ସକର୍ମକ କ୍ରିୟା 'କରିବା'

(सकर्मक क्रियापद 'to do' पुल्लिग-स्त्रीलिंग)

एकवचन :	ମୁଁ/ତୁ/ସେ	କରୁଥିଲି/କରୁଥିଲୁ/କରୁଥିଲା
बहुवचन :	ଆମେ/ତୁମେ/ସେମାନେ	କରୁଥିଲୁ/କରୁଥିଲ/କରୁଥିଲେ

अकर्मक क्रियापद ଅକର୍ମକ କ୍ରିୟା 'ହସିବା'

(अकर्मक क्रियापद 'to laugh' पुल्लिग-स्त्रीलिंग)

एकवचन :	ମୁଁ/ତୁ/ସେ	ହସୁଥିଲି/ହସୁଥିଲୁ/ହସୁଥିଲା
बहुवचन :	ଆମେ/ତୁମେ/ସେମାନେ	ହସୁଥିଲୁ/ହସୁଥିଲ/ହସୁଥିଲେ

(6) ସର୍ତ୍ତମୂଳକ ଅତୀତ हेतुहेतुमद्भूत

इस काल में कुछ प्रकार की स्थिति का सर्जन हुआ होता या कार्य हुआ होता ऐसा शरतपूर्वक दर्शाया गया है।

(ଯଦି) ମୁଁ କରିଥାନ୍ତି...	(यदि) मैं करता...
(ଯଦି) ମୁଁ ହସିଥାନ୍ତି...	(यदि) मैं हंसता...

सकर्मक क्रियापद ସକର୍ମକ କ୍ରିୟା 'କରିବା'

(सकर्मक क्रियापद 'to do' पुल्लिग-स्त्रीलिंग)

एकवचन :	(ଯଦି) ମୁଁ/ତୁ/ସେ...	କରିଥାନ୍ତି/କରିଥାନ୍ତୁ/କରିଥାନ୍ତା
बहुवचन :	(ଯଦି) ଆମେ/ତୁମେ/ସେମାନେ...	କରିଥାନ୍ତୁ/କରିଥାନ୍ତ/କରିଥାନ୍ତେ

अकर्मक क्रियापद ଅକର୍ମକ କ୍ରିୟା 'ହସିବା'

(अकर्मक क्रियापद 'to laugh' पुल्लिग-स्त्रीलिंग)

एकवचन :	(ଯଦି) ମୁଁ/ତୁ/ସେ...	ହସିଥାନ୍ତି/ହସିଥାନ୍ତୁ/ହସିଥାନ୍ତା
बहुवचन :	(ଯଦି) ଆମେ/ତୁମେ/ସେମାନେ...	କରିଥାନ୍ତୁ/କରିଥାନ୍ତ/କରିଥାନ୍ତେ
	(ଯଦି) ଆମେ/ତୁମେ/ସେମାନେ...	ହସିଥାନ୍ତୁ/ହସିଥାନ୍ତ/ହସିଥାନ୍ତେ

टिप्पणी

अपूर्ण भूतकाल दो प्रकार की क्रिया का निर्देश करते हैं —

(i) क्रिया भूतकाल में निश्चित समय पर हो रही थी। उदा.,—ରାକ୍ଷୀ ଏହାକୁ କରୁଥିଲା।

(ii) क्रिया भूतकाल में निरंतर बना करती थी। उदा.,— ରାକ୍ଷୀ ଏହାକୁ କରି ଆସୁଥିଲା।

'ଜଣେ ରାଜା ଘଞ୍ଚ ଜଙ୍ଗଲରେ ରହୁଥିଲେ।' (ଅର୍ଥାତ୍, ରହି ଆସୁଥିଲେ)।

सोलहवीं सीढ़ी - ୧୬ତମ ସୋପାନ

वाच्य ବାଚ୍ୟ

हिन्दी की तरह उड़िया में भी वॉइस याने वाच्य के तीन प्रकार हैं।:

(i)	କର୍ତ୍ତୃ ବାଚ୍ୟ	कर्तृ वाच्य।
(ii)	କର୍ମ ବାଚ୍ୟ	कर्म वाच्य।
(iii)	ଭାବ ବାଚ୍ୟ	भाव वाच्य।

वाच्य द्वारा यह दर्शाया जाता है कि, जो क्रिया हो रही होती है, वह कर्ता प्रधान है या कर्म प्रधान है अथवा भाव प्रधान है।

कर्तृ वाच्य में कर्ता का प्राधान्य होता है। उदा.,

ମୁଁ ପତ୍ର ଲେଖେ। मैं पत्र लिखता हूं।

इस वाक्य में कर्ता ମୁଁ (मैं) का महत्त्व है और इसलिए उस पर भार रखा गया है। लेकिन जो कर्म को महत्त्व दिया जाता है, तो क्रियापद के साथ सहायक क्रियापद 'ଯିବା' या उसका अन्य भूतकाल का रूप लगता है और कर्ता को कारक (विभक्ति) का अनुग ଦ୍ୱାରା लगता है और तत्पश्चात् वह कर्म वाच्य बनता है।

ମୋ ଦ୍ୱାରା ପତ୍ର ଲେଖାଯାଏ। मुझसे पत्र लिखा जाता है।

भाववाच्य में क्रियापद सकर्मक रूप से जारी रहता है और वचन एवम जाति को तथा क्रिया और कर्म को तृतीय (अन्य) पुरुष के साथ मिलाता है। तृतीय पुरुष में हमेशा एकवचन और स्त्रीलिंग रहते हैं।

उदाहरण -

ମୁଁ ପଢ଼ିପାରିବି ନାହିଁ।	मैं पढ़ नहीं सकता।
ମୋ ଦ୍ୱାରା ପଢ଼ାଯାଇ ପାରିବ ନାହିଁ।	मुझसे पढ़ा नहीं जाता।

यहां ପଢ଼ା क्रियापद का प्राधान्य है इसलिए वाक्य ଭାବ ବାଚ୍ୟ। बनता है।

ବାଚ୍ୟ ପରିବର୍ତ୍ତନ वाच्य परिवर्तन

कर्तृ वाच्य	: ମୁଁ ଫୁଲ ତୋଳିଲି।	मैंने फूल तोड़ा।
कर्म वाच्य	: ମୋ ଦ୍ୱାରା ଫୁଲ ତୋଳାଗଲା।	फूल मेरे द्वारा तोड़ा गया।
कर्तृ वाच्य	: ସେ ଗୀତ ଗାଇଲା।	वह गीत गाती है।
कर्म वाच्य	: ତା ଦ୍ୱାରା ଗୀତ ଗାଇବା ହେଲା।	उसके द्वारा गीत गाया गया।

कर्तृ वाच्य	: ରାମ ରାବଣକୁ ହତ୍ୟା କଲେ।	राम ने रावण को मारा।
कर्म वाच्य	: ରାବଣ ରାମଙ୍କ ଦ୍ୱାରା ହତ୍ୟା କରାଗଲା।	रावण राम के द्वारा मारा गया।
कर्तृ वाच्य	: ଶାହଜାହାନ୍ ତାଜମହଲ ତିଆରି କରାଇଥିଲେ।	शाहजहां ने ताज महल बनवाया।
कर्म वाच्य	: ତାଜମହଲ ଶାହଜାହାନ୍‌ଙ୍କ ଦ୍ୱାରା ତିଆରି କରାଯାଇଥିଲା।	ताजमहल शाहजहां द्वारा बनवाया गया।

भाव वाच्य मात्र अकर्मक क्रियापद के द्वारा ही रचा जा सकता है। उदाहरणार्थ–

कर्तृ वाच्य	: ଘୋଡ଼ା ଚାଲିପାରୁ ନାହିଁ।	घोड़ा नहीं चल सकता।
कर्म वाच्य	: ଘୋଡ଼ା ଦ୍ୱାରା ଚାଲିବା ହେଉନାହିଁ।	घोड़े से चला नहीं जाता।

उड़िया में जो भाव वाचक कहा जाता है, उसे अंग्रेजी के एक्टिव वॉइस के समान गिना जाता है, क्योंकि अंग्रेजी में भाव वाच्य नहीं है।

टिप्पणी

ଭାବ ବାଚ୍ୟ कभी-कभी ही देखने को मिलते हैं। ज्यादातर वह असमर्थता की नकारात्मकता व्यक्त करने के लिए प्रयोग किए जाते हैं। यहां मुख्य क्रियापद किसी भी प्रकार से नहीं बदलती और वह हंमेशा कृदंत, पुल्लिंग और एकवचन में ही रहता है। (उदा. ପଢ଼ା, ଲେଖା, ସୁଆ, ଚଲା, **etc.**) ସେ ଚାଲି ପାରୁନାହିଁ। ମୁଁ ବର୍ଷି ପାରୁନାହିଁ। ରୋଗୀଟି ଶୋଇ ପାରୁନାହିଁ।

सत्रहवीं सीढ़ी - ୧୭ତମ ସୋପାନ

यौगिक क्रिया
ଯୌଗିକ କ୍ରିୟା

1. ପ୍ରେରଣାର୍ଥକ କ୍ରିୟା प्रेरणार्थक क्रिया

प्रेरणार्थक क्रिया ପ୍ରେରଣାର୍ଥକ କ୍ରିୟା में कुछ क्रिया करने की कुछ लोगों को प्रेरणा देने का सूचन है। उदा.,-

(i) ଏହି ପତ୍ର ମିନାକ୍ଷୀ ଦ୍ୱାରା ଲେଖାଅ। यह पत्र मीनाक्षी से लिखवाओ।

(ii) ମୁଁ ଧୋବା ଦ୍ୱାରା ପୋଷାକ ଇସ୍ତ୍ରୀ କରାଇଲି। मैंने धोबी से कपड़े इस्तरी करवाए।

प्रेरणार्थक क्रियापद ଲେଖାଅ, କରାଇଲ आदि मूल क्रियापद ଲେଖାଇବା और କରାଇବା के प्रेरणार्थक क्रियापद के रूप हैं।

उड़िया भाषा में ज्यादातर दो प्रकार के प्रेरणार्थक क्रियापद होते हैं। प्रथम प्रकार तत्काल प्रेरणा दर्शाते हैं, जबकि दूसरे प्रकार में दूरस्थ प्रेरणा दर्शायी जाती है। उदाहरण - पढ़ना (ପଢ଼ିବା), पढ़ाना (ପଢ଼ାଇବା), पढ़वाना (ଦ୍ୱାରା ପଢ଼ାଇବା)।

प्रेरणार्थक क्रियापद बनाने के लिए कुछ निश्चित नियम हैं, जो अध्ययन और निदर्शन के माध्यम से सीखे जा सकते हैं :

(a) जिनमें मूल क्रियापदों में कोई बदलाव नहीं होता ऐसे उदाहरण :

मूल क्रियापद	सामान्य क्रियापद	प्रथम प्रेरणा	द्वितीय प्रेरणा
	[–ବା]	[–ଇବା]	[–ଦ୍ୱାରା]
କର	କରିବା	କରାଇବା	ଦ୍ୱାରା କରାଇବା
ପଢ଼	ପଢ଼ିବା	ପଢ଼ାଇବା	ଦ୍ୱାରା ପଢ଼ାଇବା
ଶୁଣ	ଶୁଣିବା	ଶୁଣାଇବା	ଦ୍ୱାରା ଶୁଣାଇବା
ଲେଖା	ଲେଖିବା	ଲେଖାଇବା	ଦ୍ୱାରା ଲେଖାଇବା
ଉଠ	ଉଠିବା	ଉଠାଇବା	ଦ୍ୱାରା ଉଠାଇବା

(b) मूल क्रिया रूप में दो अक्षर के प्रथम स्वर को छोटा (शॉर्ट) किया जाता है, ଆ - ଅ/ଈ–ଏ–ଐ - ଇ/ଊ–ଓ–ଔ - ଉ उदाहरण–

मूल क्रियापद	सामान्य क्रियापद	प्रथम प्रेरणा	द्वितीय प्रेरणा
କହ	କହିବା	କୁହାଇବା	ଦ୍ୱାରା କୁହାଇବା
ଜଗ	ଜଗିବା	ଜଗାଇବା	ଦ୍ୱାରା ଜଗାଇବା
ଜିତ	ଜିତିବା	ଜିତାଇବା	ଦ୍ୱାରା ଜିତାଇବା
ଗଢ଼	ଗଢ଼ିବା	ଗଢ଼ାଇବା	ଦ୍ୱାରା ଗଢ଼ାଇବା
ଖୋଲ	ଖୋଲିବା	ଖୋଲାଇବା	ଦ୍ୱାରା ଖୋଲାଇବା

(c) प्रेरणार्थक क्रिया में ଆ के साथ दीर्घ स्वर से मूल क्रिया रूप का अंत होता है।

उदाहरण :

मूल क्रियापद	सामान्य क्रियापद	प्रथम प्रेरणा	द्वितीय प्रेरणा
ଖା	ଖାଇବା	ଖୁଆଇବା	ଦ୍ୱାରା ଖୁଆଇବା
ଜାଣ	ଜାଣିବା	ଜଣାଇବା	ଦ୍ୱାରା ଜଣାଇବା
ଦେ	ଦେବା	ଦିଆଇବା	ଦ୍ୱାରା ଦିଆଇବା
ପି	ପିଇବା	ପିଆଇବା	ଦ୍ୱାରା ପିଆଇବା
ଦୌଡ଼	ଦୌଡ଼ିବା	ଦୌଡ଼ାଇବା	ଦ୍ୱାରା ଦୌଡ଼ାଇବା

यह याद रखना जरूरी है कि, कुछ क्रियापदों के विशेष प्रेरणार्थक क्रियारूप नहीं होते। वह इस प्रकार हैं :

ଆସିବା	ଯିବା	ପାଇବା	ପାରିବା
ହେବା	ପଡ଼ିବା	ରହିବା	ଘୁଷ୍ଠାଇବା
ଲାଜେଇବା	କୁନ୍ଥେଇବା		

2. ସହାୟକ କ୍ରିୟା सहायक क्रिया

सहायक क्रिया (ସହାୟକ କ୍ରିୟା) क्रिया का समय, भाव आदि को समझाने में सहायक होती हैं। वह जब मूल क्रियापद के साथ मिलता है तब क्रियापद का पूर्ण अर्थ समझ में आता है और सहायक क्रियापद मूल क्रियापद के साथ किसी रूप के बिना बदलाव के प्रयोग किया जाता है।

ପାରିବା और ପଡ଼ିବା स्वतंत्र क्रियापद हैं, लेकिन उनके साथ उड़िया में सहायक क्रियापद भी प्रयोग किये जा सकते हैं। ଉଚିତ ଜैसा अपरिवर्तित शब्द भी सहायक क्रियापद के लिए प्रयोग किया जा सकता है।

(a) ପାରିବା (क्षमता या परवानगी दर्शाने के लिए):

(i) ଆମେ ଏହାକୁ ନିଜେ-ନିଜେ ସମାଧାନ କରି ପାରିବୁ ।	(i) हम इसे अपने-आप हल कर सकते हैं। (क्षमता)
(ii) ମୁଁ ଓଡ଼ିଆ ପଢ଼ି ଓ ଲେଖି ପାରିବି ।	(ii) मैं उड़िया पढ़ और लिख सकता हूं, (क्षमता)
(iii) ମୁଁ ଭିତରକୁ ଆସିପାରେ କି, ମହାଶୟ ?	(iii) क्या मैं अंदर आ सकता हूं, श्रीमान? (परवानगी)
(iv) ଏବେ ଆପଣ ଯାଇପାରନ୍ତି ।	(iv) अब आप जा सकते हैं। (परवानगी)

(b) ସାରିବା (क्रिया की पूर्णता अभिव्यक्त करने के लिए):

(i) ଆମେ ସବୁ ଖାଦ୍ୟ ଖାଇ ସାରିଛୁ ।	हम सब खाना खा चुके हैं।
(ii) ନେତାଜୀ ପୂର୍ବରୁ ହିଁ ଆସି ସାରିଥିଲେ ।	नेताजी पहले ही आ चुके थे।

(c) ଉଚିତ (फरज, प्रतिबद्धता निर्देश करने के लिये) –

(i) ପ୍ରତ୍ୟେକଙ୍କୁ ନିଜ କର୍ତ୍ତବ୍ୟ ନିର୍ବାହ କରିବା ଉଚିତ୍ ।	प्रत्येक को अपना कर्त्तव्य निभाना चाहिए।
(ii) ଆପଣଙ୍କର ଭଗବଦ୍‌ଗୀତା ପଢ଼ିବା ଉଚିତ୍ ।	आपको भगवद्गीता पढ़नी चाहिए।
(iii) ତୁମକୁ ବଡ଼ମାନଙ୍କର ସମ୍ମାନ କରିବା ଉଚିତ୍ ଥିଲା ।	तुम्हें बड़ों का सम्मान करना चाहिए था।

(d) ପଡ଼ିବା (निःसहाय तथा जरूरियात का अर्थ अभिव्यक्त करने के लिए) :

(i) ଆମକୁ ମାଡ୍ରାସ୍ ଯିବାକୁ ପଡ଼ିଲା ।	हमें मद्रास जाना पड़ा।
(ii) ତାକୁ ନିଇତି ଏଠାକୁ ଆସିବାକୁ ପଡ଼େ ।	उसे रोज यहां आना पड़ता है।

3. ସଂଯୁକ୍ତ କ୍ରିୟା संयुक्त क्रिया

संयुक्त क्रिया (ସଂଯୁକ୍ତ କ୍ରିୟା Compound verb) यानी अर्थ के दृढ़ीकरण के लिए दो मूलभूत क्रिया रूपों का संयोजन।

संयुक्त क्रियापद में एक मूल क्रिया रूप मुख्य होती है और दूसरी गौण होती है। मुख्य क्रिया रूप के मूल में कोई परिवर्तन नहीं होता। जबकि गौण क्रिया रूप में संयोजन होता है।

गौण क्रियापद पूरा अर्थ नहीं दे सकता, लेकिन पूरे क्रियापद के अर्थ को समझाने के लिए मुख्य क्रियापद की सहायता करता है।

संयुक्त क्रियापद में गौण क्रियापद के हिसाब से प्रयोग किये जाते कुछ क्रिया रूप यहां दिये गये हैं – ରଖିବା, ନେବା, ଦେବା, ଯିବା, ପକାଇବା, ଥିବା, ପାରିବା, ବସିବା, ଉଠିବା, ପଳାଇବା, ଦେଖିବା

(a) (क्रिया का चालुपन अथवा अपूर्णता का सूचन होता है) उदा.-

ଖେଳୁଥାଏ ହସୁଥାଏ ଖାଉଥାଏ

ବାକ୍ୟ-ଆମେ ଚାଲିଥାଉ । *वाक्य*-हम चलते रहते हैं।

(b) ଉଠିବା क्रिया के अचानकता अभिव्यक्त होती है। उदा.-

ଜାଡ଼ି ଉଠିଲା ଡାକି ଉଠିଲା ଚିଲେଇ ଉଠିଲା

ବାକ୍ୟ–ସେ ବହୁତ ଚିନ୍ତିତ ହୋଇ ଉଠିଲା। *वाक्य*–वह बहुत चिंतित हो उठा।

(c) ଯିବା (मुख्य क्रियापद की पूर्णता को दर्शाने के लिए) उदा.-

ବସିଯାଏ ଶୋଇଯିବ ବୁଡ଼ିଗଲା

ବାକ୍ୟ–ସେ ଟେବୁଲ୍ ଉପରେ ଠିଆ ହେଲା। *वाक्य*–वह मेज पर खड़ा हो गया।

(d) ବସିବା गलती से हो गई क्रिया का सूचन करने के लिए। उदाहरण –

ଉଠି ବସିଛି ଲଢ଼ି ବସିଛି କରି ବସିଛନ୍ତି

ବାକ୍ୟ–ମୁଁ ମୋର କଲମ ହଜାଇ ବସିଛି।*वाक्य*–मैं अपना पैन खो बैठा हूं।

(e) ପାରିବା किसी बाबत को पूर्ण कर सकने की क्षमता दर्शाने के लिए। गौण रूप से जुडता क्रियापद ପାରିବା ज्यादातर नकारात्मक वाक्यो में प्रयोग किया जाता है।

କରି ପାରି (ନାହିଁ) ଦେଇ ପାରି (ନାହିଁ) ବସି ପାରିଲେ (ନାହିଁ)

ବାକ୍ୟ–ମୁଁ ଶୋଇ ପାରିଲି ନାହିଁ। *वाक्य*– मैं नींद पूरी नहीं कर पाया।

टिप्पणी

ଦରକାର **वाक्य में संज्ञा के साथ मुख्य अथवा गौण भाव से सामान्यतः संयोजा जाता है। उदा.-**

(A)	ଆମକୁ ମିଠେଇ ଦରକାର।	**हमें मिठाई चाहिए।**
	ଆମକୁ ମିଠେଇ ଦରକାର।	**हमें मिठाइयां चाहिए।**
	ତାର କ'ଣ ଦରକାର?	**उसे क्या चाहिए?**
	ତାକୁ ପେନ୍‌ସିଲ ଦରକାର।	**उसे पेंसिलें चाहिए।**
(B)	ଆପଣଙ୍କୁ ଶୋଇବା ଦରକାର।	**आपको सोना चाहिए।**
	ଆମକୁ ପ୍ରତିଦିନ ଚାଲିବା ଦରକାର।	**हमें रोज सैर करनी चाहिए।**

अठारहवीं सीढ़ी - ୧୮ତମ ସୋପାନ

अव्यय या अविकारी

ଅବ୍ୟୟ ଅଥବା ଅବିକାରୀ

जो शब्द किसी भी स्थिति में अपरिवर्तनशील रहते हैं अर्थात् उनमें कोई भी बदलाव नहीं हो सकता ऐसे शब्दों को ଅବ୍ୟୟ अथवा ଅବିକାରୀ ଶବ୍ଦ कहा जाता है। उदा.,— ଆଜି (आज), କାଲି (कल), ଶୀଘ୍ର (जल्दी), ଏଠାରେ (यहां), ସେଠାରେ (वहां) आदि।

अव्यय अथवा अविकारी शब्दों के चार प्रकार हैं :

1. କ୍ରିୟାବିଶେଷଣ — क्रियाविशेषण
2. ସମ୍ବନ୍ଧବୋଧକ — संबंधबोधक
3. ସମୁଚ୍ଚୟବୋଧକ — समुच्चयबोधक
4. ବିସ୍ମୟସୂଚକ — विस्मयादिबोधक

आइए, हम इनको शब्दों को समझते हैं :

1. **କ୍ରିୟାବିଶେଷଣ क्रियाविशेषण** : (यह क्रिया के विषय में अतिरिक्त गुणवत्ता दर्शाता है।):

(i) ଅମିତ ଆସିବ ନାହିଁ।	अमित नहीं आएगा।
(ii) ତୁମ ପାଖରେ କେତେ ସମୟ ଅଛି ?	तुम्हारे पास कितना समय है?
(iii) ସେ କେମିତି ଲେଖେ ?	वह कैसे लिखता है?
(iv) କେଉଁଠିକୁ ଯାଉଅଛ ?	कहां जा रहे हो?
(v) ଏବେ ଗାଇବା ଆରମ୍ଭ କର।	अब गाना शुरू करो।

ऊपर के वाक्यों में ନାହିଁ, କେତେ, କେମିତି, କେଉଁଠି, ଏବେ क्रिया विशेषण हैं क्योंकि, यह शब्द क्रिया को अतिरिक्त अर्थ प्रदान करता है और यह सभी ଅବ୍ୟୟ है।

ସ୍ଥାନସୂଚକ	- କେଉଁଠି, ଏଠାରେ, ସେଠାରେ, ଯେଉଁଠି, କେଉଁଆଡ଼େ।
ରୀତିସୂଚକ	- ଧିରେ-ଧିରେ, କେମିତି।
ନିଷେଧସୂଚକ	- ନାହିଁ, ନା, ନ।
କାଳସୂଚକ	- ଏବେ, ଯେତେବେଳେ, ସେତେବେଳେ, କେବେ, ତୁରନ୍ତ।
ପରିମାଣସୂଚକ	- ସେତିକି, ଏତିକି, ଯେତିକି, କେତିକି।

2. **ସମ୍ବନ୍ଧବୋଧକ संबंधबोधक** : (यह वाक्य में प्रयोग किये जाते नाम, सर्वनाम आदि के साथ अन्य शब्दों का संयोजन करके उनका संबंध दर्शाते हैं।)

(i) ପୁସ୍ତକଟି ଟେବୁଲ୍ ଉପରେ ଅଛି।	मेज पर पुस्तक पड़ी है।
(ii) ବିକାସ ପଛରେ ରହିଗଲା।	विकास पीछे रह गया।
(iii) ଆପଣଙ୍କ ସମକକ୍ଷ ସାହସୀ କେହି ନାହିଁ।	आपके समान बहादुर कोई नहीं।

(iv) ତୁମେ ମୋ ବିପକ୍ଷରେ ଯାଉଛ । — तुम मेरे खिलाफ जा रहे हो।

(v) ଏହା କେବଳ ଆପଣଙ୍କ ପାଇଁ । — यह केवल आपके लिए है।

ऊपर के वाक्यों में ଉପରେ, ପଛରେ, (ଙ୍କ, ର) ସମକକ୍ଷ, ବିପକ୍ଷ ଏବଂ (ଙ୍କ) ପାଇଁ पूर्वग हैं।

निम्नलिखित शब्द अनुग हैं।

ସ୍ଥାନସୂଚକ – (ର) ଭିତରେ, ଉପରେ, ରେ; (ଠାରୁ) ଦୂର, ନିକଟ, ଉପର; (ର) ଆଗରେ, ପଛରେ ।

କାଳସୂଚକ – (ର) ଆଗରେ, ପଛରେ; (ର) ପୂର୍ବରୁ ।

ସମତାସୂଚକ – (ର) ସମକକ୍ଷ, ଭଳିଆ, ପରିକା, ପରି ।

ବିରୋଧସୂଚକ – (ର) ପ୍ରତିକୂଳ, ବିରୁଦ୍ଧ, ବିପକ୍ଷ ।

କାରଣ ବୋଧକ – (ଙ୍କ, ଟି) ପାଇଁ, (ତା, ସେହି) କାରଣରୁ, ହେତୁ ।

ଅନ୍ୟ–କୁ, (ର) ଏବଂ, (ଙ୍କ) ପ୍ରତି (ଦିଶାବୋଧକ); (ଠାରୁ) ଦୂର, ଠାରୁ (ପୃଥକତାସୂଚକ); (ର, ଙ୍କ) ସାହାଯ୍ୟରେ, ଦ୍ୱାରା (ସାଧନସୂଚକ)

उल्लेखनीय है कि, उड़िया में ସମ୍ବନ୍ଧବୋଧକ प्रयोग के समय अनुग की तरह प्रयोग होता है और वह शब्द को विशेष अर्थ प्रदान करता है।

3. ସମୁଚ୍ଚୟବୋଧକ - **समुच्चयबोधक** (यह ऐसे शब्द हैं, जो वाक्य, शब्द या पद को जोड़ते हैं) :

(i) ରୁଟି ଏବଂ ଲହୁଣି ପର୍ଯ୍ୟାପ୍ତ ଆହାର ଅଟେ । — डबलरोटी और मक्खन पर्याप्त आहार है।

(ii) ମତେ ଜ୍ୱର ହୋଇଛି, ସେଇଥି ପାଇଁ ମୁଁ ଉପସ୍ଥିତ ରହିପାରିବି ନାହିଁ । — मुझे बुखार हो गया है, इसलिए मैं उपस्थित नहीं हो सकता।

(iii) ତୁମେ ଏଠାକୁ ଆସିବ କି ନାହିଁ ? — तुम यहां आओगे कि नहीं?

ऊपर के वाक्यों में ଏବଂ (और) ଏଇଥି ପାଇଁ (इसलिए), କି (कि) संयोजक यानी कि समुच्यबोधक हैं, जो उन शब्दों के वाक्यों को जोड़ता है।

निम्नलिखित शब्द संयोजक याने के समुच्यबोधक है –

(i) ଓ, ଏବଂ, ତଥା;

(ii) ଅଥବା, କିମ୍ବା ନାହିଁ ତ;

(iii) ଏଥିପାଇଁ, ଅତଏବ, ଯେହେତୁ;

(iv) ଯଦି– ତେବେ, ଯଦ୍ୟପି– ତେବେ ମଧ୍ୟ;

(v) ଅର୍ଥାତ୍, ଯେମିତିକି;

(vi) କିନ୍ତୁ, ପରନ୍ତୁ, ଅଧିକନ୍ତୁ, ବରଂ;

(vii) ଅତଏବ ।

4. ବିସ୍ମୟସୂଚକ - **विस्मयादिबोधक** : (बोलने वाले की अनुभूति या जज़्बात के उद्‌गार के हिसाब से जो शब्द निकलते हैं, उन शब्दों को विस्मयादिबोधक कहते हैं।) :

(i) ବାଃ–ବାଃ, ମୁଁ ପ୍ରଥମ ପୁରସ୍କାର ଜିତିଲି । — वाह–वाह, मैंने प्रथम पुरस्कार जीता।

(ii) ଆଃ ! ଏହି ବଗିଚା କେତେ ସୁନ୍ଦର ! — अहा! यह बाग कितना सुंदर है।

(iii) ଆରେ ! ସେ ମରିଗଲା । — अरे! वह मर गया।

(iv) ହାଏ ! ମୁଁ ଏବେ କ'ଣ କରିବି ? — हाय! मैं अब क्या करूं?

ऊपर के वाक्यों में ବାଃ-ବାଃ, ଆଃ, ଆରେ, ହାଏ आदि शब्द आनंद, आश्चर्य, दुःख - जज़्बात को अभिव्यक्त करते है इसलिए वह विस्मयादिबोधक हैं।

विस्मयादिबोधक की सूची –

ବିସ୍ମୟ	- ଆରେ! ଓଃ!		ସମ୍ବୋଧନ	- ଓ! ଆରେ-ରେ! ହେ, ହେଇଟି!
ଉତ୍ସାହ	- ଧନ୍ୟ! ସାବାସ୍!		ଘୃଣା	- ଛି-ଛି, ଏହେ! ଉହୁଁ! ଧେତ୍!
ଆନନ୍ଦ	- ବାଃ-ବାଃ! ଆଃ!		ବିବଶତା	- କାଳେ!
ଦୁଃଖ	- ଓହ! ହାଏ!			

टिप्पणी

	(A)	(B)
(i)	ଖରାପ କଥା କୁହ ନାହିଁ	ଖରାପ କଥା ନକୁହ
(ii)	ଖରାପ କଥା ଶୁଣ ନାହିଁ	ଖରାପ କଥା ନଶୁଣ
(iii)	ଖରାପ କଥା ଦେଖ ନାହିଁ	ଖରାପ କଥା ନଦେଖ

उपर के वाक्यों में कुछ फर्क है. प्रथम कॉलम में ନାହିଁ नकारात्मक (निषेधात्मक) भाव के साथ है लेकिन, ନ वैकल्पिक विधायकता दर्शाता है।

सामान्यतः कहा जाये तो कॉलम (A) और (B) में अर्थ की समानता है, लेकिन वास्तव में वह सत्य नहीं है।

ନାହିଁ शब्द अत्यंत दबाव या फोर्स का निर्देश करने के लिए प्रयोग किया जाता है। याद रखें ' ' की जगी ନ शब्द प्रयोग करने से भाव की तीव्रता थोड़ी कम रहती है।

उन्नीसवीं सीढ़ी -୧୯ତମ ସୋପାନ

गिनती ଗଣନା

1. ଏକ	8. ଆଠ	15. ପନ୍ଦର	22. ବାଇଶ
2. ଦୁଇ	9. ନଅ	16. ଷୋହଳ	23. ତେଇଶ
3. ତିନି	10. ଦଶ	17. ସତର	24. ଚବିଶ
4. ଚାରି	11. ଏଗାର	18. ଅଠର	25. ପଚିଶ
5. ପାଞ୍ଚ	12. ବାର	19. ଉଣେଇଶ	26. ଛବିଶ
6. ଛଅ	13. ତେର	20. କୋଡ଼ିଏ	27. ସତେଇଶ
7. ସାତ	14. ଚଉଦ	21. ଏକୋଇଶ	28. ଅଠେଇଶ

29. ଅଣତିରିଶ	47. ଷଡ଼ଚାଳିଶ	65. ପଅଁଷଠି	83. ତେୟାଅସି
30. ତିରିଶ	48. ଅଡ଼ଚାଳିଶ	66. ଛଅଷଠି	84. ଚୌରାଅସି
31. ଏକତିରିଶ	49. ଅଣଚାଶ	67. ସତଷଠି	85. ପଞ୍ଚାଅସି
32. ବତିଶ	50. ପଚାଶ	68. ଅଡ଼ଷଠି	86. ଛୟାଅସି
33. ତେତିଶ	51. ଏକାବନ	69. ଅଣସ୍ତରୀ	87. ସତାଅସି
34. ଚଉତିରିଶ	52. ବାଉନ	70. ସତୁରୀ	88. ଅଠାଅସି
35. ପଇଁତିରିଶ	53. ତେପନ	71. ଏକସ୍ତରୀ	89. ଅଣାନବେ
36. ଛତିଶ	54. ଚଉବନ	72. ବାସ୍ତରୀ	90. ନବେ
37. ସଇଁତିରିଶ	55. ପଞ୍ଚାବନ	73. ତେସ୍ତରୀ	91. ଏକାନବେ
38. ଅଡ଼ତିରିଶ	56. ଛପନ	74. ଚଉସ୍ତରୀ	92. ବୟାନବେ
39. ଅଣଚାଳିଶ	57. ସତାବନ	75. ପଞ୍ଚସ୍ତରୀ	93. ତେୟାନବେ
40. ଚାଳିଶ	58. ଅଠାବନ	76. ଛଅସ୍ତରୀ	94. ଚୌରାନବେ
41. ଏକଚାଳିଶ	59. ଅଣଷଠି	77. ସତସ୍ତରୀ	95. ପଞ୍ଚାନବେ
42. ବୟାଳିଶ	60. ଷାଠିଏ	78. ଅଠସ୍ତରୀ	96. ଛୟାନବେ
43. ତେୟାଳିଶ	61. ଏକଷଠି	79. ଅଣାଅସି	97. ସତାନବେ
44. ଚଉରାଳିଶ	62. ବାଷଠି	80. ଅସି	98. ଅଠାନବେ
45. ପଇଁଚାଳିଶ	63. ତେଷଠି	81. ଏକାଅସି	99. ଅନେଶ୍ୱତ
46. ଛୟାଳିଶ	64. ଚଉଷଠି	82. ବୟାଅସି	100. ଶହେ

1,000 ହଜାର 1,00,000 ଲକ୍ଷ 1,00,00,000 କୋଟି

क्रमांक କ୍ରମାଙ୍କ (Kramānka)

पहला	ପ୍ରଥମ	छठा	ଷଷ୍ଠ
दूसरा	ଦ୍ୱିତୀୟ	सातवां	ସପ୍ତମ
तीसरा	ତୃତୀୟ	आठवां	ଅଷ୍ଟମ
चौथा	ଚତୁର୍ଥ	नवां	ନବମ
पांचवां	ପଞ୍ଚମ	दसवां	ଦଶମ

गुणनांक ଗୁଣନାଙ୍କ (Guṇanāṅka)

दुगुना	ଦୁଇଗୁଣା	सतगुना	ସାତଗୁଣା
तिगुना	ତିନିଗୁଣା	अठगुना	ଆଠଗୁଣା
चौगुना	ଚାରିଗୁଣା	नौगुना	ନଅଗୁଣା
पचगुना	ପାଞ୍ଚଗୁଣା	सतगुना	ଦଶଗୁଣା
छहगुना	ଛଅଗୁଣା		

आवृत्तिपरक अंक ପୁନରାବୃତ୍ତିସୂଚକ ସଂଖ୍ୟା

एक बार	ଥରେ	चार बार	ଚାରି ଥର
दो बार	ଦୁଇ ଥର	पांच बार	ପାଞ୍ଚ ଥର
तीन बार	ତିନି ଥର		

पूर्णयोगांक
ପୂର୍ଣ୍ଣଯୌଗାଙ୍କ

दोनों	ଉଭୟ	बीसों	କୋଡ଼ିଏ ଜଣ
तीनों	ତିନିଜଣ	बीसियों	କୋଡ଼ିଏ ଜଣ
चारों	ଚାରିଜଣ	सैकड़ों	ଶହ-ଶହ
दसों	ଦଶଜଣ	हजारों	ହଜାର-ହଜାର

टिप्पणी

1. अंको ११ से १२ के उच्चार के अंत में - ର लगता है। उदा. ଏଗାର, ବାର, आदि।
2. समान प्रकार के अंत्योच्चार वाले अंक समान प्रकार के अंत्योच्चार वाले अंक ଅଣତିରିଶ(२९) का उच्चार ତିରିଶ (३०) के करीब है। इसी प्रकार और ଚାଳିଶ **(40),** ଅଣଚାଶ **(49),** ପଚାଶ **(50),** ଅଣାଅଶି **(79),** ଅଶି **(80)** आदि।
3. **हजार** आदि। **सहस्र (ସହସ୍ର)** सामान्यत: संज्ञा प्रकार से लिखे जाते हैं।

बीसवीं सीढ़ी -୨୦ତମ ସୋପାନ

वर्तनी की भूलें
ବନାନ ର ଭୁଲ୍

गलत वर्तनी	सही वर्तनी	गलत वर्तनी	सही वर्तनी
ଅବଶ୍ୟକ	ଆବଶ୍ୟକ	ଦୁଖ	ଦୁଃଖ
ଅତ୍ୟାଧିକ	ଅତ୍ୟଧିକ	ହିନ୍ଦୂ	ହିନ୍ଦୁ
ଅଗନି	ଅଗ୍ନି	ଜନ୍ତା	ଜନତା

ଔଦ୍ୟୋଗୀକରଣ	ଉଦ୍ୟୋଗୀକରଣ	ପ୍ରଥକ	ପୃଥକ୍
ଉଜ୍ଜଳ	ଉଜ୍ଜ୍ୱଳ	କପୁର	କର୍ପୂର
ଉପୋରକ୍ତ	ଉପରୋକ୍ତ	ରାତ୍ରୀ	ରାତ୍ରି
ଆର୍ଶୀବାଦ	ଆଶୀର୍ବାଦ	ବଧୁ	ବଧୂ
ଉପଲକ୍ଷ	ଉପଲକ୍ଷ୍ୟ	ସାମନା	ସାମ୍ନା
ଇତିହାସିକ	ଐତିହାସିକ	ଗୁରୂ	ଗୁରୁ
କବୟତ୍ରୀ	କବୟିତ୍ରୀ	ପୁଜ୍ୟ	ପୂଜ୍ୟ
ଚିନ୍‌ହ	ଚିହ୍ନ	ଦ୍ୱନ୍ଦ	ଦ୍ୱନ୍ଦ୍ୱ
ସନ୍ୟାସି	ସନ୍ୟାସୀ	ଲଘୂ	ଲଘୁ
ପ୍ରତିଛାୟା	ପ୍ରତିଚ୍ଛାୟା	ଘନ୍ଟା	ଘଣ୍ଟା
ପରିକ୍ଷା	ପରୀକ୍ଷା	ଶ୍ରେସ୍ଠ	ଶ୍ରେଷ୍ଠ
ଶ୍ରୀମତି	ଶ୍ରୀମତୀ	ସତତ୍	ସତତ
ଚରମ୍	ଚରମ	ପୁନ୍ୟ	ପୁଣ୍ୟ
କୁରୁପ	କୁରୂପ	ପ୍ରଭୂ	ପ୍ରଭୁ
ସହସ୍ୱ	ସହସ୍ର	ସ୍ତ୍ରି	ସ୍ତ୍ରୀ
ସ୍ୱାସ୍ତ୍ୟ	ସ୍ୱାସ୍ଥ୍ୟ	ପ୍ରତୀ	ପ୍ରତି
ଭଉଣି	ଭଉଣୀ	ଗଭିର	ଗଭୀର
ବାୟୂ	ବାୟୁ	ହୁଁକାର	ହୁଙ୍କାର
ପ୍ରନ୍ତୁ	ପରନ୍ତୁ	ଜୈ	ଜୟ
ଅତଃଏବ	ଅତଏବ	ରତନ	ରତ୍ନ
ପୂଜ୍ୟନୀୟ	ପୂଜନୀୟ	ଶର୍ବଣ	ଶ୍ରବଣ
କଠୀନ	କଠିନ	ଦୃଷ୍ୟ	ଦୃଶ୍ୟ
ଜାଗ୍ରତ	ଜାଗୃତ	ପତ୍ନି	ପତ୍ନୀ
ପଶ୍ଚାତାପ	ପଶ୍ଚାତ୍ତାପ	ସ୍ୱାମି	ସ୍ୱାମୀ
ଦୁର୍ଦଶା	ଦୁର୍ଦ୍ଦଶା	ରୀତୀ	ରୀତି
ଶ୍ରୀଙ୍ଗାର	ଶୃଙ୍ଗାର	ସ୍ଥିତୀ	ସ୍ଥିତି
ସୌନ୍ଦର୍ଯ୍ୟତା	ସୌନ୍ଦର୍ଯ୍ୟ	କ୍ରିଆ	କ୍ରିୟା
ସମୂଦ୍ର	ସମୁଦ୍ର	ହଁସ	ହଂସ
ପରିବାରିକ	ପାରିବାରିକ	କର୍ତ୍ତୁତ୍ୱ	କର୍ତ୍ତୃତ୍ୱ
ବେମାରି	ବେମାରୀ	କର୍ମି	କର୍ମୀ
କୃପାଳୂ	କୃପାଳୁ	ପୃଷ୍ଟ	ପୃଷ୍ଠ

ଅମ୍ରୁତ	ଅମୃତ	ସପୁତ୍ର	ସୁପୁତ୍ର
କ୍ରୁଷକ	କୃଷକ	ଶରଧା	ଶ୍ରଦ୍ଧା
ପରଧିନ	ପରାଧୀନ	ଗ୍ୟାନ	ଜ୍ଞାନ
ପୁର୍ନଜନ୍ମ	ପୁନର୍ଜନ୍ମ	କପତ	କପୋତ
ସନ୍ମୁଖ	ସମ୍ମୁଖ	ବୁଢି	ବୁଢ଼ୀ
ଲୋକିକ	ଲୌକିକ	ପୁଷ୍ଠ	ପୃଷ୍ଠ
ଆଧୀନ	ଅଧୀନ	ସଂସୟ	ସଂଶୟ
ସ୍ଥାୟି	ସ୍ଥାୟୀ	ହିନ୍ସା	ହିଂସା
ପଂଡିତ	ପଣ୍ଡିତ	ହନ୍ସ	ହଂସ
ନିର୍ଦ୍ଧୋଷୀ	ନିର୍ଦ୍ଦୋଷ	ବୃତି	ବୃତ୍ତି
ଶାନ୍ତମୟ	ଶାନ୍ତିମୟ	ଲଜ୍ୟା	ଲଜ୍ଜା
ବିସ୍ୱାସ	ବିଶ୍ୱାସ	ହ୍ରୁଦୟ	ହୃଦୟ
ଉପଯୋଗତା	ଉପଯୋଗିତା	ଟେଡ଼ା	ଟେଢ଼ା
ଠାକୁରାଣି	ଠାକୁରାଣୀ	ବୁଢା	ବୁଢ଼ା
ନିରପରାଧୀ	ନିରପରାଧ	କୃତଗ୍ୟ	କୃତଜ୍ଞ
ଅଭିନେତ୍ରି	ଅଭିନେତ୍ରୀ	ପୁରୁଷତମ	ପୁରୁଷୋତ୍ତମ
ସ୍ଥାୟୀତ୍ୱ	ସ୍ଥାୟିତ୍ୱ	ବଢେଇ	ବଢ଼େଇ
ରାଜନିତି	ରାଜନୀତି	ନୀତୀ	ନୀତି
ଦ୍ୱିତିୟ	ଦ୍ୱିତୀୟ	ଉନ୍ମଚନ	ଉନ୍ମୋଚନ
ଜର	ଜ୍ୱର	କ୍ରୁର୍ପା	କୃପା
ନମ	ନବମ	କଷ୍ଟଦାୟୀ	କଷ୍ଟଦାୟକ
କ୍ରୁତ୍ରିମ	କୃତ୍ରିମ	ସପର୍କ	ସମ୍ପର୍କ
ଭାରତିୟ	ଭାରତୀୟ	ଶଶୁର	ଶ୍ୱଶୁର
ଦୋଗୁଣା	ଦୁଇଗୁଣା	କ୍ରୁଷି	କୃଷି
ପାଣ୍ଡୀତ୍ୟ	ପାଣ୍ଡିତ୍ୟ	ଆଲକ	ଆଲୋକ
ବୁଧି	ବୁଦ୍ଧି	ଯଥେଷ୍ଟ	ଯଥେଷ୍ଟ
ଦୁରାବସ୍ଥା	ଦୁରବସ୍ଥା	ଜ୍ୟୋତୀ	ଜ୍ୟୋତି
ଗୁରୁତ୍ତର	ଗୁରୁତର	ସଂସାରିକ	ସାଂସାରିକ
କୌଶଳତା	କୌଶଳ	ଜ୍ୟୋସ୍ନନା	ଜ୍ୟୋତ୍ସ୍ନା

भाग- ३ : वर्गीकृत वाक्य

इक्कीसवीं सीढ़ी -୨୧ତମ ସୋପାନ

उपयोगी लघु वाक्य
ଉପଯୋଗୀ ଲଘୁ ବାକ୍ୟ

1. अहो!	ହଇହୋ !	हइहो !
2. नव वर्ष की शुभकामना!	ନୂତନ ବର୍ଷର ଶୁଭେଚ୍ଛା !	नूतन बर्षर शुभेच्छा !
3. आपको भी!	ଆପଣଙ୍କୁ ମଧ୍ୟ !	आपणंकु मध्य !
4. जन्मदिन मुबारक!	ଜନ୍ମଦିନର ଅଭିନନ୍ଦନ !	जन्मदिनर अभिनन्दन !
5. आप सबका स्वागत!	ଆପଣମାନଙ୍କୁ ସ୍ୱାଗତ !	आपणमानंकु स्वागत !
6. बधाई हो!	ଅଭିନନ୍ଦନ !	अभिनन्दन !
7. आपके पधारने का धन्यवाद!	ଆପଣ ଆସିଥିବାରୁ ଧନ୍ୟବାଦ ।	आपण आसिथिबारु धन्यबाद ।
8. भगवान् का धन्यवाद है!	ଭଗବାନଙ୍କୁ ଧନ୍ୟବାଦ !	भगबानंकु धन्यबाद !
9. ओ मेरे प्रिय!	ଓଃ ମୋର ପ୍ରିୟ !	ओः मोर प्रिय !
10. हे राम	ହେ ରାମ !	हे राम !
11. अरे!	ଆରେ !	आरे !
12. क्या खूब!	ବହୁତ ଭଲ !	बहुत भल !
13. हाय!	ହାଏ !	हाए !
14. क्या खूब!	ଅତି ଉତ୍ତମ !	अति उत्तम !
15. कितना डरावना!	କେତେ ଭୟଙ୍କର !	केते भयंकर !
16. कितना भौंडा!	କେତେ ଅଯୌକ୍ତିକ !	केते अजौक्तिक !

17. कितना सुंदर!	କେତେ ସୁନ୍ଦର !	केते सुन्दर!
18. कितना लज्जा-जनक!	କେତେ ଲଜ୍ଜାଜନକ !	केते लज्जाजनक!
19. सच!	ସତରେ !	सतरे!
20. अच्छा!	ଆଚ୍ଛା !	आच्छा!
21. अद्भुत!	ଅଦ୍ଭୁତ !	अद्भुत!
22. आपका धन्यवाद!	ଆପଣଙ୍କୁ ଧନ୍ୟବାଦ !	आपणंकु धन्यबाद!
23. निस्संदेह	ନିସନ୍ଦେହ !	निसन्देह!
24. कितनी महान विजय!	କିଭଳି ମହାନ୍ ବିଜୟ !	किभळि महान् बिजय!
25. अभिनंदन के साथ!	ଅଭିନନ୍ଦନ ସହିତ !	अभिनन्दन सहित!

कुछ और वाक्य –

1. जरा एक मिनट	ଗୋଟେ ମିନିଟ୍ ।	गोटे मिनिट्।
2. अभी आया।	ସଙ୍ଗେ-ସଙ୍ଗେ ଆସୁଛି ।	संगे-संगे आसुछि।
3. कुछ और?	ଅନ୍ୟ କିଛି ?	अन्य किछि?
4. काफी है।	ପର୍ଯ୍ୟାପ୍ତ ଅଟେ ।	पर्याप्त अटे।
5. और कुछ?	ଆଉ କିଛି ?	आउ किछि?
6. कोई चिंता नहीं।	କିଛି ଚିନ୍ତା ନାହିଁ ।	किछि चिन्ता नाहिँ।
7. जैसी आपकी इच्छा।	ଯେମିତି ଆପଣଙ୍କ ଇଚ୍ଛା ।	जेमिति आपणंक इच्छा।
8. कोई बात नहीं।	କୌଣସି କଥା ନାହିଁ ।	कौणसि कथा नाहिँ।
9. और कुछ नहीं।	ଆଉ କିଛି ନାହିଁ ।	आउ किछि नाहिँ।
10. कदापि नहीं।	କଦାପି ନୁହେଁ ।	कदापि नुहेँ।
11. महिलाओं के लिए।	ମହିଳାଙ୍କ ପାଇଁ ।	महिळांक पाइँ।
12. किराये के लिए खाली है।	ଭଡ଼ା ପାଇଁ ଖାଲି ଅଛି ।	भड़ा पाइँ खालि अछि।
13. प्रवेश वर्जित है।	ପ୍ରବେଶ ନିଷେଧ ।	प्रबेश निषेध।
14. प्रवेश नहीं।	ପ୍ରବେଶ ନାହିଁ ।	प्रबेश नाहिँ।
15. आम रास्ता नहीं है।	ସାଧାରଣ ରାସ୍ତା ନାହିଁ ।	साधारण रास्ता नाहिँ।
16. बातचीत करना मना है।	କଥାବାର୍ତ୍ତା ହେବା ମନା ।	कथाबार्त्ता हेबा मना।
17. सिगरेट पीना मना है।	ସିଗାରେଟ୍ ପିଇବା ମନା ।	सिगारेट् पिइबा मना।
18. थूकना मना है।	ଛେପ ପକାଇବା ମନା ।	छेप पकाइबा मना।
19. वाहन खड़ा करना वर्जित है।	ଗାଡ଼ି ଠିଆ କରିବା ବର୍ଜିତ ଅଟେ ।	गाड़ी ठिआ करिबा बर्जित अटे।
20. बाहर जाना मना है।	ବାହାରକୁ ଯିବା ମନା ।	बाहारकु जिबा मना।

बाईसवीं सीढ़ी -୨୨ତମ ସୋପାନ

विध्यर्थक वाक्य
ବିଧ୍ୟର୍ଥକ ବାକ୍ୟ

1. जल्दी करो।	ଶୀଘ୍ର କର !	शीघ्र कर!
2. चुप रहो!	ଚୁପ ରୁହ !	चुप् रुह!
3. अंदर आओ।	ଭିତରକୁ ଆସ ।	भितरकु आस।
4. बाहर निकल जाओ।	ବାହାରକୁ ବାହାରି ଯାଅ ।	बाहारकु बाहारि जाअ।
5. इश्तहार मत लगाओ।	ବିଜ୍ଞାପନ ମାର ନାହିଁ ।	बिज्ञापन मार नाहिँ।
6. बकवास मत करो।	ବକ୍‌ବାସ କରନାହିଁ ।	बक्‌बास करनाहिँ।
7. सावधान रहो।	ସାବଧାନ ରୁହ ।	साबधान रुह।
8. एक गिलास पानी लाओ।	ଗିଲାସେ ପାଣି ଆଣ ।	गिलासे पाणि आण।
9. कल आना मत भूलो।	କାଲି ଆସିବାକୁ ଭୁଲ ନାହିଁ ।	कालि आसिबाकु भुलनाहिँ।
10. हड़बड़ी मत करो।	ତରତର ହୁଅ ନାହିଁ ।	तरतर हुअ नाहिँ।
11. बातूनी मत बनो।	ବକର-ବକର ହୁଅନାହିଁ ।	बकर-बकर हुअनाहिँ।
12. सच बोलो।	ସତ୍ୟ କୁହ ।	सत्य कुह।
13. झूठ मत बोलो।	ମିଛ କୁହ ନାହିଁ ।	मिछ कुह नाहिँ।
14. वापस जाओ।	ପଛକୁ ଫେରିଯାଅ ।	पछकु फेरिजाअ।
15. परिश्रम करो।	ପରିଶ୍ରମ କର ।	परिश्रम कर।
16. खिड़की बंद करो।	ଝରକା ବନ୍ଦ କର ।	झरका बन्द कर।
17. दरवाज़ा खोलो।	କବାଟ ଖୋଲ ।	कबाट खोल।
18. आगे आओ।	ଆଗକୁ ଆସ ।	आगकु आस।
19. अकेले आओ।	ଏକୁଟିଆ ଆସ ।	एकुटिआ आस।
20. बैठ जाओ।	ବସିଯାଅ ।	बसिजाअ।
21. खड़े हो जाओ।	ଠିଆ ହୁଅ ।	ठिआ हुअ।
22. जल्दी उठो।	ଶୀଘ୍ର ଉଠ ।	शीघ्र उठ।
23. आठ बजे तक तैयार रहो।	ଆଠଟା ଭିତରେ ପ୍ରସ୍ତୁତ ରୁହ ।	आठटा भितरे प्रस्तुत रुह।

24.	सदा बायें चलो।	ସର୍ବଦା ବାମ ପଟେ ଚାଲ ।	सर्बदा बाम पटे चाल।
25.	बुरी आदतें छोड़ों।	ଖରାପ ଅଭ୍ୟାସ ଛାଡ଼ ।	खराप अभ्यास छाड़।
26.	अपना काम देखो।	ନିଜ କାମ ଦେଖ ।	निज काम देख।
27.	घंटी बजाओ।	ଘଣ୍ଟି ବଜାଅ ।	घण्टि बजाअ।
28.	इसे ले जाओ।	ଏହାକୁ ନେଇଯାଅ ।	एहाकु नेइजाअ।
29.	बाकी पैसे लौटा दो।	ବଳକା ପଇସା ଫେରାଇଦିଅ ।	बळका पइसा फेराइदिअ।
30.	क्षमा करें।	କ୍ଷମା କର !	क्षमा कर!
31.	बुरा मत मानिए।	ଖରାପ ଭାବ ନାହିଁ ।	खराप भाब नाहिँ।
32.	मुझे समझने का यत्न करें।	ମତେ ବୁଝିବାକୁ ଚେଷ୍ଟା କରନ୍ତୁ ।	मते बुझिबाकु चेष्टा करन्तु।
33.	कृपया मुझे अपनी साइकिल दीजिए।	ଦୟାକରି ମତେ ଆପଣଙ୍କ ସାଇକଲ ଦିଅନ୍ତୁ ।	दयाकरि मते आपणंक साइकल दिअन्तु।
34.	मेरे पीछे आइए।	ମୋ ପଛରେ ଆସନ୍ତୁ ।	मो पछरे आसन्तु।
35.	कुछ ठण्डा लीजिए।	କିଛି ଥଣ୍ଡା ପାନୀୟ ନିଅନ୍ତୁ ।	किछि थंडा पानीय निअन्तु।
36.	थोड़ी-सी कॉफी लीजिए।	ଟିକିଏ କଫି ନିଅନ୍ତୁ ।	टिकिए कफी निअन्तु।
37.	कृपया कमरे में सफाई करवा दीजिए।	ଦୟାକରି କୋଠରୀକୁ ସଫା କରାଇଦିଅନ୍ତୁ ।	दयाकरि कोठरीकु सफा कराइदिअन्तु।
38.	नौकर को बुलाइए न।	ଚାକରକୁ ଡାକନ୍ତୁ ନା ।	चाकरकु डाकन्तु ना।
39.	मिर्च पकड़ाइए न।	ଲଙ୍କା ଦିଅନ୍ତୁ ନା ।	लंका दिअन्तु ना।
40.	हमारे लिए कुछ मिठाई लाइए।	ଆମ ପାଇଁ କିଛି ମିଠେଇ ଆଣନ୍ତୁ ।	आम पाइँ किछि मिठेइ आणन्तु।
41.	कृपया ये वस्तुएं मेरे आवास पर पहुंचवा दीजिए।	ଦୟାକରି ଏ ଜିନିଷଗୁଡ଼ିକୁ ମୋ ଘରେ ପହଞ୍ଚାଇ ଦିଅନ୍ତୁ ।	दयाकरि ए जिनिषगुड़ीकु मो घरे पहंचाइ दिअन्तु।
42.	स्नान कर लीजिए।	ଗାଧୋଇ ଦିଅନ୍ତୁ ।	गाधोइ दिअन्तु।
43.	अपनी जगह पर बैठिए।	ନିଜ ଜାଗାରେ ବସନ୍ତୁ ।	निज जागारे बसन्तु।
44.	समय पर सूचित करें।	ଠିକ୍ ସମୟରେ ସୂଚାଇ ଦିଅନ୍ତୁ ।	ठिक् समयरे सूचाइ दिअन्तु।
45.	कृपा करके मुझे ऋण प्रदान करें।	ଦୟାକରି ମତେ ଋଣ ପ୍ରଦାନ କରନ୍ତୁ ।	दयाकरि मते ऋण प्रदान करन्तु।
46.	हमें समय पर जाना चाहिए।	ଆମେ ଠିକ୍ ସମୟରେ ଯିବା ଉଚିତ ।	आमे ठिक् समयरे जिबा उचित।
47.	मेहनत करो नहीं तो विफल हो जाओगे।	ପରିଶ୍ରମ କର ନହେଲେ ବିଫଳ ହୋଇଯିବ ।	परिश्रम कर नहेले बिफळ होइजिब।

48. हम इन्तज़ार कर लें।	ଆମେ ଅପେକ୍ଷା କରିବା ।	आमे अपेक्षा करिबा।
49. आओ सैर करें।	ଆସନ୍ତୁ ଚାଲିବା ।	आसन्तु चालिबा।
50. आओ समय का सदुपयोग करें।	ଆସନ୍ତୁ ସମୟର ସଦୁପଯୋଗ କରିବା ।	आसन्तु समयर सदुपजोग करिबा।
51. आओ हम अपना पूरा यत्न करें।	ଆସନ୍ତୁ ଆମେ ସମ୍ପୂର୍ଣ୍ଣ ଚେଷ୍ଟା କରିବା ।	आसन्तु आमे संपूर्ण चेष्टा करिबा।
52. चलने दीजिए।	ଚାଲିବାକୁ ଦିଅନ୍ତୁ ।	चालिबाकु दिअन्तु।
53. आओ पहले इस विषय पर विचार कर लें।	ଆସନ୍ତୁ ପ୍ରଥମେ ଏହି ବିଷୟରେ ବିଚାର କରିବା ।	आसन्तु प्रथमे एहि बिषयरे बिचार करिबा।
54. आओ इकट्ठे सिनेमा चलें।	ଆସନ୍ତୁ ଏକାଠି ସିନେମା ଦେଖିବାକୁ ଯିବା ।	आसन्तु एकाठि सिनेमा देखिबाकु जिबा।

तेईसवीं सीढ़ी ୨୩ତମ ସୋପାନ

वर्तमान काल
ବର୍ତ୍ତମାନ କାଳ

1. सामान्य वर्तमान ସାମାନ୍ୟ ବର୍ତ୍ତମାନ

1. मैं अपने भाई को पत्र लिखता हूँ।	ମୁଁ ମୋ ଭାଇକୁ ଚିଠି ଲେଖେ ।	मुँ मो भाइकु चिठि लेखे।
2. कुछ बच्चे मिठाई पसंद करते हैं।	କିଛି ଶିଶୁ ମିଠେଇ ଭଲ ପାଆନ୍ତି ।	किछि शिशु मिठेइ भल पाआन्ति।
3. मैं प्रतिदिन नौ बजे घर से चलता हूँ।	ମୁଁ ପ୍ରତିଦିନ ନଅଟା ବେଳେ ଘରୁ ବାହାରେ ।	मुँ प्रतिदिन नअटा बेळे घरु बाहारे।
4. पृथ्वी सूर्य के चारों ओर घूमती है।	ପୃଥିବୀ ସୂର୍ଯ୍ୟଙ୍କ ଚାରିପଟେ ଘୂରେ ।	पृथिबी सूर्यंक चारिपटे घूरे।
5. अच्छा बच्चा सदा अपने माता-पिता का कहना मानता है।	ଭଲ ପିଲା ସର୍ବଦା ନିଜ ମାତା-ପିତାଙ୍କ କଥା ମାନେ ।	भल पिला सर्बदा निज माता-पितांक कथा माने।

6. वह बहुत तेज गाड़ी चलाती है।	ସେ ବହୁତ ଯୋରରେ ଗାଡ଼ି ଚଳାଏ ।	से बहुत जोर्रे गाड़ी चळाए।
7. मैं अपने दांत दिन में दो बार साफ करता हूं।	ମୁଁ ମୋ ଦାନ୍ତ ଦିନକୁ ଦୁଇଥର ସଫା କରେ ।	मुँ मो दान्त दिनकु दुइथर सफा करे।
8. हम भारत में रहते हैं।	ଆମେ ଭାରତରେ ରହୁ ।	आमे भारतरे रहु।
9. तुम सदा पैसे चुकाना भूल जाते हो।	ତୁମେ ସବୁବେଳେ ପଇସା ଦେବାକୁ ଭୁଲିଯାଅ ।	तुमे सबुबेळे पइसा देबाकु भुलिजाअ।
10. आखिरी बस आधी रात को छूटती है।	ଶେଷ ବସ୍ ଅଧରାତିରେ ବାହାରେ ।	शेष बस् अधरातिरे बाहारे।
11. तुम अपना सारा पैसा कपड़ों पर खर्च कर देते हो।	ତୁମେ ନିଜର ସମସ୍ତ ପଇସା ପୋଷାକ ଉପରେ ଖର୍ଚ୍ଚ କରିଦିଅ ।	तुमे निजर समस्त पइसा पोषाक उपरे खर्च्च करिदिअ।
12. कोई दरवाजा खटखटाता है।	କେହି କବାଟ ଖଟ୍-ଖଟ୍ କରେ ।	केहि कबाट खट्-खट् करे।
13. वह हर समय ऐनक पहनती है।	ସେ ସବୁ ସମୟରେ ଚଷମା ପିନ୍ଧେ ।	से सबु समयरे चषमा पिंधे।
14. भारत में पन्द्रह क्षेत्रीय भाषाएं हैं।	ଭାରତରେ ପନ୍ଦର ଆଞ୍ଚଳିକ ଭାଷା ଅଛି ।	भारतरे पन्दर आंचळिक भाषा अछि।

2. तात्कालिक वर्तमान ତତ୍କାଳିକ ବର୍ତ୍ତମାନ

1. मेरी माताजी कमरा साफ कर रही हैं।	ମୋ ମା' କୋଠରୀ ସଫା କରୁଛନ୍ତି ।	मो मा कोठरी सफा करुछन्ति।
2. मैं नवभारत टाइम्स पढ़ रहा हूं।	ମୁଁ ନବଭାରତ ଟାଇମ୍ସ ପଢୁଛି ।	मुँ नबभारत टाइम्स पढुछि।
3. कुत्ता कार के नीचे लेट रहा है।	କୁକୁର କାର୍ ତଳେ ଶୋଇଛି ।	कुकुर कार् तळे शोइछि।
4. वह बाजार जा रहा है।	ସେ ବଜାର ଯାଉଛି ।	से बजार जाउछि।
5. वह बेकार में शोर मचा रही है।	ସେ ଅଯଥାରେ ପାଟିତୁଣ୍ଡ କରୁଛି ।	से अजथारे पाटितुण्ड करुछि।
6. मैं अभी आ रहा हूं।	ମୁଁ ଏବେ ଆସୁଛି ।	मुँ एबे आसुछि।
7. मैं आसमान की ओर देख रहा हूं।	ମୁଁ ଆକାଶକୁ ଦେଖୁଛି ।	मुँ आकाशकु देखुछि।

8. मैं गाना गा रही हूं।	ମୁଁ ଗୀତ ଗାଉଛି ।	मुँ गीत गाउछि।
9. वह पेन ढूंढ़ रही है।	ସେ କଲମ ଖୋଜୁଛି ।	से कलम खोजुछि।
10. रोगी अस्पताल जा रहा है।	ରୋଗୀ ଡାକ୍ତରଖାନା ଯାଉଛି ।	रोगी डाक्तरखाना जाउछि।

3. संदिग्ध वर्तमान ସନ୍ଦିଗ୍ଧ ବର୍ତ୍ତମାନ

1. वह अपने कार्यालय पहुंच रही होगी।	ସେ ନିଜ କାର୍ଯ୍ୟାଳୟ ପହଞ୍ଚୁଥିବ ।	से निज कार्याळय पहंचुथिब।
2. वे गलत सोचते होंगे।	ସେମାନେ ଭୁଲ୍ ଭାବୁଥିବେ ।	सेमाने भुल् भाबुथिबे।
3. मैं कल बम्बई पहुंच रहा हूंगा।	ମୁଁ କାଲି ବମ୍ବେ ପହଞ୍ଚୁଥିବି ।	मुँ कालि बम्बे पहंचुथिबि।
4. मैं अपने छात्रों को हिंदी पढ़ा रहा हूंगा।	ମୁଁ ମୋ ଛାତ୍ରଙ୍କୁ ହିନ୍ଦୀ ପଢ଼ାଉଥିବି ।	मुँ मो छात्रंकु हिन्दी पढ़ाउथिबि।
5. आपकी बहन आपका इंतजार कर रही होगी।	ଆପଣଙ୍କ ଭଉଣୀ ଆପଣଙ୍କୁ ଅପେକ୍ଷା କରିଥିବ ।	आपणंक भउणी आपणंकु अपेक्षा करिथिब।
6. वह वायलिन बजाती होगी।	ସେ ବେହେଲା ବଜାଉଥିବ ।	से बेहेला बजाउथिब।
7. वह सप्ताह-भर में पैसा लौटाती होगी।	ସେ ସପ୍ତାହକ ମଧ୍ୟରେ ପଇସା ଫେରାଉଥିବ ।	से सप्ताहक मध्यरे पइसा फेराउथिब।
8. रमा प्रातःकाल अपना पाठ याद करती होगी।	ରମା ପ୍ରାତଃ କାଳରେ ନିଜ ପାଠ ପଢୁଥିବ ।	रमा प्रातः काळरे निज पाठ पढुथिब।

चौबीसवीं सीढ़ी ୨୪ତମ ସୋପାନ

भविष्यत्काल
ଭବିଷ୍ୟତ କାଳ

1. सामान्य भविष्यत्काल ସାମାନ୍ୟ ଭବିଷ୍ୟତ କାଳ

1. मैं अपने भाई को पत्र लिखूंगा।	ମୁଁ ମୋ ଭାଇକୁ ଚିଠି ଲେଖିବି ।	मुँ मो भाइकु चिठि लेखिबि।

हिन्दी	ଓଡ଼ିଆ	उड़िया
2. मेरे पिताजी रविवार तक यहां पहुंच जायेंगे।	ମୋ ବାପା ରବିବାର ଦିନ ଏଠାରେ ପହଞ୍ଚିଯିବେ ।	मो बापा रबिबार दिन एठारे पहंचिजिबे।
3. माताजी कल बाजार जायेंगी।	ମା' କାଲି ବଜାର ଯିବେ ।	मा कालि बजार जिबे।
4. वह इस वर्ष कड़ी मेहनत से पढ़ाई करेगी।	ସେ ଏହି ବର୍ଷ କଠିନ ପରିଶ୍ରମ କରି ପାଠ ପଢ଼ିବ ।	से एहि बर्ष कठिन परिश्रम करि पाठ पढ़ीब।
5. इससे मेरा काम चल जायेगा।	ଏଥିରେ ମୋର କାମ ଚଳିଯିବ ।	एथिरे मोर काम चळिजिब।
6. मैं परसों लौट जाऊंगा।	ମୁଁ ପହରଦିନ ଫେରିଯିବି ।	मुँ पहरदिन फेरिजिबि।
7. मेरा भाई रात को यहां ठहर जाएगा।	ମୋ ଭାଇ ରାତିରେ ଏଠାରେ ରହିଯିବ ।	मो भाइ रातिरे एठारे रहिजिब।
8. मैं शाम को निश्चित रूप से लौट जाऊंगा।	ମୁଁ ସନ୍ଧ୍ୟାରେ ନିଶ୍ଚିତ ରୂପେ ଫେରିଯିବି ।	मुँ संध्यारे निश्चित रूपे फेरिजिबि।
9. जो कुछ भी हो, मैं इसे अवश्य करूंगा।	ଯାହା ବି ହେଉ, ମୁଁ ଏହାକୁ ନିଶ୍ଚୟ କରିବି ।	जाहा बि हेउ, मुँ एहाकु निश्चय करिबि।
10. जो कुछ आप चाहेंगे, मैं आपको निश्चित रूप से दूंगा।	ଆପଣ ଯାହା କିଛି ଚାହିଁବେ, ମୁଁ ଆପଣଙ୍କୁ ନିଶ୍ଚିତ ରୂପେ ଦେବି ।	आपण जाहा किछि चाहिँबे, मुँ आपणंकु निश्चित रूपे देबि।
11. हम लगभग पांच बजे चलेंगे।	ଆମେ ପାଖାପାଖି ପାଞ୍ଚଟାରେ ବାହାରିବା ।	आमे पाखापाखि पांचटारे बाहारिबा।
12. मैं निश्चित रूप से धूम्रपान छोड़ दूंगा।	ମୁଁ ନିଶ୍ଚିତ ରୂପେ ଧୂମ୍ରପାନ ଛାଡ଼ିଦେବି ।	मुँ निश्चित रूपे धूम्रपान छाड़ीदेबि।
13. मैं अवश्य आऊंगा।	ମୁଁ ନିଶ୍ଚୟ ଆସିବି ।	मुँ निश्चय आसिबि।
14. मैं इसे बाद में देखूंगा।	ମୁଁ ଏହାକୁ ପରେ ଦେଖିବି ।	मुँ एहाकु परे देखिबि।

2. संभाव्य भविष्यत् ସମ୍ଭାବ୍ୟ ଭବିଷ୍ୟତ କାଳ

हिन्दी	ଓଡ଼ିଆ	उड़िया
1. यदि तुम्हारे भाई साहब आयें तो तुम भी जरूर आना।	ଯଦି ତୁମ ଭାଇ ଆସନ୍ତି ତେବେ ତୁମେ ମଧ୍ୟ ନିଶ୍ଚୟ ଆସିବ ।	जदि तुम भाइ आसन्ति तेबे तुमे मध्य निश्चय आसिब।
2. यदि तुम ठहरो तो मैं भी ठहरूं।	ଯଦି ତୁମେ ରହିବ ତେବେ ମୁଁ ମଧ୍ୟ ରହିବି ।	यदि तुमे रहिब तेबे मुँ मध्य रहिबि।

3. शायद रंजना आज पहुंचे।	ବୋଧହୁଏ ରଞ୍ଜନା ଆଜି ପହଞ୍ଚିବ ।	बोधहुए रंजना आजि पहंचिब।
4. संभवत: मैं अपने साथियों को भी बुलाऊं।	ସମ୍ଭବତଃ ମୁଁ ମୋର ସହକର୍ମୀଙ୍କୁ ମଧ୍ୟ ଡାକିବି ।	संभबत: मुँ मोर सहकर्मींकु मध्य डाकिबि।
5. यदि तुम सैर को जाओ तो मुझे भी बुलाना।	ଯଦି ତୁମେ ଚାଲିବାକୁ ଯିବ, ତେବେ ମୋତେ ବି ଡାକିବ ।	यदि तुमे चालिबाकु जिब, तेबे मोते बि डाकिब।
6. यदि तुम चाहो तो मेरी कुटिया में आराम कर लो।	ଯଦି ତୁମେ ଚାହିଁବ ତେବେ ମୋ କୁଡ଼ିଆରେ ବିଶ୍ରାମ କର ।	यदि तुमे चाहिँब तेबे मो कुड़ीआरे बिश्राम कर।
7. मैं कभी भी यह स्टेशन छोड़ दूं।	ମୁଁ କେତେବେଳେ ମଧ୍ୟ ଏହି ଷ୍ଟେସନ୍ ଛାଡ଼ିପାରେ ।	मुँ केतेबेळे मध्य एहि ष्टेसन् छाड़ीपारे।
8. कदाचित् वह कल सभा में आये।	ହୁଏତ ସେ କାଲି ସଭାକୁ ଆସିବେ ।	हुएत से कालि सभाकु आसिबे।
9. ऐसा न हो कहीं वह भाग जाये।	ଏମିତି ନହେଉ, ସେ କେଉଁଆଡ଼େ ପଳାଇଯିବ ।	एमिति नहेउ, से केउँआड़े पळाइजिब।
10. या तुम विज्ञान में प्रवेश लो या वाणिज्य में।	ତୁମେ ବିଜ୍ଞାନରେ ନାମ ଲେଖାଅ ନହେଲେ ବାଣିଜ୍ୟରେ ।	तुमे बिज्ञानरे नाम लेखाअ नहेले बाणिज्यरे।

पच्चीसवीं सीढ़ी ୨୫ତମ ସୋପାନ

भूतकाल (1)
ଅତୀତ କାଳ (1)

1. सामान्य भूत ସାମାନ୍ୟ ଅତୀତ କାଳ

1. छात्र कक्षा में पहुंचे।	ଛାତ୍ର ଶ୍ରେଣୀରେ ପହଞ୍ଚିଲେ ।	छात्र श्रेणीरे पहंचिले।
2. पुलिस ने अपराधी को गिरफ्तार किया।	ପୁଲିସ ଅପରାଧୀକୁ ଗିରଫ କଲା ।	पुलिस अपराधीकु गिरफ कला।
3. मैंने उसे कल देखा।	ମୁଁ ତାକୁ କାଲି ଦେଖିଲି ।	मुँ ताकु कालि देखिलि।
4. हम चलते-चलते राह पर बैठ गए।	ଆମେ ଚାଲୁ-ଚାଲୁ ବାଟରେ ବସିଗଲୁ ।	आमे चालु-चालु बाटरे बसिगलु।

5. मैं प्रातःकाल तुम्हारे घर गया।	ମୁଁ ପ୍ରାତଃ କାଳରେ ତୁମ ଘରକୁ ଗଲି ।	मुँ प्रातः काळरे तुम घरकु गलि।
6. हमने उस (महिला) का हार्दिक स्वागत किया।	ଆମେ ତାଙ୍କୁ (ମହିଳା) ହାର୍ଦ୍ଦିକ ସ୍ୱାଗତ କଲୁ ।	आमे तांकु (महिळा) हार्द्दिक स्वागत कलु।
7. अध्यापक ने शरारती छात्रों को दण्ड दिया।	ଅଧ୍ୟାପକ ଦୁଷ୍ଟ ଛାତ୍ରଙ୍କୁ ଦଣ୍ଡ ଦେଲେ ।	अध्यापक दुष्ट छात्रंकु दण्ड देले।
8. तुमने मैच देखा।	ତୁମେ ମେଚ୍ ଦେଖିଲ ।	तुमे मेच् देखिल।
9. बच्चे भागे और खेले।	ପିଲାମାନେ ଦୌଡ଼ିଲେ ଏବଂ ଖେଳିଲେ ।	पिलामाने दौड़ीले एबं खेळिले।
10. वे भिखारी पर हँसे।	ସେମାନେ ଭିକାରୀକୁ ଦେଖି ହସିଲେ ।	सेमाने भिकारीकु देखि हसिले।
11. लड़कियों ने गीत गाया।	ଝିଅମାନେ ଗୀତ ଗାଇଲେ ।	झिअमाने गीत गाइले।
12. मां ने राजा की एक कहानी कही।	ମା' ଗୋଟିଏ ରାଜାର କାହାଣୀ କହିଲେ ।	मा गोटिए राजार काहाणी कहिले।
13. बच्चा गहरी नींद सोया।	ଶିଶୁ ଗଭୀର ନିଦରେ ଶୋଇଲା ।	शिशु गभीर निदरे शोइला।
14. रेखा ने अपनी पक्की सहेली को पत्र लिखा।	ରେଖା ନିଜ ଘନିଷ୍ଠ ବାନ୍ଧବୀକୁ ଚିଠି ଲେଖିଲା ।	रेखा निज घनिष्ठ बांधबीकु चिठि लेखिला।
15. उन्होंने खाया-पिया और प्रसन्न हुए।	ସେମାନେ ଖିଆ-ପିଆ କଲେ ଏବଂ ପ୍ରସନ୍ନ ହେଲେ ।	सेमाने खिआ-पिआ कले एबं प्रसन्न हेले।

2. आसन्न भूत ଆସନ୍ନ ଅତୀତ କାଳ

1. मैं अपना काम कर चुका हूं।	ମୁଁ ମୋ କାମ କରି ସାରିଛି ।	मुँ मो काम करि सारिछि।
2. वह मुझे रेस्तरां में देख चुकी है।	ସେ ମୋତେ ରେଷ୍ଟୁରାଣ୍ଟରେ ଦେଖି ସାରିଛି ।	से मोते रेष्टुराण्ट्रे देखि सारिछि।
3. आपने यह पुस्तक पढ़ी है।	ଆପଣ ଏହି ପୁସ୍ତକ ପଢ଼ିଛନ୍ତି ।	आपण एहि पुस्तक पढ़ीछन्ति।
4. मैं अपना काम पूरा कर चुकी हूँ।	ମୁଁ ମୋ କାମ ସମାପ୍ତ କରି ସାରିଛି ।	मुँ मो काम समाप्त करि सारिछि।
5. मेरी माताजी घर पहुंच चुकी हैं।	ମୋ ମା' ଘରେ ପହଞ୍ଚି ସାରିଛନ୍ତି ।	मो मा घरे पहंचि सारिछन्ति।

6. गरिमा ने गीत गाया है।	ଗାରିମା ଗୀତ ଗାଇ ସାରିଛି ।	गारिमा गीत गाइ सारिछि।
7. छात्र अपने घरों को जा चुके हैं।	ଛାତ୍ରମାନେ ନିଜ ଘରକୁ ଯାଇ ସାରିଛନ୍ତି ।	छात्रमाने निज घरकु जाइ सारिछन्ति।
8. जमादार ने अभी-अभी फर्श साफ किया है।	ଝାଡୁଦାର ସଙ୍ଗେ-ସଙ୍ଗେ ଚଟାଣ ସଫା କରିଛି ।	झाडुदार संगे-संगे चट्टाण सफा करिछि।
9. फोन बजना बंद हो गया है।	ଫୋନ୍ ବାଜିବା ବନ୍ଦ ହୋଇଯାଇଛି ।	फोन् बाजिबा बंद होइजाइछि।
10. किसी ने दीवाल-घड़ी तोड़ दी है।	କେହି କାନ୍ଥଘଣ୍ଟା ଭାଙ୍ଗି ଦେଇଛି ।	केहि कान्थघण्टा भांगि देइछि।
11. वे दु:खद समाचार सुन चुके हैं।	ସେମାନେ ଦୁଃଖଦାୟକ ସମାଚାର ଶୁଣି ସାରିଛନ୍ତି ।	सेमाने दु:खदायक समाचार शुणि सारिछन्ति।
12. उसने कॉफी बनाई है।	ସେ କଫି ତିଆରି କରିଛି ।	से कफी तिआरि करिछि।
13. मैंने बिल चुका दिया है।	ମୁଁ ବିଲ୍ ପଇଠ କରି ଦେଇଛି ।	मुँ बिल् पइठ करि देइछि।
14. पिताजी ने पेड़ लगाया है।	ବାପା ଗଛ ଲଗାଇଛନ୍ତି ।	बापा गछ लगाइछन्ति।
15. नाटक अभी शुरू हुआ है।	ନାଟକ ଏବେ ଆରମ୍ଭ ହୋଇଛି ।	नाटक एबे आरंभ होइछि।

3. पूर्ण भूत ପୂର୍ଣ୍ଣ ଅତୀତ କାଳ

1. मैं पहले से ही पत्र लिख चुका था।	ମୁଁ ପୂର୍ବରୁ ହିଁ ଚିଠି ଲେଖି ସାରିଥିଲି ।	मुँ पूर्बरु हिँ चिठि लेखि सारिथिलि।
2. वह इस फिल्म को पहले देख चुकी थी।	ସେ ଏହି ଫିଲ୍ମକୁ ପୂର୍ବରୁ ଦେଖି ସାରିଥିଲା ।	से एहि फिल्मकु पूर्बरु देखि सारिथिला।
3. कल सायंकाल तक मैंने उसे नहीं देखा था।	କାଲି ସନ୍ଧ୍ୟା ପର୍ଯ୍ୟନ୍ତ ମୁଁ ତାକୁ ଦେଖିନଥିଲି ।	कालि संध्या पर्यन्त मुँ ताकु देखिनथिलि।
4. अमित के आने से पहले अनिल घर जा चुका था।	ଅମିତ ଆସିବା ପୂର୍ବରୁ ଅନିଲ ଘରକୁ ଯାଇ ସାରିଥିଲା ।	अमित आसिबा पूर्बरु अनिल घरकु जाइ सारिथिला।

5.	जब रीता आई मैं नाश्ता कर चुका था।	ରୀତା ଆସିବା ବେଳକୁ ମୁଁ ଜଳଖିଆ କରି ସାରିଥିଲି ।	रीता आसिबा बेळकु मुँ जळखिआ करि सारिथिलि।
6.	हम 1950 से लाजपत नगर में रह रहे थे।	ଆମେ ୧୯୫୦ ରୁ ଲାଜପତ ନଗରରେ ରହୁଥିଲୁ ।	आमे 1950 रु लाजपत नगररे रहुथिलु।
7.	मैं पिछले पांच दिनों से तुम्हारा इंतजार कर रहा था।	ମୁଁ ପାଞ୍ଚଦିନ ହେଲା ତୁମକୁ ଅପେକ୍ଷା କରୁଥିଲି ।	मुँ पांचदिन हेला तुमकु अपेक्षा करुथिलि।
8.	हमने ऐसा मैच पहले कभी नहीं देखा था।	ଆମେ ଏଭଳି ମ୍ୟାଚ୍ ପୂର୍ବରୁ କେବେ ଦେଖିନଥିଲୁ ।	आमे एभळि म्याच् पूर्बरु केबे देखिनथिलु।
9.	वह पानी पी चुकी थी।	ସେ ପାଣି ପିଇ ସାରିଥିଲା ।	से पाणि पिइ सारिथिला।
10.	मेरी बहन डिग्री की परीक्षा पास कर चुकी थी।	ମୋ ଭଉଣୀ ଡିଗ୍ରୀ ପରୀକ୍ଷା ପାସ୍ କରି ସାରିଥିଲା ।	मो भउणी डिग्री परीक्षा पास् करि सारिथिला।
11.	मैं यहां तुमसे मिलने आया था।	ମୁଁ ଏଠାକୁ ତୁମକୁ ସାକ୍ଷାତ କରିବାକୁ ଆସିଥିଲି ।	मुँ एठाकु तुमकु साक्षात करिबाकु आसिथिलि।
12.	उन्होंने उधार नहीं चुकाया था।	ସେମାନେ ଉଧାର ପରିଶୋଧ କରିନଥିଲେ ।	सेमाने उधार परिशोध करिनथिले।
13.	हमने कमीजें खरीदी थीं।	ଆମେ ସାର୍ଟ କିଣିଥିଲୁ ।	आमे सार्ट किणिथिलु।
14.	हमारे पहुंचने से पहले गाड़ी प्लेटफार्म छोड़ चुकी थी।	ଆମେ ପହଞ୍ଚିବା ପୂର୍ବରୁ ଗାଡ଼ି ପ୍ଲାଟ୍‌ଫର୍ମ ଛାଡ଼ି ସାରିଥିଲା ।	आमे पहंचिबा पूर्बरु गाड़ी प्लाट्फर्म छाड़ी सारिथिला।
15.	वह यह फिल्म देख चुका था।	ସେ ଏହି ଫିଲ୍ମ ଦେଖି ସାରିଥିଲା ।	से एहि फिल्म देखि सारिथिला।

छब्बीसवीं सीढ़ी ୨୬ତମ ସୋପାନ

भूत काल (2)
ଅତୀତ କାଳ (2)

4. संदिग्ध भूत ସନ୍ଦିଗ୍ଧ ଅତୀତ

1. यशोधरा आयी होगी।	ଯଶୋଧରା ଆସିଥିବ ।	यशोधरा आसिथिब।
2. तुमने टैगोर का नाम अवश्य सुना होगा।	ତୁମେ ଟାଗୋରଙ୍କ ନାମ ନିଶ୍ଚୟ ଶୁଣିଥିବ ।	तुमे टागोरंक नाम निश्चय शुणिथिब।
3. वह अपना बीता समय भूल गई होगी।	ସେ ନିଜ ଅତୀତକୁ ଭୁଲି ଯାଇଥିବ ।	से निज अतीतकु भुलि जाइथिब।
4. वे सो गए होंगे।	ସେମାନେ ଶୋଇ ସାରିଥିବେ ।	सेमाने शोइ सारिथिबे।
5. उन्होंने पुरानी देनदारी उसे चुका दी होगी।	ସେମାନେ ତାକୁ ପୁରୁଣା ବକେୟା ଦେଇ ସାରିଥିବେ ।	सेमाने ताकु पुरुणा बकेया देइ सारिथिबे।
6. उसने सोचा होगा कि मैं वहीं हूं।	ସେ ଭାବିଥିବ ଯେ ମୁଁ ସେଠାରେ ଅଛି ।	से भाबिथिब जे मुँ सेठारे अछि।
7. श्री मलिक ने पत्र लिखा होगा।	ଶ୍ରୀ ମଲିକ ଚିଠି ଲେଖିଥିବେ ।	श्री मलिक चिठि लेखिथिबे।
8. संस्थान ने मेयर को निमंत्रित किया होगा।	ଅନୁଷ୍ଠାନ ମେୟରଙ୍କୁ ନିମନ୍ତ୍ରିତ କରିଥିବ ।	अनुष्ठान मेयरंकु निमन्त्रित करिथिबे।
9. वे हंसे होंगे जब उसने भीख मांगी होगी।	ସେମାନେ ହସିଥିବେ ଯେତେବେଳେ ସେ ଭିକ ମାଗିଥିବ ।	सेमाने हसिथिबे जेतेबेळे से भिक मागिथिब।
10. उन्होंने इसे स्वीकार कर लिया होगा।	ସେମାନେ ଏହାକୁ ସ୍ୱୀକାର କରି ନେଇଥିବେ ।	सेमाने एहाकु स्वीकार करि नेइथिबे।
11. उसने अपना कर्त्तव्य पूरा किया होगा।	ସେ ନିଜ କର୍ତ୍ତବ୍ୟ ସମ୍ପାଦନ କରିଥିବ ।	से निज कर्त्तब्य संपादन करिथिब।
12. लेखक ने अपनी आत्मकथा लिखी होगी।	ଲେଖକ ନିଜ ଆତ୍ମକଥା ଲେଖିଥିବେ ।	लेखक निज आत्मकथा लेखिथिबे।

5. अपूर्ण भूत ଅପୂର୍ଣ୍ଣ ଅତୀତ

1. मैं पत्र लिख रहा था जब वह कमरे में घुसा।	ମୁଁ ଚିଠି ଲେଖୁଥିଲି ଯେତେବେଳେ ସେ କୋଠରୀରେ ପ୍ରବେଶ କଲେ ।	मुँ चिठि लेखुथिलि जेतेबेळे से कोठरीरे प्रबेश कले।
2. कल मैं घोड़े पर बैठकर स्कूल जा रहा था।	କାଲି ମୁଁ ଘୋଡ଼ା ଉପରେ ବସି ସ୍କୁଲ୍ ଯାଉଥିଲି ।	कालि मुँ घोड़ा उपरे बसि स्कुल् जाउथिलि।
3. जब मैं बाहर गया तो बारिश हो रही थी।	ମୁଁ ବାହାରକୁ ଗଲାବେଳେ ବର୍ଷା ହେଉଥିଲା ।	मुँ बाहारकु गलाबेळे बर्षा हेउथिला।
4. जब मैं उससे बात कर रहा था तो मैंने एक चीख सुनी।	ମୁଁ ଯେତେବେଳେ ତା' ସହ କଥା ହେଉଥିଲି ତେବେ ଏକ ଚିତ୍କାର ଶୁଣିଲି ।	मुँ जेतेबेळे ता सह कथा हेउथिलि तेबे एक चित्कार शुणिलि।
5. वह हिंदी में निबंध लिख रहा था।	ସେ ହିନ୍ଦୀରେ ନିବନ୍ଧ ଲେଖୁଥିଲା ।	से हिन्दीरे निबंध लेखुथिला।
6. जब वे सो रहे थे तो कुत्ते पहरा दे रहे थे।	ସେମାନେ ଯେତେବେଳେ ଶୋଇଥିଲେ ସେତେବେଳେ କୁକୁର ପହରା ଦେଉଥିଲେ ।	सेमाने जेतेबेळे शोइथिले सेतेबेळे कुकुर पहरा देउथिले।
7. जब तुम्हारा भाई आया तो हम टेनिस खेल रहे थे।	ତୁମ ଭାଇ ଯେତେବେଳେ ଆସିଲା ସେତେବେଳେ ଆମେ ଟେନିସ୍ ଖେଳୁଥିଲୁ ।	तुम भाइ जेतेबेळे आसिला सेतेबेळे आमे टेनिस् खेळुथिलु।
8. रीना अपनी इच्छा को छिपाने की कोशिश कर रही थी।	ରୀନା ନିଜ ଇଚ୍ଛାକୁ ଲୁଚାଇବାକୁ ଚେଷ୍ଟା କରୁଥିଲା ।	रीना निज इच्छाकु लुचाइबाकु चेष्टा करुथिला।
9. वे गोष्ठी में बहुत तेज बोल रहे थे।	ସେମାନେ ସଭାରେ ବହୁତ ଯୋର୍‌ରେ କଥା କହୁଥିଲେ ।	सेमाने सभारे बहुत जोर्‌रे कथा कहुथिले।
10. आशा मेरे साथ स्कूल में पढ़ रही थी।	ଆଶା ମୋ ସହିତ ସ୍କୁଲ୍‌ରେ ପଢୁଥିଲା ।	आशा मो सहित स्कुल्‌रे पढुथिला।
11. दो वर्ष पहले हम पुणे में रहते थे।	ଦୁଇ ବର୍ଷ ପୂର୍ବେ ଆମେ ପୁନେ ରେ ରହୁଥିଲୁ ।	दुइ बर्ष पूर्बे आमे पुनेरे रहुथिलु।
12. पहले यह गाय दस किलोलीटर दूध देती थी।	ପୂର୍ବରୁ ଏହି ଗାଇ ଦଶ ଲିଟର କ୍ଷୀର ଦେଉଥିଲା ।	पूर्बरु एहि गाई दश लिटर क्षीर देउथिला।

13. गत विश्वयुद्ध में जर्मन बड़ी वीरता से लड़ते थे।	ଗତ ବିଶ୍ୱଯୁଦ୍ଧରେ ଜର୍ମାନୀୟମାନେ ବୀରତ୍ୱର ସହ ଲଢୁଥିଲେ ।	गत बिश्वजुद्धरे जर्मानीयमाने बीरत्वर सह लढुथिले।
14. उस समय मैं दिल्ली में निवास करता था।	ସେହି ସମୟରେ ମୁଁ ଦିଲ୍ଲୀରେ ରହୁଥିଲି ।	सेहि समयरे मुँ दिल्लीरे रहुथिलि।
15. मैं प्रतिदिन मंदिर जाता था।	ମୁଁ ପ୍ରତିଦିନ ମନ୍ଦିର ଯାଉଥିଲି ।	मुँ प्रतिदिन मन्दिर जाउथिलि।
16. 1947 से पूर्व हम पश्चिमी पंजाब में रहते थे।	1947 ପୂର୍ବରୁ ଆମେ ପଶ୍ଚିମ ପଞ୍ଜାବରେ ରହୁଥିଲୁ ।	1947 पूर्बरु आमे पश्चिम पंजाबरे रहुथिलु।
17. जब मैं सात वर्ष का था मैं अकेला स्कूल जाता था।	ମୁଁ ଯେତେବେଳେ ସାତ ବର୍ଷର ଥିଲି, ମୁଁ ଏକୁଟିଆ ସ୍କୁଲ ଯାଉଥିଲି ।	मुँ जेतेबेळे सात बर्षर थिलि, मुँ एकुटिआ स्कुल जाउथिलि।
18. जब मैं छोटी थी, मेरी दादी मां मुझे कहानी सुनाया करती थी।	ମୁଁ ଯେତେବେଳେ ଛୋଟ ଥିଲି, ମୋ ଜେଜେ ମା' ମତେ କାହାଣୀ ଶୁଣାଉଥିଲେ ।	मुँ जेतेबेळे छोट थिलि, मो जेजे मा मते काहाणी शुणाउथिले।
19. सत्तर साल की आयु में बहुत तेज चलता था।	ସତର ବର୍ଷ ବୟସରେ ସେ ବହୁତ ଦ୍ରୁତ ଗତିରେ ଚାଲୁଥିଲା ।	सतर बर्ष बयसरे से बहुत द्रुत गतिरे चालुथिला।

6. हेतु हेतु मद् भूत ସର୍ତ୍ତ ପ୍ରକାଶକ ଅତୀତ

1. यदि तुम परिश्रम करते तो उत्तीर्ण हो जाते।	ଯଦି ତୁମେ ପରିଶ୍ରମ କରିଥାନ୍ତ ତେବେ ଉତ୍ତୀର୍ଣ୍ଣ ହୋଇଥାନ୍ତ ।	यदि तुमे परिश्रम करिथान्त तेबे उत्तीर्ण्ण होइथान्त।
2. यदि तुम ईमानदार होते तो तुम अधिक सुखी होते।	ଯଦି ତୁମେ ସଚ୍ଚୋଟ ହୋଇଥାନ୍ତ ତେବେ ତୁମେ ଅଧିକ ସୁଖୀ ହୋଇଥାନ୍ତ ।	यदि तुमे सच्चोट होइथान्त तेबे तुमे अधिक सुखी होइथान्त।
3. यदि वह बुद्धिमती होती तो वह ऐसा न करती।	ଯଦି ସେ ବୁଦ୍ଧିମତୀ ହୋଇଥାନ୍ତା ତେବେ ସେ ଏମିତି କରିନଥାନ୍ତା ।	यदि से बुद्धिमती होइथान्ता तेबे से एमिति करिनथान्ता।

4. यदि तुमने गाया होता तो हम आनंद लेते।	ଯଦି ତୁମେ ଗାଇଥାନ୍ତ ତେବେ ଆମେ ଆନନ୍ଦିତ ହୋଇଥାନ୍ତୁ ।	यदि तुमे गाइथान्त तेबे आमे आनन्दित होइथान्तु।
5. यदि वह पहुंची होती तो मैं चला जाता।	ଯଦି ସେ ପହଞ୍ଚିଥାନ୍ତା ତେବେ ମୁଁ ଚାଲି ଯାଇଥାନ୍ତି ।	यदि से पहंचिथान्ता तेबे मुँ चालि जाइथान्ति।
6. यदि तुम आए होते तो मैं खेलता।	ଯଦି ତୁମେ ଆସିଥାନ୍ତ ତେବେ ମୁଁ ଖେଳିଥାନ୍ତି ।	यदि तुमे आसिथान्त तेबे मुँ खेळिथान्ति।
7. यदि तुमने मुझे लिखा होता तो मैं तुम्हें उत्तर देता।	ଯଦି ତୁମେ ମୋତେ ଲେଖିଥାନ୍ତ ତେବେ ମୁଁ ତୁମକୁ ଉତ୍ତର ଦେଇଥାନ୍ତି ।	यदि तुमे मोते लेखिथान्त तेबे मुँ तुमकु उत्तर देइथान्ति।
8. यदि तुमने मुझे कहा होता तो मैं रह जाता।	ଯଦି ତୁମେ ମୋତେ କହିଥାନ୍ତ ତେବେ ମୁଁ ରହି ଯାଇଥାନ୍ତି ।	यदि तुमे मोते कहिथान्त तेबे मुँ रहि जाइथान्ति।
9. यदि उसने मुझे पहले बताया होता तो मैं ऐसा न करता।	ଯଦି ସେ ମୋତେ ପୂର୍ବରୁ କହିଥାନ୍ତେ ତେବେ ମୁଁ ଏମିତି କରିନଥାନ୍ତି ।	यदि से मोते पूर्बरु कहिथान्ते तेबे मुँ एमिति कतिनथान्ति।
10. यदि तुम उसे निमंत्रित करते तो वह जरूर आती।	ଯଦି ତୁମେ ତାକୁ ନିମନ୍ତ୍ରିତ କରିଥାନ୍ତ ତେବେ ସେ ନିଶ୍ଚୟ ଆସିଥାନ୍ତା ।	यदि तुमे ताकु निमन्त्रित करिथान्त तेबे से निश्चय आसिथान्ता।
11. यदि राधा के पंख होते तो वह उड़कर कृष्ण के पास पहुँच जाती।	ଯଦି ରାଧାଙ୍କର ଡେଣା ଥାନ୍ତା ତେବେ ସେ ଉଡ଼ିକରି କୃଷ୍ଣଙ୍କ ପାଖରେ ପହଞ୍ଚି ଯାଇଥାନ୍ତେ ।	यदि राधांकर डेणा थान्ता तेबे से उड़ीकरि कृष्णांक पाखरे पहंचि जाइथान्ते।
12. यदि उसे कैमरा पसंद होता तो उसने उसे खरीद लिया होता।	ଯଦି ତାକୁ କ୍ୟାମେରା ଭଲ ଲାଗିଥାନ୍ତା ତେବେ ସେ ତାକୁ କିଣି ନେଇଥାନ୍ତା ।	यदि ताकु क्यामेरा भल लागिथान्ता तेबे से ताकु किणि नेइथान्ता।

सत्ताईसवीं सीढ़ी ୨୭ତମ ସୋପାନ

प्रश्नसूचक वाक्य (1)
ପ୍ରଶ୍ନସୂଚକ ବାକ୍ୟ (1)

(1)	है	हो/हैं	हूं	था/थी	थे/थीं
	ଅଟେ/ଅଛି	ଅଟୁ/ଅଟନ୍ତି	ଅଟେ	ଥିଲା/ଥିଲି	ଥିଲେ

1.	क्या हिंदी कठिन है?	କ'ଣ ହିନ୍ଦୀ କଠିନ ଅଟେ ?	कण हिन्दी कठिन अटे ?
2.	क्या आज ठण्ड है?	କ'ଣ ଆଜି ଥଣ୍ଡା ହେଉଛି ?	कण आजि थण्डा हेउछि ?
3.	क्या आपका नाम नरेन्द्र कुमार है?	କ'ଣ ଆପଣଙ୍କ ନାମ ନରେନ୍ଦ୍ର କୁମାର ଅଟେ ?	कण आपणंक नाम नरेन्द्र कुमार अटे ?
4.	क्या तुम भूतों से डरते हो?	କ'ଣ ତୁମେ ଭୂତକୁ ଭୟ କର ?	कण तुमे भूतकु भय कर ?
5.	क्या तुम स्वस्थ हो?	କ'ଣ ତୁମେ ସୁସ୍ଥ ଅଟ ?	कण तुमे सुस्थ अट ?
6.	क्या तुम श्री अमिताभ हो?	କ'ଣ ତୁମେ ଶ୍ରୀ ଅମିତାଭ ଅଟ ?	कण तुमे श्री अमिताभ अट ?
7.	क्या मैं तुमसे डरता हूं?	କ'ଣ ମୁଁ ତୁମକୁ ଡରୁଛି ?	कण मुँ तुमकु डरुछि ?
8.	क्या मैं मूर्ख हूं?	କ'ଣ ମୁଁ ମୂର୍ଖ ?	कण मुँ मूर्ख ?
9.	क्या मैं तुम्हारा नौकर हूं?	କ'ଣ ମୁଁ ତୁମ ଚାକର ?	कण मुँ तुम चाकर ?
10.	क्या वह डरी हुई थी?	କ'ଣ ସେ ଡରି ଯାଇଥିଲା ?	कण से डरि जाइथिला ?
11.	क्या वह यहां अजनबी है?	କ'ଣ ସେ ଏଠାରେ ଅପରିଚିତ ଅଟେ ?	कण से एठारे अपरिचित अटे ?
12.	क्या चांद चमक रहा था?	କ'ଣ ଜହ୍ନ ଝଟକୁଥିଲା ?	कण जह्न झटकुथिला ?
13.	क्या लड़के फुटबाल खेल रहे थे?	କ'ଣ ପିଲାମାନେ ଫୁଟ୍‌ବଲ ଖେଳୁଥିଲେ ?	कण पिलामाने फुट्बल खेळुथिले ?
14.	क्या तुम शिमला में आनंद से रहे?	କ'ଣ ତୁମେ ଶିମଲାରେ ଆନନ୍ଦରେ ରହିଲ ?	कण तुमे शिमलारे आनन्दरे रहिल ?
15.	क्या तुम अपने साथियों के साथ प्रसन्न नहीं थे?	କ'ଣ ତୁମେ ତୁମ ସାଙ୍ଗମାନଙ୍କ ସହ ଖୁସି ନଥିଲ ?	कण तुमे तुम सांगमानंक सह खुसि नथिल ?

(2) ता, ते, ती

ଅତୀତ କ୍ରିୟା, ଭବିଷ୍ୟତ କ୍ରିୟା

16. क्या हम काम से जी चुराते हैं?	କ'ଣ ଆମେ କାମ କରିବାକୁ ଭୟ କରୁ ?	कण आमे काम करिबाकु भय करु ?
17. आप धूम्रपान करते हैं?	ଆପଣ ଧୂମ୍ରପାନ କରନ୍ତି କି ?	आपण धूम्रपान करन्ति कि ?
18. तुम सदा सच बोलते हो?	ତୁମେ ସର୍ବଦା ସତ କୁହ କି ?	तुमे सर्बदा सत कुह कि ?
19. वह अच्छी वेशभूषा पसंद करती है?	ସେ ଭଲ ବେଶଭୂଷା ପସନ୍ଦ କରନ୍ତି କି ?	से भल बेशभूषा पसन्द करन्ति कि ?
20. वह खेल खेलता है?	ସେ ଖେଳ ଖେଳୁଛି ?	से खेळ खेळुछि ?
21. वह अपने पड़ोसी को पसंद करती है?	ସେ ନିଜ ପଡ଼ୋଶୀକୁ ପସନ୍ଦ କରେ କି ?	से निज पड़ोशीकु पसन्द करे कि ?
22. अनुपम ने सभी सेब खा लिये?	ଅନୁପମ ସମସ୍ତ ସେଓ ଖାଇଦେଲା କି ?	अनुपम समस्त सेओ खाइदेला कि ?
23. तुमने इसे बनाया?	ତୁମେ ଏହାକୁ ତିଆରି କରିଛ କି ?	तुमे एहाकु तिआरि करिछ कि ?
24. क्या तुमने घण्टी बजायी?	କ'ଣ ତୁମେ ଘଣ୍ଟି ବଜାଇଲ ?	कण तुमे घण्टि बजाइल ?

(3) **चुका है, चुकी है**

ବର୍ତ୍ତମାନ କାଳ, ଅତୀତ କାଳ

25. क्या उसने पिता को लिखा है?	କ'ଣ ସେ ବାପାଙ୍କୁ ଲେଖିଛି ?	कण से बापांकु लेखिछि ?
26. क्या उसका तापमान गिर गया है?	କ'ଣ ତାହାର ତାପମାନ ଖସିଯାଇଛି ?	कण ताहार तापमान खसिजाइछि ?
27. क्या अनुराग से गाड़ी छूट गयी है?	କ'ଣ ଅନୁରାଗ ଗାଡ଼ି ଫେଲ୍ ହୋଇଗଲା ?	कण अनुराग गाड़ी फेल् होइगला ?
28. तुमने अपना सारा धन खर्च कर दिया है क्या?	ତୁମେ ନିଜର ସମସ୍ତ ଧନ ଖର୍ଚ୍ଚ କରିଦେଇଛ କି ?	तुमे निजर समस्त धन खर्च्च करिदेइछ कि ?
29. आपने कभी कोई कार चलायी है?	ଆପଣ କେବେ କୌଣସି କାର୍ ଚଳାଇଛନ୍ତି ?	आपण केबे कौणसि कार् चळाइछन्ति ?

30. तुम्हें मेरा रूमाल मिला है?	ତୁମେ ମୋର ରୁମାଲ୍ ପାଇଛ କି ?	तुमे मोर रुमाल् पाइछ कि?
31. क्या डाकिये ने कोई पत्र दिया था?	କ'ଣ ଡାକପିଅନ କୌଣସି ଚିଠି ଦେଇଥିଲା ?	कण डाक-पिअन कौणसि चिठि देइथिला?
32. तुमने अपना काम पूरा कर लिया था?	ତୁମେ ନିଜ କାମ ସମ୍ପୂର୍ଣ୍ଣ କରିଦେଇଥିଲ କି ?	तुमे निज काम संपूर्ण करिदेइथिल कि?
33. तुम कभी बम्बई गए थे क्या ?	ତୁମେ କେବେ ବମ୍ବେ ଯାଇଥିଲ କି ?	तुमे केबे बम्बे जाइथिल कि?

(4) गा, गे, गा

ଭବିଷ୍ୟତ କାଳ

34. क्या वे समय पर गोष्ठी में उपस्थित होंगे?	କ'ଣ ସେମାନେ ଠିକ୍ ସମୟରେ ସଭାରେ ଉପସ୍ଥିତ ହେବେ ?	कण सेमाने ठिक् समयरे सभारे उपस्थित हेबे?
35. क्या तुम उसे स्टेशन पर मिलोगे क्या?	କ'ଣ ତୁମେ ଷ୍ଟେସନ୍‌ରେ ତାକୁ ଦେଖା କରିବ ?	कण तुमे ष्टेसने ताकु देखा करिब?
36. क्या मुझे अपनी गलती के लिए क्षमा नहीं मांगनी होगी?	କ'ଣ ମତେ ମୋ ଭୁଲ୍ ପାଇଁ କ୍ଷମା ମାଗିବାକୁ ପଡ଼ିବ ନାହିଁ ?	कण मते मो भुल् पाइँ क्षमा मागिबाकु पड़ीब नाहिँ?
37. हमें उससे मिलना चाहिए क्या?	କ'ଣ ଆମକୁ ତା ସହ ଦେଖା କରିବା ଉଚିତ ?	कण आमकु ता सह देखा करिबा उचित?
38. यदि मुझे जरूरत हुई तो क्या वह कुछ रुपये दे देगा?	ଯଦି ମୋର ଦରକାର ହୁଏ ତେବେ କ'ଣ ସେ କିଛି ଟଙ୍କା ଦେବ ?	यदि मोर दरकार हुए तेबे कण से किछि टंका देब?
39. यदि मुझसे गलती हो गयी तो क्या तुम मुझे ठीक उत्तर बता दोगे?	ଯଦି ମୁଁ ଭୁଲ୍ କରିଦିଏ ତେବେ କ'ଣ ତୁମେ ମୋତେ ଠିକ୍ ଉତ୍ତର କହିଦେବ ?	यदि मुँ भुल् करिदिए तेबे कण तुमे मोते ठिक् उत्तर कहिदेब?
40. क्या मुझे आपको बाधा नहीं पहुंचानी चाहिए?	କ'ଣ ମୋର ଆପଣଙ୍କୁ ବାଧା ଦେବା ଉଚିତ ନୁହେଁ ?	कण मोर आपणंकु बाधा देबा उचित नुहेँ?
41. क्या हमें दूसरों के अच्छे कार्यों को भूल जाना चाहिए?	କ'ଣ ଆମେ ଅନ୍ୟମାନଙ୍କ ଉତ୍ତମ କାର୍ଯ୍ୟକୁ ଭୁଲିଯିବା ଉଚିତ ?	कण आमे अन्यमानंक उत्तम कार्यकु भुलिजिबा उचित?

(5) **सकना, सकते, सके**
ପାରିବ, ପାରିଲା, ପାରେ

42.	क्या तुम इस पहेली को हल कर सकते हो?	କ'ଣ ତୁମେ ଏହି ପ୍ରହେଳିକାକୁ ସମାଧାନ କରିପାରିବ ?	कण तुमे एहि प्रहेळिकाकु समाधान करिपारिब ?
43.	क्या तुम इस जंगले को फांद सकते हो?	କ'ଣ ତୁମେ ଏହି ବାଡ଼କୁ ଡେଇଁ ପାରିବ ?	कण तुमे एहि बाड़कु डेइँ पारिब ?
44.	क्या वह समय पर आ सका?	କ'ଣ ସେ ଠିକ୍ ସମୟରେ ଆସି ପାରିଲା ?	कण से ठिक् समयरे आसिपारिला ?
45.	क्या हम यह काम अकेले कर सके?	କ'ଣ ଆମେ ଏହି କାମ ଏକାକୀ କରିପାରିଲେ ?	कण आमे एहि काम एकाकी करिपारिले ?
46.	क्या मैं अंदर आ सकती हूं, श्रीमान?	କ'ଣ ମୁଁ ଭିତରକୁ ଆସିପାରେ, ମହାଶୟ ?	कण मुँ भितरकु आसिपारे, महाशय ?
47.	क्या मैं आपका साथ दे सकता हूं, श्रीमती?	କ'ଣ ମୁଁ ଆପଣଙ୍କୁ ସାହାଯ୍ୟ କରିପାରେ, ମହାଶୟା ?	कण मुँ आपणंकु साहाज्य करिपारे, महाशया ?
48.	क्या मैं आपका ध्यान आकृष्ट कर सकता हूँ?	କ'ଣ ମୁଁ ଆପଣଙ୍କ ଧ୍ୟାନ ଆକର୍ଷଣ କରିପାରେ ?	कण मुँ आपणंक ध्यान आकर्षण करिपारे ?

अट्ठाईसवीं सीढ़ी ୨୮ତମ ସୋପାନ

प्रश्नसूचक वाक्य (2)
ପ୍ରଶ୍ନସୂଚକ ବାକ୍ୟ (2)

(1) **क्या कब कहां क्यों**
କ'ଣ କେବେ କେଉଁଠି କାହିଁକି

1.	तुम्हारा क्या नाम है?	ତୁମ ନାମ କ'ଣ ?	तुम नाम कण ?
2.	तुम्हारी कितनी उम्र है?	ତୁମର ବୟସ କେତେ ?	तुमर बयस केते ?

3. इसका क्या अभिप्राय है?	ଏହାର ମାନେ କ'ଣ ?	एहार माने कण ?
4. तुम क्या चाहते हो?	ତୁମେ କ'ଣ ଚାହୁଁଛ ?	तुमे कण चाहुँछ ?
5. आपने कितना (मूल्य) चुकाया?	ଆପଣ କେତେ (ମୂଲ୍ୟ) ପରିଶୋଧ କଲେ ।	आपण केते (मूल्य) परिशोध कले।
6. आप क्या लेंगे?	ଆପଣ କ'ଣ ନେବେ ?	आपण कण नेबे ?
7. इस समय कितने बजे हैं?	ବର୍ତ୍ତମାନ କେତେଟା ବାଜିଛି ?	बर्त्तमान केतेटा बाजिछि ?
8. आप कौन सा रंग पसंद करते हैं?	ଆପଣ କେଉଁ ରଙ୍ଗ ପସନ୍ଦ କରନ୍ତି ?	आपण केउँ रंग पसन्द करन्ति ?
9. तुम कितनी मजदूरी चाहते हो?	ତୁମେ କେତେ ମଜୁରୀ ଚାହୁଁଛ ?	तुमे केते मजुरी चाहुँछ ?
10. आपकी क्या अभिरुचि है?	ଆପଣଙ୍କର କେଉଁ ଅଭିରୁଚି ଅଛି ?	आपणंकर केउँ अभिरूचि अछि ?
11. आप सुबह कब उठते हैं?	ଆପଣ ସକାଳୁ କେତେବେଳେ ଉଠନ୍ତି ?	आपण सकाळु केतेबेळे उठन्ति ?
12. तुमने यह समाचार कब सुना?	ତୁମେ ଏହି ସମାଚାର କେବେ ଶୁଣିଲ ?	तुमे एहि समाचार केबे शुणिल ?
13. हम कब लौटेंगे?	ଆମେ କେବେ ଫେରିବା ?	आमे केबे फेरिबा ?
14. तुम अपना काम कब समाप्त करोगे?	ତୁମେ ତୁମର କାମ କେବେ ସମାପ୍ତ କରିବ ?	तुमे तुमर काम केबे समाप्त करिब ?
15. उसने तुम्हें अपनी कहानी कब सुनायी?	ସେ ତୁମକୁ ନିଜର କାହାଣୀ କେବେ ଶୁଣାଇଲା ?	से तुमकु निजर काहाणी केबे शुणाइला ?
16. वे दुबारा अब कब मिलेंगे?	ସେମାନେ ପୁଣିଥରେ କେବେ ଦେଖାହେବେ ?	सेमाने पुणिथरे केबे देखाहेबे ?
17. तुम्हारी कार कब चोरी हुई?	ତୁମର କାର୍ କେବେ ଚୋରି ହେଲା ?	तुमर कार् केबे चोरि हेला ?
18. तुम अपने नये कपड़े कब पहनते हो?	ତୁମେ ତୁମର ନୂଆ ପୋଷାକ କେବେ ପିନ୍ଧ ?	तुमे तुमर नूआ पोषाक केबे पिंध ?
19. हमें इस स्टेशन को कब छोड़ना पड़ेगा?	ଆମକୁ ଏହି ଷ୍ଟେସନ୍ କେବେ ଛାଡ଼ିବାକୁ ପଡ଼ିବ ?	आमकु एहि ष्टेसन् केबे छाड़ीबाकु पड़ीब ?
20. तुम रात को कब सोते हो?	ତୁମେ ରାତିରେ କେତେବେଳେ ଶୁଅ ?	तुमे रातिरे केतेबेळे शुअ ?
21. तुम्हारा बटुआ कहां है?	ତୁମର ପର୍ସ କେଉଁଠି ଅଛି ?	तुमर पर्स केउँठि अछि ?

22. आप कहां जा रहे हैं?	ଆପଣ କେଉଁଠାକୁ ଯାଉଛନ୍ତି ?	आपण केउँठाकु जाउछन्ति ?
23. वे कहां रहते हैं?	ସେମାନେ କେଉଁଠି ରୁହନ୍ତି ?	सेमाने केउँठि रुहन्ति ?
24. यह रास्ता किधर जाता है?	ଏହି ରାସ୍ତା କେଉଁ ଆଡ଼କୁ ଯାଇଛି ?	एहि रास्ता केउँ आड़कु जाइछि ?
25. आप कहां से आये हैं?	ଆପଣ କେଉଁଠୁ ଆସିଛନ୍ତି ?	आपण केउँठु आसिछन्ति ?
26. हम पुस्तकें कहां से प्राप्त कर सकते हैं?	ଆମେ ପୁସ୍ତକ କେଉଁଠୁ ପାଇପାରିବା ?	आमे पुस्तक केउँठु पाइपारिबा ?
27. आपकी घड़ी कहां की बनी है?	ଆପଣଙ୍କ ହାତଘଣ୍ଟା କେଉଁଠି ତିଆରି ହୋଇଛି ?	आपणंक हातघण्टा केउँठि तिआरि होइछि ?
28. तुम चाय कहां से खरीदते हो?	ତୁମେ ଚାହା କେଉଁଠୁ କିଣ ?	तुमे चाहा केउँठु किण ?
29. मैं कहां उतर सकता हूं?	ମୁଁ କେଉଁଠି ଓହ୍ଲାଇ ପାରିବି ?	मुँ केउँठि ओह्लाइ पारिबि ?
30. अब हम कहां जायेंगे?	ଏବେ ଆମେ କେଉଁଠାକୁ ଯିବା ?	एबे आमे केउँठाकु जिबा ?
31. वह इस पद के लिए प्रार्थना-पत्र क्यों नहीं देता?	ସେ ଏହି ପଦବୀ ପାଇଁ ଆବେଦନ ପତ୍ର କାହିଁକି ଦେଉନାହିଁ ?	से एहि पदबी पाइँ आबेदन पत्र काहिंकि देउनाहिँ ?
32. तुम जल्दी क्यों नहीं आये?	ତୁମେ କାହିଁକି ଶୀଘ୍ର ଆସିଲ ନାହିଁ ?	तुमे काहिंकि शीघ्र आसिल नाहिँ ?
33. उसने मुझे गाली क्यों दी?	ସେ ମୋତେ କାହିଁକି ଗାଳି ଦେଲା ?	से मोते काहिंकि गाळि देला ?
34. आप इतनी (शराब) क्यों पीते हैं?	ଆପଣ ଏତେ ମଦ କାହିଁକି ପିଉଛନ୍ତି ?	आपण एते मद काहिंकि पिउछन्ति ?
35. आप मेरे प्रश्नों का समाधान क्यों नहीं करते हैं?	ଆପଣ ମୋ ପ୍ରଶ୍ନର ସମାଧାନ କାହିଁକି କରୁନାହାନ୍ତି ?	आपण मो प्रश्नर समाधान काहिंकि करुनाहान्ति ?
36. आज आप इतने उदास क्यों हैं?	ଆଜି ଆପଣ ଏତେ ଦୁଃଖିତ କାହିଁକି ଅଛନ୍ତି ?	आजि आपण एते दु:खित काहिंकि अछन्ति ?
37. तुम्हारी माता जी तुमसे नाराज क्यों थी?	ତୁମ ମା' ତୁମ ଉପରେ କାହିଁକି ରାଗିଥିଲେ ?	तुम मा तुम उपरे काहिंकि रागिथिले ?

38. कुछ लोग विदेश यात्रा क्यों करते हैं?	କିଛି ଲୋକ ବିଦେଶ ଯାତ୍ରା କାହିଁକି କରନ୍ତି ?	किछि लोक बिदेश यात्रा काहिंकि करन्ति ?
39. उस एम. एल. ए. को जेल क्यों भेजा गया?	ସେହି ଏମ୍.ଏଲ୍.ଏ. କୁ ଜେଲ୍ କାହିଁକି ପଠାଗଲା ?	सेहि एम्.एल्.ए. कु जेल् काहिंकि पठागला ?
40. आप मुझे समझने की कोशिश क्यों नहीं करते?	ଆପଣ ମୋତେ ବୁଝିବାକୁ ଚେଷ୍ଟା କରୁନାହାନ୍ତି କାହିଁକି ?	आपण मोते बुझिबाकु चेष्टा करुनाहान्ति काहिंकि ?

(2) कौन किसको किसका

କିଏ କାହାକୁ କାହାର

41. वह व्यक्ति कौन है?	ସେହି ବ୍ୟକ୍ତି କିଏ ?	सेहि ब्यक्ति किए ?
42. इस घर में कौन रहता है?	ଏହି ଘରେ କିଏ ରୁହେ ?	एहि घरे किए रुहे ?
43. यह गीत किसने गाया?	ଏହି ଗୀତ କିଏ ଗାଇଛି ?	एहि गीत किए गाइछि ?
44. घड़ियां कौन ठीक करता है?	ଘଣ୍ଟା କିଏ ସଜାଡ଼େ ?	घण्टा किए सजाड़े ?
45. यातायात नियंत्रण कौन करता है?	ଯାତାୟାତ ନିୟନ୍ତ୍ରଣ କିଏ କରିଥାଏ ?	जातायात नियन्त्रण किए करिथाए ?
46. आप किसे चाहते हैं?	ଆପଣ କାହାକୁ ଖୋଜୁଛନ୍ତି ?	आपण काहाकु खोजुछन्ति ?
47. आप किसके द्वारा नौकरी पर रखे गए हैं?	ଆପଣ କାହା ଦ୍ଵାରା ଚାକିରିରେ ରହିଛନ୍ତି ?	आपण काहा द्वारा चाकिरिरे रहिछन्ति ?
48. आपने किसे वचन दिया है?	ଆପଣ କାହାକୁ ବଚନ ଦେଇଛନ୍ତି କି ?	आपण काहाकु बचन देइछन्ति कि ?
49. वह मकान किसका है?	ସେହି ଘର କାହାର ?	सेहि घर काहार ?
50. हमारे अध्यापक किसकी नौकरी में हैं?	ଆମ ଶିକ୍ଷକମାନେ କାହା ଚାକିରିରେ ଅଛନ୍ତି ?	आम शिक्षकमाने काहा चाकिरिरे अछन्ति ?

उनतीसवीं सीढ़ी ୨୯ତମ ସୋପାନ

प्रश्नसूचक वाक्य (3)
ପ୍ରଶ୍ନସୂଚକ ବାକ୍ୟ (3)

(1) **कैसे** **कब तक/कहां तक** **कितने** **कितना**

କେମିତି କେବେଯାଏଁ/କେତେ ପର୍ଯ୍ୟନ୍ତ କେତୋଟି କେତେ ପରିମାଣ

1. आपका क्या हालचाल है?	ଆପଣଙ୍କ ହାଲ୍‌ଚାଲ କ'ଣ ?	आपणंक हाल्‌चाल् कण ?
2. अब आप कैसे हैं?	ଏବେ ଆପଣ କେମିତି ଅନୁଭବ କରୁଛନ୍ତି ?	एबे आपण केमिति अनुभब करुछन्ति ?
3. आपको सच्चाई का कैसे पता चला?	ଆପଣଙ୍କୁ କେମିତି ସତ୍ୟତା ଜଣାପଡ଼ିଲା ?	आपणंकु केमिति सत्यता जणापड़ीला ?
4. आप कैसे हैं?	ଆପଣ କେମିତି ଅଛନ୍ତି ?	आपण केमिति अछन्ति ?
5. आपकी उम्र क्या है?	ଆପଣଙ୍କ ବୟସ କେତେ ?	आपणंक बयस केते ?
6. यह कैसे संभव है?	ଏହା କେମିତି ସମ୍ଭବ ?	एहा केमिति सम्भब ?
7. आपका लड़का कितना बड़ा है?	ଆପଣଙ୍କ ପୁଅର ବୟସ କେତେ ?	आपणंक पुअर बयस केते ?
8. आपने इसका प्रबंध कैसे किया?	ଆପଣ କେମିତି ଏହାକୁ ପରିଚାଳନା କଲେ ?	आपण केमिति एहाकु परिचाळना कले ?
9. आप भारत में कितने समय से हैं?	ଆପଣ ଭାରତରେ କେବେଠାରୁ ଅଛନ୍ତି ?	आपण भारतरे केबेठारु अछन्ति ?
10. आपकी माताजी कितने समय से बीमार हैं?	ଆପଣଙ୍କ ମା' କେବେଠାରୁ ବେମାର ପଡ଼ିଛନ୍ତି ?	आपणंक मा केबेठारु बेमार पड़ीछन्ति ?
11. वे कितने समय के लिए कमरे चाहते हैं?	ସେମାନେ କେତେ ସମୟ ପାଇଁ ରୁମ୍ ଚାହୁଛନ୍ତି ?	सेमाने केते समय पाइँ रुम् चाहुछन्ति ?
12. आपके घर से डाकखाना कितनी दूर है?	ଆପଣଙ୍କ ଘରଠାରୁ ଡାକଘର କେତେ ଦୂର ?	आपणंक घर ठारु डाकघर केते दूर ?

13. यह कमरा कितना लम्बा है?	ଏହି କୋଠରୀ କେତେ ଲମ୍ବା ଅଟେ ?	एहि कोठरी केते लम्बा अटे ?
14. यहां से राजधानी कितनी दूरी पर है?	ଏହିଠାରୁ ରାଜଧାନୀ କେତେ ଦୂରରେ ଅଛି ?	एहिठारु राजधानी केते दूररे अछि ?
15. आपके कुटुम्ब में कितने व्यक्ति हैं?	ଆପଣଙ୍କ ପରିବାରରେ କେତେ ବ୍ୟକ୍ତି ଅଛନ୍ତି ?	आपणंक परिबाररे केते ब्यक्ति अछन्ति ?
16. आपके कितने भाई-बहन हैं?	ଆପଣଙ୍କର କେତେ ଭାଇ-ଭଉଣୀ ଅଛନ୍ତି ?	आपणंकर केते भाइ-भउणी अछन्ति ?
17. बस में कितनी सीटें हैं?	ବସ୍‌ରେ କେତୋଟି ସିଟ୍ ଅଛି ?	बस्‌रे केतोटि सिट् अछि ?
18. कितनी राशि देनी है?	କେତେ ଟଙ୍କା ଦେବାର ଅଛି ?	केते टंका देबार अछि ?
19. प्रति व्यक्ति आप क्या लेंगे?	ମୁଣ୍ଡ ପିଛା ଆପଣ କେତେ ନେବେ ?	मुण्ड पिछा आपण केते नेबे ?
20. कितना दूध चाहिए?	କେତେ କ୍ଷୀର ଦରକାର ?	केते क्षीर दरकार ?

(2) कौन सा/कौन सी

କେଉଁଟି

21. तुम्हारी छतरी कौन सी है?	କେଉଁଟି ତୁମର ଛତା ଅଟେ ?	केउँटि तुमर छता अटे ?
22. तुम रविवार को कौन सी फिल्म देखोगे?	ତୁମେ ରବିବାର ଦିନ କେଉଁ ଫିଲ୍ମ ଦେଖିବ ?	तुमे रबिबार दिन केउँ फिल्म देखिब ?
23. कौन सा रास्ता ठीक है?	କେଉଁ ରାସ୍ତାଟି ଠିକ୍ ଅଟେ ?	केउँ रास्तािट ठिक् अटे ?
24. टिकट-घर कौन सा है?	ଟିକଟ ଘର କେଉଁଟି ?	टिकट घर केउँटि ?
25. तुम्हारी मन-पसंद पुस्तक कौन सी है?	ତୁମର ମନପସନ୍ଦ ପୁସ୍ତକ କେଉଁଟି ?	तुमर मनपसन्द पुस्तक केउँटि ?
26. किस प्लेटफॉर्म पर फ्रंटियर मेल आएगी?	କେଉଁ ପ୍ଲାଟ୍‌ଫର୍ମରେ ଫ୍ରଣ୍ଟିୟର ମେଲ୍ ଆସିବ ?	केउँ प्लाट्फर्मरे फ्रण्टियर् मेल् आसिब ?

तीसवीं सीढ़ी ୩୦ତମ ସୋପାନ

निषेधसूचक वाक्य
ନିଷେଧସୂଚକ ବାକ୍ୟ

(1) **नहीं न-नहीं न कदापि नहीं नहीं कभी नहीं**
ନାହିଁ ନା-ନୁହେଁ ନା କଦାପି ନୁହେଁ କିଛି ନାହିଁ କଦାଚିତ୍/ପ୍ରାୟ ନୁହେଁ

1. मेरे पिताजी की तबीयत ठीक नहीं है।	ମୋ ବାପାଙ୍କ ସ୍ୱାସ୍ଥ୍ୟ ଠିକ୍ ନାହିଁ ।	मो बापांक स्वास्थ्य ठिक् नाहिँ।
2. हम मूर्ख नहीं हैं।	ଆମେ ମୂର୍ଖ ନୁହେଁ ।	आमे मूर्ख नुहैं।
3. मैं नहीं जानती आपने क्या कहा।	ମୁଁ ଜାଣିନାହିଁ ଆପଣ କ'ଣ କହିଲେ ।	मुँ जाणिनाहिँ आपण कण कहिले।
4. मैं नहीं जानता वह कौन है।	ମୁଁ ଜାଣିନାହିଁ ସେ କିଏ ।	मुँ जाणिनाहिँ से किए।
5. नहीं, मैं नहीं समझा।	ନା, ମୁଁ ବୁଝିପାରିଲି ନାହିଁ ।	ना, मुँ बुझिपारिलि नाहिँ।
6. मैं इस बारे में कुछ नहीं जानता।	ମୁଁ ଏ ବାବଦରେ କିଛି ଜାଣିନାହିଁ ।	मुँ ए बाबदरे किछि जाणिनाहिँ।
7. कोई बात नहीं।	କିଛି କଥା ନାହିଁ ।	किछि कथा नाहिँ।
8. मैंने कुछ नहीं चाहा।	ମୁଁ କିଛି ଇଚ୍ଛା କରିନାହିଁ ।	मुँ किछि इच्छा करिनाहिँ।
9. नहीं श्रीमान्, साहब अभी नहीं आए हैं।	ନା ମହାଶୟ, ମାଲିକ ଏବେ ଆସିବେ ନାହିଁ ।	ना महाशय, मालिक एबे आसिबे नाहिँ।
10. आम रास्ता नहीं।	ସାଧାରଣ ରାସ୍ତା ନାହିଁ ।	साधारण रास्ता नाहिँ।
11. नहीं, मुझे सिरदर्द है।	ନା, ମୋର ମୁଣ୍ଡ ବିନ୍ଧୁଛି ।	ना, मोर मुण्ड बिंधुछि।
12. नहीं, बिल्कुल नहीं।	ନା, ବିଲ୍‌କୁଲ ନୁହେଁ ।	ना, बिल्‌कुल नुहैं।
13. वह विश्वासपात्र नहीं है।	ସେ ବିଶ୍ୱାସର ପାତ୍ର ନୁହେଁ ।	से बिश्वासर पात्र नुहैं।
14. भौंकते हुए कुत्ते कभी नहीं काटते। (जो गरजते हैं वे बरसते नहीं)	ଭୁକିଲା କୁକୁର କାମୁଡ଼େ ନାହିଁ ।	भुकिला कुकुर कामुड़े नाहिँ।

15.	किसी ने ऐसा असभ्य व्यक्ति नहीं देखा है।	କେହି ଏଭଳି ଅସଭ୍ୟ ବ୍ୟକ୍ତି ଦେଖି ନାହାନ୍ତି ।	केहि एभळि असभ्य व्यक्ति देखिनाहान्ति।
16.	इसे मत छुओ।	ଏହାକୁ ଛୁଅଁ ନାହିଁ ।	एहाकु छुअँ नाहिँ।

(2) प्रश्न-सहित निषेधसूचक वाक्य

ପ୍ରଶ୍ନ-ସହିତ ନିଷେଧସୂଚକ ବାକ୍ୟ

17.	मैं कूद सकता हूं। क्या नहीं?	ମୁଁ ଡେଇଁ ପାରିବି । ନୁହେଁ କି ?	मुँ डेइँ पारिबि। नुहेँ कि?
18.	हम समय पर लौट आएंगे। क्या नहीं?	ଆମେ ଠିକ୍ ସମୟରେ ଫେରିଯିବା । ନୁହେଁ କି ?	आमे ठिक् समयरे फेरिजिबा। नुहेँ कि?
19.	वे अवश्य आयेंगे। क्या नहीं?	ସେମାନେ ନିଶ୍ଚୟ ଆସିବେ । ନୁହେଁ କି ?	सेमाने निश्चय आसिबे। नुहेँ कि?
20.	वे मूर्ख हैं। क्या नहीं?	ସେମାନେ ମୂର୍ଖ ଅଟନ୍ତି । ନୁହେଁ କି ?	सेमाने मूर्ख अटन्ति। नुहेँ कि?
21.	तुम्हें दूसरों को गाली नहीं देनी चाहिए। देनी चाहिए?	ତୁମେ ଅନ୍ୟମାନଙ୍କୁ ଗାଳି ଦେବା ଉଚିତ୍ ନୁହେଁ । ଦେବା ଉଚିତ କି ?	तुमे अन्यमानंकु गाळि देबा उचित् नुहेँ। देबा उचित कि?
22.	तुम्हें सिगरेट बिल्कुल नहीं पीनी चाहिए। पीनी चाहिए?	ତୁମର ସିଗାରେଟ୍ ପିଇବା ବିଲ୍‌କୁଲ ଉଚିତ ନୁହେଁ । ପିଇବା ଉଚିତ୍ କି ?	तुमर सिगारेट् पिइबा बिल्कुल उचित नुहेँ। पिइबा उचित् कि?
23.	दूध काफी है। क्या नहीं?	ପର୍ଯ୍ୟାପ୍ତ କ୍ଷୀର ଅଛି । ନୁହେଁ କି ?	पर्याप्त क्षीर अछि। नुहेँ कि?
24.	क्या तुम अपना रूमाल नहीं ढूंढ़ सकते?	କ'ଣ ତୁମେ ନିଜ ରୁମାଲ ଖୋଜି ପାଉନାହଁ ?	कण तुमे निज रुमाल खोजि पाउनाहँ?
25.	क्या वह इससे अच्छा काम नहीं कर सकता था?	କ'ଣ ସେ ଏହାଠାରୁ ଭଲ କାମ କରିପାରି ନଥାନ୍ତା ?	कण से एहाठारु भल काम करिपारि नथान्ता?
26.	क्या तुम हमें मिलने नहीं आ सकते थे?	କ'ଣ ତୁମେ ଆମକୁ ଦେଖା କରିବାକୁ ଆସିପାରି ନଥାନ୍ତ ?	कण तुमे आमकु देखा करिबाकु आसिपारि नथान्त?
27.	क्या तुम अब घूमने नहीं जा रहे हो?	କ'ଣ ତୁମେ ଏବେ ବୁଲିବାକୁ ଯାଉନାହଁ ?	कण तुमे एबे बुलिबाकु जाउनाहँ?
28.	क्या मुझे तुमको दुबारा बताना पड़ेगा।	କ'ଣ ମତେ ତୁମକୁ ପୁଣିଥରେ କହିବାକୁ ପଡ଼ିବ ?	कण मते तुमकु पुणिथरे कहिबाकु पड़ीब?

भाग-४ : स्थिति सूचक वाक्य

इक्तीसवीं सीढ़ी ୩୧ତମ ସୋପାନ

घर में
ଘରେ

1. आपने बड़े दिनों के बाद दर्शन दिए।	ଆପଣ ବହୁଦିନ ପରେ ଦର୍ଶନ ଦେଲେ ।	आपण बहुदिन परे दर्शन देले।
2. आप कैसे पधारे?	ଆପଣ କାହିଁକି ଆସିଲେ ?	आपण काहिँकि आसिले ?
3. आपने कैसे कष्ट किया।	ଆପଣ କାହିଁକି କଷ୍ଟ କଲେ ?	आपण काहिँकि कष्ट कले ?
4. मुझे आपसे सलाह लेनी है।	ମୋର ଆପଣଙ୍କ ଠାରୁ ପରାମର୍ଶ ନେବାର ଅଛି ।	मोर आपणंक ठारु परामर्श नेबार अछि।
5. इस विषय में आपका क्या विचार है?	ଏ ବିଷୟରେ ଆପଣଙ୍କ ମତ କ'ଣ ?	ए बिषयरे आपणंक मत कण ?
6. मैं किसी आवश्यक काम से आया हूं।	ମୁଁ କିଛି ବିଶେଷ କାମ ପାଇଁ ଆସିଛି ।	मुँ किछि बिशेष काम पाइँ आसिछि।
7. उसे तुमसे एक काम था।	ତା'ର ତୁମ ପାଖରେ ଗୋଟିଏ କାମ ଥିଲା ।	तार तुम पाखरे गोटिए काम थिला।
8. फिर कभी आना।	ଆଉ କେବେ ଆସ ।	आउ केबे आस।
9. आप दोनों आना।	ଆପଣ ଦୁହେଁ ଆସିପାରନ୍ତି ।	आपण दुहेँ आसिपारन्ति।
10. वचन दो कि अवश्य आओगे।	କଥା ଦିଅ ଯେ ନିଶ୍ଚୟ ଆସିବ ।	कथा दिअ जे निश्चय आसिब।

11. मैं आपका नाम भूल गया हूं।	ମୁଁ ଆପଣଙ୍କ ନାମ ଭୁଲି ଯାଇଛି ।	मुँ आपणंक नाम भुलि जाइछि।
12. आप पहचाने नहीं जाते।	ଆପଣ ଚିହ୍ନି ହେଉ ନାହାନ୍ତି ।	आपण चिह्नि हेउ नाहान्ति।
13. आज प्रात: मेरी आंख जल्दी खुली।	ଆଜି ସକାଳେ ମୋର ନିଦ ଶୀଘ୍ର ଭାଙ୍ଗିଲା ।	आजि सकाळे मोर निद शीघ्र भांगिला।
14. मैंने आपको जगाना उचित नहीं समझा।	ମୁଁ ଆପଣଙ୍କୁ ଉଠାଇବା ଉଚିତ ମନେକଲି ନାହିଁ ।	मुँ आपणंकु उठाइबा उचित मनेकलि नाहिँ।
15. आप अभी तक जाग रहे हैं क्या?	ଆପଣ ଏ ପର୍ଯ୍ୟନ୍ତ ଉଜାଗର ଅଛନ୍ତି ?	आपण ए पर्यन्त उजागर अछन्ति?
16. मैं तनिक विश्राम कर लूं।	ମୁଁ ଟିକିଏ ବିଶ୍ରାମ ନେଉଛି ।	मुँ टिकिए बिश्राम नेउछि।
17. उन्हें आराम करने दीजिए।	ତାଙ୍କୁ ବିଶ୍ରାମ କରିବାକୁ ଦିଅନ୍ତୁ ।	तांकु बिश्राम करिबाकु दिअन्तु।
18. मैं फिर कभी आऊंगा।	ମୁଁ ପୁଣି କେବେ ଆସିବି ।	मुँ पुणि केबे आसिबि।
19. मुझे नींद आ रही है।	ମୋତେ ନିଦ ଲାଗିଲାଣି ।	मोते निद लागिलाणि।
20. बस अब आराम करो।	ଏବେ ବିଶ୍ରାମ ନିଅ ।	एबे बिश्राम निअ।
21. मुझे गहरी नींद आयी है।	ମୋତେ ଗଭୀର ନିଦ ଲାଗିଲାଣି ।	मोते गभीर निद लागिलाणि।
22. कृपया मुझे उसके आने की खबर दे दें।	ଦୟାକରି ତାଙ୍କ ଆସିବାର ଖବର ମୋତେ ଦିଅନ୍ତୁ ।	दयाकरि तांक आसिबार खबर मोते दिअन्तु।
23. वह बहुत पहले चला गया है।	ସେ ବହୁ ପୂର୍ବରୁ ଚାଲି ଗଲାଣି ।	से बहु पूर्बरु चालि गलाणि।
24. आप क्यों नहीं गए?	ଆପଣ କାହିଁକି ଗଲେନାହିଁ ?	आपण काहिँकि गलेनाहिँ?
25. मैं किसी आवश्यक काम के कारण नहीं जा सका।	ମୁଁ କୌଣସି ଜରୁରୀ କାମ ଯୋଗୁ ଯାଇପାରିଲି ନାହିଁ ।	मुँ कौणसि जरुरी काम जोगु जाइपारिलि नाहिँ।

26. आप परसों क्यों नहीं आए?	ଆପଣ ପହର ଦିନ କାହିଁକି ଆସିଲେ ନାହିଁ ?	आपण पहर दिन काहिंकि आसिले नाहिँ?
27. एक जरूरी काम आ पड़ा था।	ଏକ ଜରୁରୀ କାମ ଆସି ଯାଇଥିଲା ।	एक जरुरी काम आसि जाइथिला।
28. मैं सुबह का घर से निकला हूं।	ମୁଁ ସକାଳୁ ଘରୁ ବାହାରିଛି ।	मुँ सकाळु घरु बाहारिछि।
29. वे घर पर मेरी प्रतीक्षा कर रहे होंगे।	ସେମାନେ ମୋତେ ଘରେ ଅପେକ୍ଷା କରିଥିବେ ।	सेमाने मोते घरे अपेक्षा करिथिबे।
30. मैं अब और नहीं रुक सकती।	ମୁଁ ଏବେ ଆଉ ରହି ପାରିବି ନାହିଁ ।	मुँ एबे आउ रहि पारिबि नाहिँ।
31. अच्छा विदा, फिर मिलेंगे।	ଆଚ୍ଛା ବିଦାୟ, ପୁଣି ଦେଖାହେବ ।	आच्छा बिदाय, पुणि देखाहेब।

बत्तीसवीं सीढ़ी ୩୨ତମ ସୋପାନ

खरीदारी
କିଣାବିକା

1. सेन्ट्रल मार्केट कहां है?	ସେଣ୍ଟ୍ରାଲ ମାର୍କେଟ୍ କେଉଁଠି ଅଛି ?	सण्ट्राल मार्केट् केउँठि अछि?
2. मेरे साथ चलो, मैं वहीं जा रहा हूं।	ମୋ ସାଙ୍ଗରେ ଚାଲ, ମୁଁ ସେହି ଜାଗାକୁ ଯାଉଛି ।	मो सांगरे चाल, मुँ सेहि जागाकु जाउछि।
3. मैं कुछ कपड़े खरीदना चाहता हूं।	ମୁଁ କିଛି ପୋଷାକ କିଣିବାକୁ ଚାହୁଁଛି ।	मुँ किछि पोषाक किणिबाकु चाहुँछि।
4. सस्ती और सबसे अच्छी दुकान कौन-सी है?	କେଉଁଟି ଶସ୍ତା ଏବଂ ସବୁଠାରୁ ଭଲ ଦୋକାନ ?	केउँटि शस्ता एबं सबुठारु भल दोकान?
5. आपके पास कितने रुपये हैं?	ଆପଣଙ୍କ ପାଖରେ କେତେ ଟଙ୍କା ଅଛି ?	आपणंक पाखरे केते टंका अछि?
6. अपनी आय से अधिक खर्च न कीजिए।	ନିଜ ଆୟ ଠାରୁ ଅଧିକ ଖର୍ଚ୍ଚ କରନ୍ତୁ ନାହିଁ ।	निज आय ठारु अधिक खर्च्च करन्तु नाहिँ।

7. क्या एक दाम है।	କ'ଣ ଗୋଟିଏ ଦାମ୍?	कण गोटिए दाम्?
8. कम से कम दाम बताइए।	ସବୁଠାରୁ କମ୍ ଦାମ୍ କୁହନ୍ତୁ।	सबुठारु कम् दाम् कुहन्तु।
9. क्या आप यह सत्तर रुपये में देंगे?	କ'ଣ ଆପଣ ଏହାକୁ ସତୁରି ଟଙ୍କାରେ ଦେବେ?	कण आपण एहाकु सतुरि टंकारे देबे?
10. रुपये गिन लीजिए।	ଟଙ୍କା ଗଣି ନିଅନ୍ତୁ।	टंका गणि निअन्तु।
11. बाकी पैसे दे दो।	ବଳକା ପଇସା ଦିଅନ୍ତୁ।	बळका पइसा दिअन्तु।
12. आप जुराबें बेचते हैं क्या?	ଆପଣ ମୋଜା ବିକୁଛନ୍ତି କି?	आपण मोजा बिकुछन्ति कि?
13. यह खरीद लीजिए।	ଏହାକୁ କିଣି ନିଅନ୍ତୁ।	एहाकु किणि निअन्तु।
14. मुझे और कोई किस्म दिखाओ।	ମତେ ଅନ୍ୟ ପ୍ରକାରର ଦେଖାନ୍ତୁ।	मते अन्य प्रकारर देखान्तु।
15. मुझे यह नहीं चाहिए।	ମୋର ଏହା ଦରକାର ନାହିଁ।	मोर एहा दरकार नाहिँ।
16. इतना कीमती नहीं।	ଏତେ ଦାମିକା ନୁହେଁ।	एते दामिका नुहैं।
17. मुझे इस रंग का नहीं चाहिए।	ମୋର ଏହି ରଙ୍ଗର ଦରକାର ନାହିଁ।	मोर एहि रंगर दरकार नाहिँ।
18. इसका रंग उड़ा हुआ है।	ଏହାର ରଙ୍ଗ ଉଡ଼ିଯାଇଛି।	एहार रंग उड़ीजाइछि।
19. यह अच्छा है।	ଏହା ଭଲ ଲାଗୁଛି।	एहा भल लागुछि।
20. यह बहुत महंगा है।	ଏହା ବହୁତ ମହଙ୍ଗା ଅଟେ।	एहा बहुत महंगा अटे।
21. बिल्कुल सस्ता।	ଏକଦମ୍ ଶସ୍ତା।	एकदम् शस्ता।
22. क्या यह सिकुड़ेगा।	କ'ଣ ଏହା ମରିବ।	कण एहा मरिब।
23. क्या आप जूतों की दुकान बतला सकते हैं?	କ'ଣ ଆପଣ ଜୋତା ଦୋକାନ ଦେଖାଇ ପାରିବେ?	कण आपण जोता दोकान देखाइ पारिबे?
24. बाटा के जूते विश्वास के योग्य हैं।	ବାଟା ର ଜୋତା ବିଶ୍ୱାସ ଯୋଗ୍ୟ ଅଟେ।	बाटार जोता बिश्वास जोग्य अटे।
25. क्या हम आपके लिए मंगवा दें?	କ'ଣ ଆପଣଙ୍କ ପାଇଁ ଆମେ ମଗେଇଦେବୁ?	कण आपणंक पाइँ आमे मगेइदेबु?
26. क्या वह दुकान दूर है?	କ'ଣ ସେହି ଦୋକାନ ଦୂରରେ ଅଛି?	कण सेहि दोकान दूररे अछि?
27. एक जोड़े की क्या कीमत है?	ଗୋଟିଏ ହଳର ମୂଲ୍ୟ କେତେ?	गोटिए हळर मूल्य केते?

28. मेरा बिल कहां है?	ମୋ ବିଲ୍ କେଉଁଠି ଅଛି ?	मो बिल् केउँठि अछि?
29. भुगतान करने का काउंटर कौन सा है?	ପଇଠ କରିବାର କାଉଣ୍ଟର କେଉଁଠି ?	पइठ करिबार काउण्टर केउँठि?
30. कृपया मुझे अधिकतम कमीशन दीजिए।	ଦୟାକରି ମୋତେ ଅଧିକ କମିସନ୍ ଦିଅନ୍ତୁ ।	दयाकरि मोते अधिक कमिसन् दिअन्तु।
31. भूल चूक सुधार ली जायेगी।	ଭୁଲ୍ ଭଟକା ସୁଧାର କରାଯିବ ।	भुल् भटका सुधार कराजिब।

तैंतीसवीं सीढ़ी ୩୩ତମ ସୋପାନ

दस्तकार

ହସ୍ତଶିଳ୍ପୀ

(1) मोची ମୋଚି

1. तुमने मेरे जूते मरम्मत कर दिए हैं क्या?	ତୁମେ ମୋର ଜୋତା ମରାମତି କରିଦେଇଛ କି ?	तुमे मोर जोता मरामति करिदेइछ कि?
2. मैं अपने जूतों पर सोल लगवाना चाहता हूं।	ମୁଁ ମୋ ଜୋତାରେ ସୋଲ୍ ଲଗାଇବାକୁ ଚାହୁଁଛି ।	मुँ मो जोतारे सोल् लगाइबाकु चाहुँछि।
3. आप सोल लगाने का क्या लेते हैं?	ଆପଣ ସୋଲ୍ ଲଗାଇଦେଲେ କେତେ ନେଉଛନ୍ତି ?	आपण सोल् लगाइदेले केते नेउछन्ति?
4. कील मत लगाइए, सिलाई कीजिए।	କଣ୍ଟା ମାର ନାହିଁ, ସିଲେଇ କର ।	कण्टा मार नाहिँ, सिलेइ कर।
5. मुझे सफेद तस्मे चाहिए।	ମୋର ଧଳା ଫିତା ଦରକାର ।	मोर धळा फिता दरकार।

(2) घड़ीबाज ଘଣ୍ଟା ମରାମତି କରୁଥିବା ବ୍ୟକ୍ତି

6. आपकी घड़ी में क्या खराबी है?	ଆପଣଙ୍କ ଘଣ୍ଟାର କ'ଣ ହୋଇଛି ?	आपणंक घण्टार कण होइछि?
7. मेरी घड़ी आठ मिनट आगे हो जाती है।	ମୋ ଘଣ୍ଟା ଆଠ ମିନିଟ୍ ଆଗୁଆ ହୋଇଯାଉଛି ।	मो घण्टा आठ मिनिट् आगुआ होइजाइछि।

8. वह घड़ी चौबीस घंटों में छह मिनट पीछे हो जाती है।	ସେହି ଘଣ୍ଟା ଚବିଶ ଘଣ୍ଟାରେ ଛଅ ମିନିଟ୍ ପଛୁଆ ହୋଇଯାଉଛି ।	सेहि घण्टा चबिश घण्टारे छअ मिनिट् पछुआ होइजाइछि।
9. क्या यह तुमसे गिर गई थी?	କ'ଣ ଏହା ତୁମ ହାତରୁ ପଡ଼ିଯାଇଥିଲା ?	कण एहा तुम हातरु पड़ीजाइथिला ?
10. इस घड़ी की सुई गिर गयी है।	ଏହି ଘଣ୍ଟାର କଣ୍ଟା ପଡ଼ିଯାଇଛି ।	एहि घण्टार कण्टा पड़ीजाइछि।

(3) दर्जी ଦର୍ଜି

11. क्या यहाँ किसी अच्छे दर्जी की दुकान है।	କ'ଣ ଏଠାରେ କୌଣସି ଭଲ ଦର୍ଜି ଦୋକାନ ଅଛି ?	कण एठारे कौणसि भल दर्जि दोकान अछि ?
12. मैं एक सूट सिलवाना चाहता हूं।	ମୁଁ ଗୋଟିଏ ସୁଟ୍ ସିଲେଇ କରିବାକୁ ଚାହୁଁଛି ।	मुँ गोटिए सुट् सिलेइ करिबाकु चाहुँछि।
13. क्या आप ढीली फिटिंग पसंद करते हैं।	କ'ଣ ଆପଣ ଢିଲା ଫିଟିଙ୍ଗ୍ ପସନ୍ଦ କରନ୍ତି ?	कण आपण ढिला फिटिंग् पसन्द करन्ति ?
14. नहीं, मैं चुस्त फिटिंग पसंद करता हूँ।	ନା, ମୁଁ ସ୍ମାର୍ଟ ଫିଟିଙ୍ଗ୍ ପସନ୍ଦ କରେ ।	ना, मुँ स्मार्ट फिटिंग् पसन्द करे।
15. क्या कमीज़ सिल गयी?	କ'ଣ ସାର୍ଟ ସିଲେଇ ସରିଛି ?	कण सार्ट सिलेइ सरिछि ?
16. हाँ, केवल इस्तरी करना शेष है।	ହଁ, କେବଳ ଇସ୍ତ୍ରୀ କରିବା ବାକି ଅଛି ।	हँ, केबळ इस्त्री करिबा बाकि अछि।

(4) नाई ଭଣ୍ଡାରୀ

17. मुझे कितनी देर इंतजार करना पड़ेगा?	ମୋତେ କେତେ ସମୟ ଅପେକ୍ଷା କରିବାକୁ ପଡ଼ିବ ?	मोते केते समय अपेक्षा करिबाकु पड़ीब ?
18. आप एक सफाचट्ट शेव का क्या लेते हैं?	ଆପଣ ଗୋଟିଏ ପରିଷ୍କାର ସେଓକୁ କେତେ ନେଉଛନ୍ତି ?	आपण गोटिए परिस्कार सेओकु केते नेउछन्ति ?
19. कृपया उस्तरा तेज़ कर लीजिए।	ଦୟାକରି ଖୁର ଧାର କରିନିଅନ୍ତୁ ।	दयाकरि खुर धार करिनिअन्तु।
20. तुम्हारा उस्तरा कुंद है।	ତୁମ ଖୁରରେ ଧାର ନାହିଁ ।	तुम खुररे धार नाहिँ।
21. मेरे बाल काटिए, पर बहुत छोटे नहीं।	ମୋ ବାଳ କାଟନ୍ତୁ, କିନ୍ତୁ ଅତି ଛୋଟ ନୁହେଁ ।	मो बाळ काटन्तु, किन्तु अति छोट नुहेँ।

(5) पंसारी ଦୋକାନୀ

22. यह उचित दर की दुकान है।	ଏହା ଉଚିତ୍ ଦର ନେଉଥିବା ଦୋକାନ ଅଟେ ।	एहा उचित् दर नेउथिबा दोकान अटे।

23. 'एक दाम' और 'उधार नहीं' ये हमारे उसूल हैं।	'ଗୋଟିଏ ଦାମ' ଏବଂ 'ଉଧାର ନାହିଁ' ଏହା ଆମର ନୀତି ଅଟେ ।	'गोटिए दाम्' एबं 'उधार नाहिँ' एहा आमर नीति अटे।
24. हम घर पर सामान पहुंचा देते हैं।	ଆମେ ଘରକୁ ଜିନିଷ ପହଞ୍ଚାଇ ଦେଉ ।	आमे घरकु जिनिष पहंचाइदेउ।
25. कृपया मुझे 1 किलो देसी घी दीजिए।	ଦୟାକରି ମତେ ୧ କିଲୋ ଦେଶୀ ଘିଅ ଦିଅନ୍ତୁ ।	दयाकरि मते एक किलो देशी घिअ दिअन्तु।
26. कितने पैसे हुए?	କେତେ ପଇସା ହେଲା ?	केते पइसा हेला?

(6) ड्राईक्लीनर/धोबी ଡ୍ରାଏକ୍ଲିନର୍/ଧୋବା

27. मुझे ये कपड़े एक सप्ताह में चाहिए।	ମୋତେ ଏହି ପୋଷାକ ସପ୍ତାହକ ଭିତରେ ଦରକାର ।	मोते एहि पोषाक सप्ताहक भितरे दरकार।
28. मैं यह सूट ड्राइक्लीन कराना चाहता हूँ।	ମୁଁ ଏହି ସୁଟ୍ ଡ୍ରାଏକ୍ଲିନ୍ କରିବାକୁ ଚାହୁଁଛି ।	मुँ एहि सुट् ड्राएक्लिन् करिबाकु चाहुँछि।
29. यह कमीज ठीक से नहीं धुली है।	ଏହି ସାର୍ଟ ଠିକ୍ ଭାବେ ଧୂଆ ହୋଇନାହିଁ ।	एहि सार्ट ठिक् भाबे धुआ होइनाहिँ।
30. ये रेशमी कपड़े हैं। इन्हें सावधानी से धोना।	ଏଗୁଡ଼ିକ ରେଶମ କପଡ଼ା । ଏହାକୁ ସାବଧାନତାର ସହ ଧୋଇବ ।	एगुड़ीक रेशम कपड़ा। एहाकु साबधानतार सह धोइब।
31. पैंटें ठीक से इस्तरी नहीं हुई हैं।	ପ୍ୟାଣ୍ଟଗୁଡ଼ିକ ଠିକ୍ ଭାବେ ଇସ୍ତ୍ରୀ ହୋଇନାହିଁ ।	प्याण्ट्गुड़ीक ठिक् भाबे इस्त्री होइनाहिँ।
32. इन्हें वापिस ले जाओ।	ଏଗୁଡ଼ିକୁ ଫେରାଇ ନିଅ ।	एगुड़ीकु फेराइ निअ।
33. तुम अधिक पैसे लगाते हो।	ତୁମେ ଅଧିକ ପଇସା କହୁଛ ।	तुमे अधिक पइसा कहुछ।
34. बेशक, हम काम भी समय पर करते हैं।	ନିଃସନ୍ଦେହ, ଆମେ କାମ ମଧ୍ୟ ଠିକ୍ ସମୟରେ କରୁ ।	नि:सन्देह, आमे काम मध्य ठिक् समयरे करु।

चौंतीसवीं सीढ़ी ୩୪ତମ ସୋପାନ

खाद्य एवं पेय

ଖାଦ୍ୟ ଏବଂ ପାନୀୟ

1. मुझे भूख लग रही है।	ମତେ ଭୋକ ଲାଗୁଛି ।	मते भोक लागुछि।

2. मुझे अच्छा खाना कहां मिल सकता है?	ମୋତେ ଭଲ ଖାଦ୍ୟ କେଉଁଠି ମିଳିପାରିବ ?	मोते भल खाद्य केउँठि मिळिपारिब ?
3. चलो खाना खायें।	ଚାଲ, ଖାଦ୍ୟ ଖାଇବା ।	चाल, खाद्य खाइबा।
4. आप क्या खायेंगे?	ଆପଣ କ'ଣ ଖାଇବେ ?	आपण कण खाइबे ?
5. मुझे मीनू दीजिए।	ମତେ ମେନ୍ୟୁ ଦିଅନ୍ତୁ ।	मते मेनुय दिअन्तु।
6. नाश्ता तैयार कीजिए।	ଜଳଖିଆ ପ୍ରସ୍ତୁତ କରନ୍ତୁ ।	जळखिआ प्रस्तुत करन्तु।
7. आज आप हमारे साथ खाना खाइए।	ଆଜି ଆପଣ ଆମ ସହ ଖାଦ୍ୟ ଖାଆନ୍ତୁ ।	आजि आपण आम सह खाद्य खाआन्तु।
8. क्या आपके पास कोई विशेष आहार है?	କ'ଣ ଆପଣଙ୍କ ପାଖରେ କିଛି ବିଶେଷ ଆହାର ଅଛି ?	कण आपणंक पाखरे किछि बिशेष आहार अछि ?
9. आपको मीठी चीज पसंद है या नमकीन?	ଆପଣଙ୍କୁ ମିଠା ଜିନିଷ ପସନ୍ଦ ନା ଖାରା ?	आपणंकु मिठा जिनिष पसन्द ना खारा ?
10. मुझे गुजराती भोजन दीजिए।	ମୋତେ ଗୁଜରାତୀ ଭୋଜନ ଦିଅନ୍ତୁ ।	मोते गुजराती भोजन दिअन्तु।
11. मुझे नमक और मिर्च दीजिए।	ମୋତେ ଲୁଣ ଏବଂ ଲଙ୍କା ଦିଅନ୍ତୁ ।	मोते लुण एबं लंका दिअन्तु।
12. आम मेरा प्रिय फल है।	ଆମ୍ବ ମୋର ପ୍ରିୟ ଫଳ ଅଟେ ।	आम्ब मोर प्रिय फळ अटे।
13. आप क्या खाना पसंद करेंगे- देशी या विदेशी भोजन?	ଆପଣ କ'ଣ ଖାଇବାକୁ ପସନ୍ଦ କରିବେ - ଦେଶୀ ନା ବିଦେଶୀ ଭୋଜନ ?	आपण कण खाइबाकु पसन्द करिबे - देशी ना बिदेशी भोजन ?
14. आप पेय कौन-सा पसंद करेंगे-कैम्पा या लिम्का?	ଆପଣ କ'ଣ ପିଇବାକୁ ପସନ୍ଦ କରିବେ- କାମ୍ପା ନା ଲିମ୍‌କା ?	आपण कण पिइबाकु पसन्द करिबे - काम्पा ना लिम्का ?
15. मुझे एक कप कॉफी दीजिए।	ମୋତେ ଏକ କପ୍ କଫି ଦିଅନ୍ତୁ ।	मोते एक कप् कफी दिअन्तु।
16. क्या आप शराब लेंगे?	କ'ଣ ଆପଣ ମଦ ପିଇବେ ?	कण आंपण मद पिइबे ?
17. नहीं श्रीमान्, मैं बियर पीऊंगा।	ନା ମହାଶୟ, ମୁଁ ବିୟର୍ ପିଇବି ।	ना महाशय, मुं बियर् पिइबि।
18. थोड़ा पानी और दीजिए।	ଆଉ ଟିକେ ପାଣି ଦିଅନ୍ତୁ ।	आउ टिके पाणि दिअन्तु।

19. मैं शाकाहारी हूं, मैं मांसाहारी आहार नहीं खा सकता।	ମୁଁ ଶାକାହାରୀ ଅଟେ, ମୁଁ ମାଂସାହାରୀ ଆହାର ଖାଇ ପାରିବି ନାହିଁ ।	मुँ शाकाहारी अटे, मुँ मांसाहारी आहार खाइपारिबि नाहिँ।
20. खाना परोस दिया गया है।	ଖାଦ୍ୟ ପରସା ଗଲାଣି ।	खाद्य परसा गलाणि।
21. खाना बहुत स्वादिष्ट बना है।	ଖାଦ୍ୟ ବହୁତ ସ୍ୱାଦିଷ୍ଟ ହୋଇଛି ।	खाद्य बहुत स्वादिष्ट होइछि।
22. आपने तो कुछ खाया ही नहीं।	ଆପଣ ତ କିଛି ଖାଇ ନାହାନ୍ତି ।	आपण त किछि खाइनाहान्ति।
23. कोई क्षुधावर्धक पेय दीजिए।	କୌଣସି କ୍ଷୁଧା ଉଦ୍ଦୀପକ ପାନୀୟ ଦିଅନ୍ତୁ ।	कौणसि क्षुधा उद्दीपक पानीय दिअन्तु।
24. मुझे एक दावत में जाना है।	ମୋତେ ଗୋଟିଏ ଭୋଜିକୁ ଯିବାର ଅଛି ।	मोते गोटिए भोजिकु जिबार अछि।
25. हमारे लिए कुछ दूध लाओ।	ଆମ ପାଇଁ କିଛି କ୍ଷୀର ଆଣ ।	आम पाइँ किछि क्षीर आण।
26. दूध में चीनी कम डालिए।	କ୍ଷୀରରେ ଚିନି କମ୍ ପକାନ୍ତୁ ।	क्षीररे चिनि कम् पकान्तु।
27. लो, शर्बत पीओ।	ନିଅ, ସର୍ବତ ପିଅ ।	निअ, सर्बत पिअ।
28. थोड़ा और लीजिए।	ଆଉ ଟିକିଏ ନିଅନ୍ତୁ ।	आउ टिकिए निअन्तु।
29. एक कप चाय लीजिए।	ଏକ କପ୍ ଚାହା ନିଅନ୍ତୁ ।	एक कप् चाहा निअन्तु।
30. मुझे चाय अच्छी नहीं लगती।	ମୋତେ ଚାହା ଭଲ ଲାଗେନାହିଁ ।	मोते चाहा भल लागेनाहिँ।
31. धन्यवाद, मैं बड़ा तृप्त हो गया हूं।	ଧନ୍ୟବାଦ, ମୁଁ ବହୁତ ତୃପ୍ତ ହୋଇଗଲିଣି ।	धन्यबाद, मुँ बहुत तृप्त होइगलिणि।
32. बिल लाइए।	ବିଲ୍ ଆଣନ୍ତୁ ।	बिल् आणन्तु।
33. क्या इसमें सेवा-राशि लगा दी गई है?	କ'ଣ ଏଥିରେ ସେବା-କର ଲଗାଯାଇଛି ?	कण एथिरे सेबा-कर लगाजाइछि ?
34. नहीं श्रीमान्, वह अलग है।	ନା ମହାଶୟ, ତାହା ଅଲଗା ଅଛି ।	ना महाशय, ताहा अलगा अछि।
35. मेरे हाथ धुलाइये।	ମୋତେ ହାତ ଧୋଇବାରେ ସାହାଯ୍ୟ କରନ୍ତୁ ।	मोते हात धोइबारे साहाज्य करन्तु।

पैंतीसवीं सीढ़ी ୩୫ତମ ସୋପାନ

होटल एवं रेस्तराँ
ହୋଟେଲ ଏବଂ ରେଷ୍ଟୁରାଣ୍ଟ

1. इस शहर का सबसे अच्छा होटल कौन सा है?	କେଉଁଟି ଏହି ସହରର ସବୁଠୁ ଭଲ ହୋଟେଲ ?	केउँटि एहि सहरर सबुठु भल होटेल ?
2. मुझे गुसलखाने के साथ लगा एक बिस्तर वाला कमरा चाहिए।	ମୋତେ ଗାଧୁଆ ଘର ଥିବା ଗୋଟିଏ ବେଡ୍ ବିଶିଷ୍ଟ କୋଠରି ଦରକାର ।	मोते गाधुआ घर थिबा गोटिए बेड् बिशिष्ट कोठरि दरकार।
3. यह कमरा क्या आपको पसंद है?	ଏହି କୋଠରି କ'ଣ ଆପଣଙ୍କର ପସନ୍ଦ ?	एहि कोठरि कण आपणंकर पसन्द ?
4. इस कमरे का एक दिन का किराया कितना है?	ଏହି କୋଠରୀର ଗୋଟିଏ ଦିନର ଭଡ଼ା କେତେ ?	एहि कोठरीर गोटिए दिनर भड़ा केते ?
5. मैं दो सप्ताह तक ठहरूंगा।	ମୁଁ ଦୁଇ ସପ୍ତାହ ପର୍ଯ୍ୟନ୍ତ ରହିବି ।	मुँ दुइ सप्ताह पर्यन्त रहिबि।
6. इस कमरे का किराया तीस रुपये प्रतिदिन है।	ଏହି କୋଠରୀର ଭଡ଼ା ଦିନକୁ ତିରିଶ ଟଙ୍କା ଅଟେ ।	एहि कोठरीर भड़ा दिनकु तिरिश टंका अटे।
7. क्या मैं गर्म पानी से नहा सकता हूं?	କ'ଣ ମୁଁ ଗରମ ପାଣିରେ ଗାଧୋଇ ପାରିବି ?	कण मुँ गरम पाणिरे गाधोइ पारिबि ?
8. बैरे को मेरे कमरे में भेजिए।	ସେବକକୁ ମୋ କୋଠରୀକୁ ପଠାନ୍ତୁ ।	सेबककु मो कोठरीकु पठान्तु।
9. क्या मेरे लिए कोई पत्र है?	କ'ଣ ମୋ ପାଇଁ କୌଣସି ଚିଠି ଅଛି ?	कण मो पाइँ कौणसि चिठि अछि ?
10. मुझे दूसरा कम्बल चाहिए।	ମୋତେ ଅନ୍ୟଏକ କମ୍ବଳ ଦରକାର ।	मोते अन्यएक कम्बळ दरकार।
11. चादर बदल दीजिए।	ଚଦର ବଦଳାଇ ଦିଅନ୍ତୁ ।	चदर बदळाइ दिअन्तु।
12. मुझे एक तकिया और चाहिए।	ମୋତେ ଆଉ ଗୋଟିଏ ତକିଆ ଦରକାର ।	मोते आउ गोटिए तकिआ दरकार।
13. क्या मेरे लिए कोई फोन है?	କ'ଣ ମୋ ପାଇଁ କୌଣସି ଫୋନ୍ ଅଛି ?	कण मो पाइँ कौणसि फोन् अछि ?

14. कृपया कमरा साफ करवा दीजिए।	ଦୟାକରି କୋଠରି ସଫା କରାଇ ଦିଅନ୍ତୁ ।	दयाकरि कोठरी सफा कराइ दिअन्तु।
15. कृपया डाकखाने से कुछ डाक-टिकटें ला दीजिए।	ଦୟାକରି ଡାକଘରୁ କିଛି ଡାକ ଟିକଟ ମଗାଇ ଦିଅନ୍ତୁ ।	दयाकरि डाकघरु किछि डाक-टिकट मगाइ दिअन्तु।
16. मेरे लिए कुछ फल ले आना।	ମୋ ପାଇଁ କିଛି ଫଳ ନେଇ ଆସିବେ ।	मो पाइँ किछि फळ नेइ आसिबे।
17. कृपया दोपहर का भोजन एक बजे और रात का भोजन नौ बजे दीजिए।	ଦୟାକରି ଦ୍ୱିପ୍ରହରର ଭୋଜନ ଗୋଟାଏ ବେଳେ ଏବଂ ରାତିର ଭୋଜନ ନଅଟାରେ ଦିଅନ୍ତୁ ।	दयाकरि द्विप्रहरर भोजन गोटाए बेळे एबं रातिर भोजन नअटारे दिअन्तु।
18. दोपहर और रात के भोजन के कितने पैसे लगेंगे?	ଦ୍ୱିପ୍ରହର ଏବଂ ରାତିର ଭୋଜନ ପାଇଁ କେତେ ଟଙ୍କା ଲାଗିବ ?	द्विप्रहर एबं रातिर भोजन पाइँ केते टंका लागिब ?
19. हम प्रत्येक खुराक के सात रुपये लेते हैं।	ଆମେ ପ୍ରତ୍ୟେକ ମିଲ୍ ପାଇଁ ସାତ ଟଙ୍କା ନେଉ ।	आमे प्रत्येक मिल् पाइँ सात टंका नेउ।
20. क्या आपके यहां तैरने के लिए तालाब है?	କ'ଣ ଏଠାରେ ପହଁରିବା ପାଇଁ ପୋଖରୀ ଅଛି ?	कण एठारे पहँरिबा पाइँ पोखरी अछि ?
21. क्या तैरने का अलग से लेते हैं?	କ'ଣ ପହଁରିବା ପାଇଁ ଅଲଗା ପଇସା ନିଅନ୍ତି ?	कण पहँरिबा पाइँ अलगा पइसा निअन्ति ?
22. क्या होटल चौबीस घंटे खुला रहता है।	ହୋଟେଲ କ'ଣ ଚବିଶ ଘଣ୍ଟା ଖୋଲା ରହେ ।	होटेल कण चबिश घण्टा खोला रहे।
23. मैं कल सुबह जल्दी चला जाऊंगा।	ମୁଁ କାଲି ସକାଳୁ ଶୀଘ୍ର ଚାଲିଯିବି ।	मुँ कालि सकाळु शीघ्र चालिजिबि।
24. बिल लाइए।	ବିଲ୍ ଆଣନ୍ତୁ ।	बिल् आणन्तु।
25. इस बिल में गलती है।	ଏହି ବିଲ୍ ଭୁଲ୍ ଅଛି ।	एहि बिल् भुल् अछि।
26. मैंने कभी शराब नहीं मंगाई।	ମୁଁ କେବେ ମଦ ମଗାଇ ନାହିଁ ।	मुँ केबे मद मगाइ नाहिँ।
27. आपने बिल में गलती से शराब के पैसे लगा दिए हैं।	ଆପଣ ବିଲ୍‌ରେ ଭୁଲ୍ ବଶତଃ ମଦର ପଇସା ଲେଖିଛନ୍ତି ।	आपण बिल्रे भुल् बशत: मदर पइसा लेखिछन्ति।
28. सामान उठाने वाले को बुलाइए।	କୁଲିକୁ ଡାକନ୍ତୁ ।	कुलिकु डाकन्तु।
29. क्या आप चेक लेते हैं?	କ'ଣ ଆପଣ ଚେକ୍ ନେଉଛନ୍ତି ?	कण आपण चेक् नेउछन्ति ?

30. नहीं, हम केवल नकद लेते है।	ନା, ଆମେ କେବଳ ନଗଦ ଟଙ୍କା ନେଉ ।	ना, आमे केबळ नगद टंका नेउ।
31. कृपया मेरे लिए टैक्सी मंगाइए।	ଦୟାକରି ମୋ ପାଇଁ ଟାକ୍ସି ମଗାନ୍ତୁ ।	दयाकरि मो पाइँ टाक्सि मगान्तु।
32. कृपया एयरपोर्ट पर फोन करके दिल्ली की फ्लाइट का समय पूछिए।	ଦୟାକରି ଏୟାରପୋର୍ଟକୁ ଫୋନ୍ କରି ଦିଲ୍ଲୀ ଯାଉଥିବା ଫ୍ଲାଇଟ୍‌ର ସମୟ ପଚାରନ୍ତୁ ।	दयाकरि एयारपोर्टकु फोन् करि दिल्ली जाउथिबा फ्लाइट्र समय पचारन्तु।
33. मैं अगले माह फिर आऊंगा।	ମୁଁ ଆଗାମୀ ମାସରେ ପୁଣି ଆସିବି ।	मुँ आगामी मासरे पुणि आसिबि।
34. बेहतरीन सुविधाओं के लिए आपका धन्यवाद।	ଉତ୍ତମ ସେବା ପାଇଁ ଆପଣଙ୍କୁ ଧନ୍ୟବାଦ ।	उत्तम सेबा पाइँ आपणंकु धन्यबाद।
35. आपका स्वागत है, श्रीमान।	ଆପଣଙ୍କୁ ସ୍ୱାଗତ, ମହାଶୟ ।	आपणंकु स्वागत, महाशय।

छत्तीसवीं सीढ़ी ୩୬ତମ ସୋପାନ

डाकघर/टेलीफोन/बैंक
ଡାକଘର/ଟେଲିଫୋନ୍/ବ୍ୟାଙ୍କ

डाकघर ଡାକଘର

1. डाकघर किधर है?	ଡାକଘର କେଉଁଠି ଅଛି ?	डाकघर केउँठि अछि?
2. कृपया इस पार्सल का भार तौलिए।	ଦୟାକରି ଏହି ପାର୍ସଲ୍‌କୁ ଓଜନ କରନ୍ତୁ ।	दयाकरि एहि पार्सल्कु ओजन करन्तु।
3. मैं मनीऑर्डर द्वारा कुछ पैसे भेजना चाहता हूं।	ମୁଁ ମନିଅର୍ଡର ଦ୍ୱାରା କିଛି ପଇସା ପଠାଇବାକୁ ଚାହୁଁଛି ।	मुँ मनिअर्डर् द्वारा किछि पइसा पठाइबाकु चाहुँछि।
4. मैं केवल दो सौ रुपये जमा कराना चाहता हूं।	ମୁଁ କେବଳ ଦୁଇଶହ ଟଙ୍କା ଜମା କରିବାକୁ ଚାହୁଁଛି ।	मुँ केबळ दुइशह टंका जमा करिबाकु चाहुँछि।

5. मैं केवल तीन सौ रुपये निकलवाना चाहता हूं।	ମୁଁ କେବଳ ତିନିଶହ ଟଙ୍କା ଉଠାଇବାକୁ ଚାହୁଁଛି ।	मुँ केबळ तिनिशह टंका उठाइबाकु चाहुँछि।
6. कृपया मुझे एक अंतर्देशीय पत्र दीजिए।	ଦୟାକରି ମୋତେ ଗୋଟିଏ ଅନ୍ତର୍ଦେଶୀୟ ପତ୍ର ଦିଅନ୍ତୁ ।	दयाकरि मोते गोटिए अन्तर्देशीय पत्र दिअन्तु।
7. एक लिफाफे की क्या कीमत है?	ଗୋଟିଏ ଲଫାପାର ମୂଲ୍ୟ କେତେ ?	गोटिए लफापार मूल्य केते ?
8. मैं इसे रजिस्टर्ड डाक द्वारा भेजना चाहता हूं।	ମୁଁ ଏହାକୁ ରେଜିଷ୍ଟର୍ଡ ଡାକ ଦ୍ୱାରା ପଠାଇବାକୁ ଚାହୁଁଛି ।	मुँ एहाकु रेजिष्टर्ड डाक द्वारा पठाइबाकु चाहुँछि।
9. मैं एक पोस्ट कार्ड के लिए कितने पैसे दूं?	ମୁଁ ଗୋଟିଏ ପୋଷ୍ଟକାର୍ଡ ପାଇଁ କେତେ ପଇସା ଦେବି ?	मुँ गोटिए पोष्टकार्ड पाइँ केते पइसा देबि ?
10. कृपया मुझे एक रुपये की डाक-टिकट दीजिए।	ଦୟାକରି ମୋତେ ଏକ ଟଙ୍କାର ଡାକ-ଟିକଟ ଦିଅନ୍ତୁ ।	दयाकरि मोते एक टंकार डाक-टिकट दिअन्तु।
11. मैं एक टेलीग्राम देना चाहता हूं।	ମୁଁ ଗୋଟିଏ ଟେଲିଗ୍ରାମ୍ ଦେବାକୁ ଚାହୁଁଛି ।	मुँ गोटिए टेलिग्राम् देबाकु चाहुँछि।
12. मैं तार द्वारा पैसे भेजना चाहता हूं।	ମୁଁ ତାରବାର୍ତ୍ତା ଦ୍ୱାରା ପଇସା ପଠାଇବାକୁ ଚାହୁଁଛି ।	मुँ तारबार्त्ता द्वारा पइसा पठाइबाकु चाहुँछि।
13. कृपया मुझे फ्रांस के लिए डाक-पत्र दीजिए।	ଦୟାକରି ମୋତେ ଫ୍ରାନ୍ସ ପାଇଁ ଡାକ-ପତ୍ର ଦିଅନ୍ତୁ ।	दयाकरि मोते फ्रान्स पाइँ डाक-पत्र दिअन्तु।
14. कृपया मुझे टेलीफोन डायरेक्टरी देना।	ଦୟାକରି ମୋତେ ଟେଲିଫୋନ୍ ଡିରେକ୍ଟୋରୀ ଦିଅନ୍ତୁ ।	दयाकरि मोते टेलिफोन डिरेक्टोरी दिअन्तु।

टेलीफोन - ଟେଲିଫୋନ୍

15. मैं टेलीफोन कहां से कर सकता हूं?	ମୁଁ କେଉଁଠୁ ଟେଲିଫୋନ୍ କରିପାରିବି ?	मुँ केउँठु टेलिफोन् करिपारिबि ?
16. यह टेलीफोन खराब है।	ଏହି ଟେଲିଫୋନ୍ ଖରାପ ଅଛି ।	एहि टेलिफोन् खराप अछि।
17. मैं एक ट्रंक काल भुवनेश्वर करना चाहती हूं।	ମୁଁ ଭୁବନେଶ୍ୱର ପାଇଁ ଏକ ଟ୍ରଙ୍କ୍ କଲ୍ କରିବାକୁ ଚାହୁଁଛି ।	मुँ भुबनेश्वर पाइँ एक ट्रंक् कल् करिबाकु चाहुँछि।

18. हेलो! मैं आभा बोल रही हूं।	ହେଲୋ ! ମୁଁ ଆଭା କହୁଛି ।	हेलो! मुँ आभा कहुछि।
19. मीनाक्षी को बुला दीजिए।	ମିନାକ୍ଷୀକୁ ଡାକି ଦିଅନ୍ତୁ ।	मिनाक्षीकु डाकि दिअन्तु।
20. हेलो, मीनाक्षी बोल रही हूं।	ହେଲୋ, ମିନାକ୍ଷୀ କହୁଛି ।	हेलो, मिनाक्षी कहुछि।
21. कृपया आठ बजे फोन कीजिए।	ଦୟାକରି ଆଠଟାରେ ଫୋନ୍ କରନ୍ତୁ ।	दयाकरि आठटारे फोन् करन्तु।

बैंक ବ୍ୟାଙ୍କ୍

22. इंडियन ओवरसीज़ बैंक कहां है?	ଇଣ୍ଡିଆନ୍ ଓଭରସିଜ୍ ବ୍ୟାଙ୍କ୍ କେଉଁଠି ଅଛି ?	इंडिआन् ओभरसिज् ब्यांक् केउँठि अछि?
23. क्या मैं मैनेजर से मिल सकता हूं?	କ'ଣ ମୁଁ ମେନେଜରଙ୍କୁ ସାକ୍ଷାତ କରିପାରିବି ?	कण मुँ मेनेजरंकु साक्षात करिपारिबि?
24. मैं एक बचत खाता खोलना चाहता हूं।	ମୁଁ ଏକ ସଞ୍ଚୟ ଖାତା ଖୋଲିବାକୁ ଚାହୁଁଛି ।	मुँ एक संचय खाता खोलिबाकु चाहुँछि।
25. कृपया मेरी फर्म के नाम एक चालू खाता खोलिए।	ଦୟାକରି ମୋ ଫାର୍ମ ନାମରେ ଏକ ଚାଲୁ ଖାତା ଖୋଲନ୍ତୁ ।	दयाकरि मो फार्म नामरे एक चालु खाता खोलन्तु।
26. मैं पैसे जमा कराना चाहता हूं।	ମୁଁ ପଇସା ଜମା କରିବାକୁ ଚାହୁଁଛି ।	मुँ पइसा जमा करिबाकु चाहुँछि।
27. मैं पैसे निकालना चाहता हूं।	ମୁଁ ପଇସା ଉଠାଇବାକୁ ଚାହୁଁଛି ।	मुँ पइसा उठाइबाकु चाहुँछि।
28. कृपया एक खुला चैक दीजिए।	ଦୟାକରି ଏକ ଖୋଲା ଚେକ୍ ଦିଅନ୍ତୁ ।	दयाकरि एक खोला चेक् दिअन्तु।
29. कृपया मुझे दस चैक वाली एक चैक बुक जारी कीजिए।	ଦୟାକରି ମତେ ଦଶଟି ଚେକ୍ ଥିବା ଏକ ଚେକ୍ ବହି ଜାରୀ କରନ୍ତୁ ।	दयाकरि मते दशटि चेक् थिबा एक चेक् बहि जारी करन्तु।
30. कृपया मेरे खाते की जमा राशि बताइए।	ଦୟାକରି ମୋ ଖାତାର ଜମା ରାଶି କୁହନ୍ତୁ ।	दयाकरि मो खातार जमाराशि कुहन्तु।
31. कृपया मेरी पास बुक पूरी करके दें।	ଦୟାକରି ମୋ ପାସବୁକ୍ ସମ୍ପୂର୍ଣ୍ଣ କରି ଦିଅନ୍ତୁ ।	दयाकरि मो पासबुक् संपूर्ण्ण करि दिअन्तु।
32. मुझे एक रंगीन टेलीविजन खरीदने के लिए ऋण चाहिए।	ମୋତେ ଗୋଟିଏ ରଙ୍ଗିନ୍ ଟେଲିଭିଜନ କିଣିବା ପାଇଁ ଋଣ ଦରକାର ।	मोते गोटिए रंगिन् टेलिभिजन किणिबा पाइँ ऋण दरकार।

33. मैं एजेंट से मिलना चाहता हूं।	ମୁଁ ଏଜେଣ୍ଟକୁ ସାକ୍ଷାତ କରିବାକୁ ଚାହୁଁଛି ।	मुँ एजेण्ट्कु साक्षात करिबाकु चाहुँछि।
34. क्या मेरा कोई चैक वापिस आया है?	କ'ଣ ମୋର କୌଣସି ଚେକ୍ ଫେରିଛି ?	कण मोर कौणसि चेक् फेरिछि ?
35. इस बैंक की सेवा बड़ी अच्छी है।	ଏହି ବ୍ୟାଙ୍କ୍‌ର ସେବା ବହୁତ ଭଲ ଅଟେ ।	एहि ब्यांक्र सेबा बहुत भल अटे।

सैंतीसवीं सीढ़ी ୩୭ତମ ସୋପାନ

यात्रा करते समय
ଯାତ୍ରା କରିବା ସମୟରେ

1. मैं घुड़सवारी करने जा रहा हूं।	ମୁଁ ଘୋଡ଼ା ସବାରୀ କରିବାକୁ ଯାଉଛି ।	मुँ घोड़ा सबारी करिबाकु जाउछि।
2. अस्तबल कहां है?	ଘୋଡ଼ାଶାଳ କେଉଁଠି ଅଛି ?	घोड़ाशाळ केउँठि अछि ?
3. मुझे थोड़ी देर के लिए उतरना है।	ମୁଁ କିଛି ସମୟ ପାଇଁ ଓହ୍ଲାଇବି ।	मुँ किछि समय पाइँ ओह्लाइबि।
4. उसे चाबुक मत मारो।	ତାକୁ ଚାବୁକ୍ ମାରନାହିଁ ।	ताकु चाबुक् मारनाहिँ।
5. उसे थोड़ी घास दो।	ତାକୁ କିଛି ଘାସ ଦିଅ ।	ताकु किछि घास दिअ।
6. कांटे निकालो।	କଣ୍ଟା ବାହାର କର ।	कण्टा बाहार कर।
7. मैं कार से जाना चाहता हूं।	ମୁଁ କାର୍‌ରେ ଯିବାକୁ ଚାହୁଁଛି ।	मुँ कार्रे जिबाकु चाहुँछि।
8. इसका पहिया अच्छा नहीं है।	ଏହାର ଚକା ଠିକ୍ ନାହିଁ ।	एहार चका ठिक् नाहिँ।
9. यह रास्ता किधर को जाता है?	ଏହି ରାସ୍ତା କେଉଁ ଆଡ଼କୁ ଯାଇଛି ?	एहि रास्ता केउँ आड़कु जाइछि ?
10. गाड़ी इधर रखो।	ଗାଡ଼ି ଏଠାରେ ରଖ ।	गाड़ी एठारे रख।
11. वाहन खड़ा करना मना है।	ବାହନ ଠିଆ କରିବା ମନା ।	बाहन ठिआ करिबा मना।
12. क्या इस ट्राम की पटरी रेलवे स्टेशन से होकर जाती है।	କ'ଣ ଏହି ଟ୍ରାମ୍‌ଗାଡ଼ି ରେଳପଥ ରେଳ ଷ୍ଟେସନ୍ ଦେଇ ଯାଇଛି ?	कण एहि ट्राम्गाड़ी रेळपथ रेळ ष्टेसन् देइ जाइछि ?

13. यह बस कब चलेगी?	ଏହି ବସ୍ କେବେ ଚାଲିବ ?	एहि बस् केबे चालिब ?
14. मुझे बताइए, हम कश्मीर कब पहुंचेंगे?	ମତେ କୁହନ୍ତୁ, ଆମେ କାଶ୍ମୀର କେବେ ପହଞ୍ଚିବା ?	मते कुहन्तु, आमे काश्मीर केबे पहंचिबा ?
15. मैं शिकारा में सैर करना चाहता हूं।	ମୁଁ ଶିକାରାରେ ବୁଲିବାକୁ ଚାହୁଁଛି ।	मुँ शिकारारे बुलिबाकु चाहुँछि।
16. टिकट मिलने की जगह कहां है?	ଟିକଟ କାଉଣ୍ଟର କେଉଁଠି ଅଛି ?	टिकट काउण्टर केउँठि अछि ?
17. क्या वहां कोई दर्शनीय स्थल है?	କ'ଣ ସେଠାରେ କୌଣସି ଦର୍ଶନୀୟ ସ୍ଥାନ ଅଛି ?	कण सेठारे कौणसि दर्शनीय स्थान अछि ?
18. कृपा करके थोड़ा हट जाइए।	ଦୟାକରି ଟିକିଏ ଘୁଞ୍ଚି ଯାଆନ୍ତୁ ।	दयाकरि टिकिए घुंचि जाआन्तु।
19. आज मैं बम्बई जा रहा हूं।	ଆଜି ମୁଁ ବମ୍ବେ ଯାଉଛି ।	आजि मुँ बम्बे जाउछि।
20. अगली गाड़ी कितने बजे छूटती है।	ଆଗାମୀ ଗାଡ଼ି କେତେଟାରେ ବାହାରେ ?	आगामी गाड़ी केतेटारे बाहारे ?
21. सामान बुक करवाने का दफ्तर कहां है?	ଜିନିଷ ବୁକ୍ କରିବାର ଅଫିସ୍ କେଉଁଠି ଅଛି ?	जिनिष बुक् करिबार अफिस् केउँठि अछि ?
22. सामान के लिए कितने पैसे देने हैं?	ଜିନିଷ ପାଇଁ କେତେ ଟଙ୍କା ଦେବାକୁ ହେବ ?	जिनिष पाइँ केते टंका देबाकु हेब ?
23. मेरा स्थान आरक्षित कर दीजिए।	ମୋ ସ୍ଥାନ ସଂରକ୍ଷିତ କରି ଦିଅନ୍ତୁ ।	मो स्थान संरक्षीत करि दिअन्तु।
24. प्लेटफार्म नं. 6 कहाँ है?	ପ୍ଲାଟ୍‌ଫର୍ମ ନଂ. 6 କେଉଁଠି ଅଛି ?	प्लाट्फर्म नं. 6 केउँठि अछि ?
25. पुल के उस पार।	ପୋଲର ସେପାଖେ ।	पोलर सेपाखे।
26. जमीन के नीचे के रास्ते से जाइए।	ଭୂତଳ ରାସ୍ତାରେ ଯାଆନ୍ତୁ ।	भूतळ रास्तारे जाआन्तु।
27. गाड़ी में खाने का डिब्बा है।	ଗାଡ଼ିରେ ଖାଦ୍ୟର ଡବା ରହିଛି ।	गाड़ीरे खाद्यर डबा रहिछि।
28. कोई सीट खाली नहीं है।	କୌଣସି ସିଟ୍ ଖାଲି ନାହିଁ ।	कौणसि सिट् खालि नाहिँ।
29. बस में बहुत भीड़ है।	ବସ୍‌ରେ ବହୁତ ଭିଡ଼ ଅଛି ।	बस्रे बहुत भिड़ अछि।
30. चलती बस से मत उतरिए।	ଚଳନ୍ତା ବସ୍‌ରୁ ଓହ୍ଲାନ୍ତୁ ନାହିଁ ।	चळन्ता बस्रु ओह्लान्तु नाहिँ।

31. हमारी बस चल रही है।	ଆମ ବସ୍ ଚାଲୁଛି ।	आम बस् चालुछि।
32. बच्चे का कितना किराया लेते हैं?	ଗୋଟିଏ ଶିଶୁ ପାଇଁ ଭଡ଼ା କେତେ ନେଉଛନ୍ତି ?	गोटिए शिशु पाइँ भड़ा केते नेउछन्ति?
33. मुझे हवाई अड्डे पर ले चलिए।	ମୋତେ ବିମାନ ବନ୍ଦର ପାଖକୁ ନେଇଚାଲନ୍ତୁ ।	मोते बिमान बन्दर पाखकु नेइचालन्तु।
34. कृपया सिंगापुर जाने और वापिस आने का टिकट दीजिए।	ଦୟାକରି ମତେ ସିଙ୍ଗାପୁର ଯିବା ଏବଂ ଆସିବାର ଟିକଟ ଦିଅନ୍ତୁ ।	दयाकरि मते सिंगापुर जिबा एबं आसिबार टिकट दिअन्तु।
35. हमारा जहाज ठीक समय पर सिंगापुर पहुंच गया।	ଆମ ଜାହାଜ ଠିକ୍ ସମୟରେ ସିଙ୍ଗାପୁର ପହଞ୍ଚିଗଲା ।	आम जाहाज ठिक् समयरे सिंगापुर पहंचिगला।

अड़तीसवीं सीढ़ी ୩୮ତମ ସୋପାନ

स्वास्थ्य एवं स्वास्थ्य रक्षा

ସ୍ୱାସ୍ଥ୍ୟ ଏବଂ ସ୍ୱାସ୍ଥ୍ୟ ରକ୍ଷା

1. स्वास्थ्य धन है।	ସ୍ୱାସ୍ଥ୍ୟ ହିଁ ସମ୍ପଦ ।	स्वास्थ्य हिँ सम्पद।
2. इलाज से परहेज बेहतर है।	ନିବାରଣ ଠାରୁ ନିରାକରଣ ଭଲ ।	निबारण ठारु निराकरण भल।
3. वह बहुत थकी हुई है।	ସେ ବହୁତ ଥକି ଯାଇଛି ।	से बहुत थकिजाइछि।
4. मेरा स्वास्थ्य गिर गया है।	ମୋ ସ୍ୱାସ୍ଥ୍ୟ ଝଡ଼ିଯାଇଛି ।	मो स्वास्थ्य झड़ीजाइछि।
5. वह स्वस्थ हो गया है।	ସେ ସୁସ୍ଥ ହୋଇଯାଇଛି ।	से सुस्थ होइजाइछि।
6. मुझे नींद आ रही है।	ମତେ ନିଦ ଲାଗୁଛି ।	मते निद लागुछि।
7. हमें दिन में नहीं सोना चाहिए।	ଆମେ ଦିନରେ ଶୋଇବା ଉଚିତ ନୁହେଁ ।	आमे दिनरे शोइबा उचित नुहेँ।
8. आप टहलने चलेंगे न?	ଆପଣ ଚାଲିବାକୁ ଯିବେ ନା ?	आपण चालिबाकु जिबे ना?

9. वह कल से आज अच्छा है।	ସେ କାଲିଠାରୁ ଆଜି ଭଲ ଅଛି ।	से कालिठारु आजि भल अछि।
10. आज मेरी तबियत ठीक नहीं।	ଆଜି ମୋର ସ୍ୱାସ୍ଥ୍ୟ ଠିକ୍ ନାହିଁ ।	आजि मोर स्वास्थ्य ठिक् नाहिँ।
11. क्या तुम दवा नहीं लोगी?	କ'ଣ ତୁମେ ଔଷଧ ଖାଇବ ନାହିଁ ?	कण तुमे औषध खाइब नाहिँ?
12. आपके पिता जी कैसे हैं?	ଆପଣଙ୍କ ବାପା କେମିତି ଅଛନ୍ତି ?	आपणंक बापा केमिति अछन्ति?

डॉक्टर और रोगी ଡାକ୍ତର ଏବଂ ରୋଗୀ

13. मुझे अपनी नब्ज देखने दो।	ମୋତେ ତୁମର ନାଡ଼ି ଦେଖିବାକୁ ଦିଅ ।	मोते तुमर नाड़ी देखिबाकु दिअ।
14. मेरी तबीयत खराब है।	ମୋ ସ୍ୱାସ୍ଥ୍ୟ ଖରାପ ଅଛି ।	मो स्वास्थ्य खराप अछि।
15. बीमार का दिल कमजोर हो रहा है।	ରୋଗୀର ମନବଳ ହ୍ରାସ ପାଉଛି ।	रोगीर मनबळ ह्रास पाउछि।
16. मेरा हाजमा बिगड़ा हुआ है।	ମୋର ବଦହଜମୀ ହୋଇଛି ।	मोर बदहजमी होइछि।
17. उसका जी मतला रहा है।	ତା'ର ଦେହ ବୁଲଉଛି ।	तार देह बुलउछि।
18. क्या तुम्हारा सिर चकरा रहा है?	କ'ଣ ତୁମ ମୁଣ୍ଡ ଘୂରଉଛି ?	कण तुम मुण्ड घूरउछि?
19. उसे अब कोई खतरा नहीं।	ତା ଉପରେ ଆଉ କୌଣସି ବିପଦ ନାହିଁ ।	ता उपरे आउ कौणसि बिपद नाहिँ।
20. बच्चे का दांत निकल रहा है।	ଶିଶୁର ଦାନ୍ତ ଉଠୁଛି ।	शिशुर दान्त उठुछि।
21. तुमने कितनी खुराकें ली हैं?	ତୁମେ କେତେ ପାନ ଔଷଧ ଖାଇଛ ?	तुमे केते पान औषध खाइछ?
22. मुझे सख्त कब्ज की शिकायत है।	ମୋର କୋଷ୍ଠକାଠିନ୍ୟ ହୋଇଛି ।	मोर कोष्ठकाठिन्य होइछि।
23. तुम्हें पुराना बुखार था।	ମୋର ଭିତିରିଆ ଜ୍ୱର ଥିଲା ।	मोर भितिरिआ ज्वर थिला।
24. मुझे गले की शिकायत है।	ମୋର ଗଳା ଖରାପ ଅଛି ।	मोर गळा खराप अछि।
25. क्या उसे सिरदर्द था?	କ'ଣ ତାର ମୁଣ୍ଡବ୍ୟଥା ଥିଲା ?	कण तार मुण्डब्यथा थिला?

26. उसके पेट में दर्द है।	ତା ପେଟ ବିନ୍ଧୁଛି ।	ता पेट बिंधुछि।
27. उसे जुकाम हुआ है क्या?	ତାକୁ ସର୍ଦ୍ଦି ହୋଇଛି କି ?	ताकु सर्दि होइछि कि?
28. मुझे अपनी जबान दिखाओ।	ମୋତେ ତୁମ ଜିଭ ଦେଖାଅ ।	मोते तुम जिभ देखाअ।
29. उसकी भूख मारी गई है।	ତା ଭୋକ ମରିଯାଇଛି ।	ता भोक मरिजाइछि।
30. मुझे फोड़ा हुआ है।	ମୋର ବଥ ହୋଇଛି ।	मोर बथ होइछि।
31. उसके मसूड़ों से खून निकलता है।	ତା ମାଢ଼ିରୁ ରକ୍ତ ବାହାରେ ।	ता माढ़ीरु रक्त बाहारे।
32. डॉक्टर को बुलाओ।	ଡାକ୍ତରଙ୍କୁ ଡାକ ।	डाक्तरंकु डाक।
33. उसके कलेजे में पीड़ा है।	ତା ଯକୃତ ପୀଡ଼ା ହେଉଛି ।	ता जकृत पीड़ा हेउछि।
34. तुम्हें कुछ दस्त होंगे।	ତୁମର କିଛି ଝାଡ଼ା ହେବ ।	तुमर किछि झाड़ा हेब।
35. चिकित्सक अगली सुबह आएँगे।	ଡାକ୍ତର ପରଦିନ ସକାଳେ ଆସିବେ ।	डाक्तर परदिन सकाळे आसिबे।

उनतालीसवीं सीढ़ी ୩୯ତମ ସୋପାନ

मौसम
ପାଣିପାଗ

1. वसंत ऋतु है।	ବସନ୍ତ ଋତୁ ହୋଇଛି ।	बसन्त ऋतु होइछि।
2. ग्रीष्म ऋतु है।	ଗ୍ରୀଷ୍ମ ଋତୁ ହୋଇଛି ।	ग्रीष्म ऋतु होइछि।
3. पतझड़ ऋतु है।	ଶରତ ଋତୁ ହୋଇଛି ।	शरत ऋतु होइछि।
4. शीत ऋतु है।	ଶୀତ ଋତୁ ହୋଇଛି ।	शीत ऋतु होइछि।
5. आज बड़ी गर्मी है।	ଆଜି ବହୁତ ଗରମ ହେଉଛି ।	आजि बहुत गरम हेउछि।
6. बहुत ठण्डा दिन है।	ବହୁତ ଥଣ୍ଡା ଲାଗୁଛି ।	बहुत थण्डा लागुछि।
7. सुहावना दिन है।	ପାଗ ଭଲ ଅଛି ।	पाग भल अछि।

8. आज कितना खराब दिन है।	ଆଜି କେତେ ଖରାପ ଦିନ ଅଟେ!	आजि केते खराप दिन अटे!
9. वर्षा हो रही है।	ବର୍ଷା ହେଉଛି ।	बर्षा हेउछि।
10. बूंदाबांदी हो रही है।	ଝିପ୍‌ଝିପ୍ ହେଉଛି ।	झिप्‌झिप् हेउछि।
11. चांद निकला है क्या?	ଜହ୍ନ ଉଇଁଛି କି ?	जह्न उइँछि कि ?
12. वर्षा बंद हो गई है।	ବର୍ଷା ବନ୍ଦ ହୋଇଯାଇଛି ।	बर्षा बन्द होइजाइछि।
13. उसे सर्दी लग जायेगी।	ତାକୁ ସର୍ଦ୍ଦି ହୋଇଯିବ ।	ताकु सर्द्दि होइजिब।
14. अब तक पानी बरस रहा है क्या?	ଏ ପର୍ଯ୍ୟନ୍ତ ବର୍ଷା ହେଉଛି କି ?	ए पर्यन्त बर्षा हेउछि कि ?
15. बरसात के मौसम में हम बरसाती पहनते हैं।	ବର୍ଷା ପାଗରେ ଆମେ ବରଷାତୀ ପିନ୍ଧୁ ।	बर्षा पागरे आमे बरसाती पिंधु।
16. मैं कांप रहा हूं।	ମୁଁ ଥରୁଛି ।	मुँ थरुछि।
17. मुझे पसीना आ रहा है।	ମୋର ଝାଳ ବାହାରୁଛି ।	मोर झाळ बाहारुछि।
18. मैं भीग गया हूं।	ମୁଁ ଓଦା ହୋଇଯାଇଛି ।	मुँ ओदा होइजाइछि।
19. शीतल वायु बह रही है।	ଶୀତଳ ପବନ ବହୁଛି ।	शीतळ पबन बहुछि।
20. कितनी तेज हवा है!	କେତେ ଯୋର୍ ପବନ ହେଉଛି !	केते जोर् पबन हेउछि!
21. मौसम बदल रहा है।	ପାଣିପାଗ ବଦଳୁଛି ।	पाणिपाग बदळुछि।
22. आकाश बादलों से ढका है।	ଆକାଶକୁ ବାଦଲ ଢାଙ୍କି ରଖିଛି ।	आकाशकु बादल ढांकि रखिछि।
23. आसमान साफ है।	ଆକାଶ ସଫା ଅଛି ।	आकाश सफा अछि।
24. बिजली चमकती है।	ବିଜୁଳି ମାରୁଛି ।	बिजुळि मारुछि।
25. बादल गरजते हैं।	ଘଡ଼ଘଡ଼ି ମାରୁଛି ।	घड़घड़ी मारुछि।
26. सूरज दिखाई नहीं देता है।	ସୂର୍ଯ୍ୟ ଦେଖା ଯାଉନାହିଁ ।	सूर्य देखा जाउनाहिँ।
27. बसंत का सा दिन है।	ବସନ୍ତ ଋତୁ ଭଳି ଲାଗୁଛି ।	बसन्त ऋतु भळि लागुछि।
28. गर्मी असहनीय है।	ଅସହନୀୟ ଗରମ ହେଉଛି ।	असहनीय गरम हेउछि।
29. आधी रात के बाद का समय है।	ଅଧରାତି ପରର ସମୟ ହୋଇଛି ।	अधराति परर समय होइछि।

30. इन्द्रधनुष कितना सुंदर है!	ଇନ୍ଦ୍ରଧନୁ କେତେ ସୁନ୍ଦର ଦିଶୁଛି !	इन्द्रधनु केते सुन्दर दिशुछि!
31. मूसलाधार वर्षा हो रही है।	ମୂଷଳାଧାର ବର୍ଷା ହେଉଛି ।	मूसळाधार बर्षा हेउछि।
32. बुरी तरह से ओले पड़ रहे हैं।	ଅଧିକ ମାତ୍ରାରେ କୁଆପଥର ପଡୁଛି ।	अधिक मात्रारे कुआपथर पडुछि।
33. क्या आप छाता लेंगे।	କ'ଣ ଆପଣ ଛତା ନେବେ ।	कण आपण छता नेबे।
34. जलवायु कितना मोहक है!	ଜଳବାୟୁ କେତେ ଭଲ ଅଛି !	जळबायु केते भल अछि!

चालीसवीं सीढ़ी ୪୦ତମ ସୋପାନ

समय
ସମୟ

1. घड़ी देखो।	ଘଣ୍ଟା ଦେଖ ।	घण्टा देख।
2. क्या बजा है?	କେତେଟା ବାଜିଛି ?	केतेटा बाजिछि ?
3. आपकी घड़ी में क्या बजा है?	ଆପଣଙ୍କ ଘଣ୍ଟାରେ କେତେ ବାଜିଛି ?	आपणंक घण्टारे केते बाजिछि ?
4. कितने बजे हैं?	କେତେଟା ବାଜିଛି ?	केतेटा बाजिछि ?
5. ठीक सात बजे हैं।	ଠିକ୍ ସାତଟା ବାଜିଛି ।	ठिक् सातटा बाजिछि।
6. साढ़े नौ बजे हैं।	ସାଢ଼େ ନଅଟା ବାଜିଛି ।	साढ़े नअटा बाजिछि।
7. सवा तीन बजे हैं।	୩ ଟା ବାଜି ୧୫ ମିନିଟ୍ ହୋଇଛି ।	तिनिटा बाजि पन्दर मिनिट् होइछि।
8. पौने चार बजे हैं।	ଚାରିଟା ବାଜିବାକୁ ୧୫ ମିନିଟ୍ ଅଛି ।	चारिटा बाजिबाकु पन्दर मिनिट् अछि।
9. पांच बजकर पांच मिनट हुए हैं।	ପାଞ୍ଚଟା ବାଜି ପାଞ୍ଚ ମିନିଟ୍ ହୋଇଛି ।	पांचटा बाजि पांच मिनिट् होइछि।

10. छह बजने में दस मिनट हैं।	ଛଅଟା ବାଜିବାକୁ ଦଶ ମିନିଟ୍ ଅଛି ।	छअटा बाजिबाकु दश मिनिट् अछि।
11. साढ़े चार बजे चुके हैं।	ସାଢ଼େ ଚାରି ବାଜି ସାରିଛି ।	साढ़े चारि बाजि सारिछि।
12. वह सवा एक बजे पहुंचेगी।	ସେ ୧:୧୫ ରେ ପହଞ୍ଚିବେ ।	से १:१५ रे पहंचिबे।
13. हम दस बजकर पचीस मिनट पर कार्यालय पहुंचे।	ଆମେ ଦଶଟା ପଚିଶ ମିନିଟ୍‌ରେ ଅଫିସ୍ ପହଞ୍ଚିଲୁ ।	आमे दशटा पचिश मिनिट्रे अफिस् पहंचिलु।
14. बैंक दिन-दहाड़े लूट लिया गया।	ଦିନ ଦ୍ୱିପହରେ ବ୍ୟାଙ୍କ୍ ଲୁଟି ନିଆଗଲା ।	दिन द्विपहरे ब्यांक् लुटि निआगला।
15. बाजार सोमवार को बंद रहता है।	ସୋମବାର ଦିନ ବଜାର ବନ୍ଦ ରୁହେ ।	सोमबार दिन बजार बन्द रुहे।
16. हम डेढ़ बजे दोपहर का भोजन करते हैं।	ଆମେ ଦେଢ଼ଟାରେ ଦିପହର ଭୋଜନ କରୁ ।	आमे देढ़टारे दिपहर भोजन करु।
17. यह दुकान ढाई बजे दुबारा खुलती है।	ଏହି ଦୋକାନ ଅଢ଼େଇଟାରେ ପୁଣି ଖୋଲେ ।	एहि दोकान अढ़ेइटारे पुणि खोले।
18. सवेरे के दस बजे हैं।	ସକାଳ ଦଶଟା ବାଜିଛି ।	सकाळ दशटा बाजिछि।
19. हमें दफ्तर से ठीक पांच बजे छुट्टी मिलती है।	ଆମକୁ ଅଫିସ୍‌ରୁ ଠିକ୍ ପାଞ୍ଚଟାରେ ଛୁଟି ମିଳେ ।	आमकु अफिस्रु ठिक् पांचटारे छुटि मिळे।
20. क्या तुम्हारी कलाई-घड़ी सुस्त है?	କ'ଣ ତୁମ ହାତଘଣ୍ଟା ପଛୁଆ ଅଛି ?	कण तुम हातघण्टा पछुआ अछि?
21. क्या यह मेज-घड़ी तेज है?	କ'ଣ ଏହି ଟେବୁଲ୍ ଘଣ୍ଟା ଆଗୁଆ ଅଛି ?	कण एहि टेबुल् घण्टा आगुआ अछि?
22. क्या कार्यालय की दीवार घड़ी ठीक नहीं है?	କ'ଣ ଅଫିସ୍‌ର କାନ୍ଥଘଣ୍ଟା ଠିକ୍ ନାହିଁ ?	कण अफिस्र कान्थघण्टा ठिक् नाहिँ?
23. मेरी पेन-घड़ी बंद हो गई है।	ମୋର ପେନ୍ ଘଣ୍ଟା ବନ୍ଦ ହୋଇଯାଇଛି ।	मोर पेन् घण्टा बन्द होइजाइछि।

24. जागने का समय हो गया।	ଉଠିବା ସମୟ ହୋଇଗଲା ।	उठिबा समय होइगला।
25. आपको आधा घंटा देर हो गई।	ଆପଣ ଅଧାଘଣ୍ଟା ଡେରି କରିଛନ୍ତି ।	आपण अधाघण्टा डेरि करिछन्ति।
26. वह दस मिनट जल्दी आई है।	ସେ ଦଶ ମିନିଟ୍ ଆଗରୁ ଆସିଛନ୍ତି ।	से दश मिनिट् आगरु आसिछन्ति।
27. आधी रात का समय है।	ଅଧରାତି ହୋଇଛି ।	अधराति होइछि।
28. मेरी माताजी प्रातः बहुत जल्दी उठती हैं।	ମୋ ମା' ସକାଳୁ ବହୁତ ଶୀଘ୍ର ଉଠନ୍ତି ।	मो मा सकाळु बहुत शीघ्र उठन्ति।
29. पिछले महीने हम यहां नहीं थे।	ପୂର୍ବ ମାସରେ ଆମେ ଏଠାରେ ନଥିଲୁ ।	पूर्ब मासरे अमे एठारे नथिलु।
30. इस महीने हम यहां रहेंगे।	ଏହି ମାସରେ ଆମେ ଏଠାରେ ରହିବୁ ।	एहि मासरे अमे एठारे रहिबु।
31. मैं अगले महीने शिमला जाऊंगा।	ମୁଁ ଆସନ୍ତା ମାସରେ ଶିମଲା ଯିବି ।	मुँ आसन्ता मासरे शिमला जिबि।
32. हम 15 अगस्त से संकट में हैं।	ଆମେ 15 ଅଗଷ୍ଟରୁ ବିପଦରେ ଅଛୁ ।	आमे 15 अगष्टरु बिपदरे अछु।
33. आज क्या तारीख है?	ଆଜି କେତେ ତାରିଖ ?	आजि केते तारिख?
34. कल तुम क्यों आए थे?	ଗତକାଲି ତୁମେ କାହିଁକି ଆସିଥିଲ ?	गतकालि तुमे काहिँकि आसिथिल?
35. कल सात बजे आना।	କାଲି ସାତଟାରେ ଆସ ।	कालि सातटारे आस।

•••

भाग-५ : संवाद

इकतालीसवीं सीढ़ी ୪୧ତମ ସୋପାନ

आओ, बातचीत करें
ଆସନ୍ତୁ, ବାର୍ତ୍ତାଲାପ କରିବା

परिचय ପରିଚୟ

आपका क्या हाल-चाल है?	ଆପଣ କେମିତି ଅଛନ୍ତି ?	आपण केमिति अछन्ति ?
कहिए, (क्या) आप छात्र हैं?	ଦୟାକରି କୁହନ୍ତୁ, ଆପଣ ଜଣେ ଛାତ୍ର କି ?	दयाकरि कुहन्तु, आपण जणे छात्र कि ?
जी हाँ, मैं छात्र हूँ।	ହଁ ଆଜ୍ଞା, ମୁଁ ଛାତ୍ର ଅଟେ ।	हँ आज्ञा, मुँ छात्र अटे।
आपका क्या नाम है?	ଆପଣଙ୍କ ନାମ କ'ଣ ?	आपणंक नाम कण ?
मेरा नाम प्रणव चक्रवर्ती है।	ମୋର ନାମ ପ୍ରଣବ ଚକ୍ରବର୍ତ୍ତୀ ଅଟେ ।	मोर नाम प्रणब चक्रबर्त्ती अटे।
आप असमी है या बंगाली?	ଆପଣ ଆସାମୀ ନା ବଙ୍ଗାଳୀ ?	आपण आसामी ना बंगाळी ?
नहीं, मैं मराठी हूं।	ନା, ମୁଁ ମରାଠୀ ।	ना, मुँ मराठी।
बताइए, वह कौन है?	କୁହନ୍ତୁ, ସେ କିଏ ?	कुहन्तु, से किए ?
वह मेरी मित्र आभा है।	ସେ ମୋ ମିତ୍ର ଆଭା ।	से मो मित्र आभा।
(क्या) वह छात्रा है?	ସେ ଜଣେ ଛାତ୍ରୀ କି ?	से जणे छात्री कि ?
नहीं, वह अनुवादक है और सरकारी कार्यालय में काम करती है।	ନା, ସେ ଅନୁବାଦକ ଅଟେ ଏବଂ ସରକାରୀ କାର୍ଯ୍ୟାଳୟରେ କାମ କରେ ।	ना, से अनुबादक अटे एबं सरकारी कार्याळयरे काम करे।
धन्यवाद, विदा!	ଧନ୍ୟବାଦ, ବିଦାୟ !	धन्यबाद, बिदाय!

भाषा सीखने के बारे में ଭାଷା ଶିଖିବା ବାବଦରେ

महोदय, (क्या) आप हिंदी बोलते हैं?	ମହୋଦୟ, କ'ଣ ଆପଣ ହିନ୍ଦୀ କୁହନ୍ତି ?	महोदय, कण आपण हिन्दी कुहन्ति?
हां, मैं थोड़ी-थोड़ी हिंदी बोलता हूं।	ହଁ, ମୁଁ ଟିକେ-ଟିକେ ହିନ୍ଦୀ କୁହେ ।	हँ, मुँ टिके-टिके हिन्दी कुहे।
आप हिंदी बड़ी अच्छी बोलते हैं।	ଆପଣ ବହୁତ ଭଲ ହିନ୍ଦୀ କୁହନ୍ତି ।	आपण बहुत भल हिन्दी कुहन्ति।
आपकी जाति क्या है?	ଆପଣଙ୍କ ଜାତି କ'ଣ ?	आपणंक जाति कण?
मेरी जाति केलकर है।	ମୋର ଜାତି ହେଉଛି କେଲକର ।	मोर जाति हेउछि केलकर।
मैं अशोक केलकर हूं।	ମୁଁ ଅଶୋକ କେଲକର ଅଟେ ।	मुँ अशोक केलकर अटे।
आप ऐसा सोचते हैं?	ଆପଣ ଏମିତି ଭାବୁଛନ୍ତି ?	आपण एमिति भाबुछन्ति?
मैं कॉलेज में हिंदी पढ़ रहा हूं।	ମୁଁ କଲେଜରେ ପଢୁଛି ।	मुँ कलेजरे पढुछि।
मैं हिन्दी अच्छी तरह बोलना चाहता हूं।	ମୁଁ ଭଲ ଭାବରେ ହିନ୍ଦୀ କହିବାକୁ ଚାହୁଁଛି ।	मुँ भल भाबरे हिन्दी कहिबाकु चाहुँछि।
क्या आपके हिंदी शिक्षक कक्षा में बोलते हैं?	କ'ଣ ଆପଣଙ୍କ ହିନ୍ଦୀ ଶିକ୍ଷକ ଶ୍ରେଣୀରେ ହିନ୍ଦୀ କୁହନ୍ତି ?	कण आपणंक हिन्दी शिक्षक श्रेणीरे हिन्दी कुहन्ति?
नि:संदेह! वह धाराप्रवाह हिंदी में बोलते हैं।	ନିଃସନ୍ଦେହ ! ସେ ପ୍ରାଞ୍ଜଳ ଭାବରେ ହିନ୍ଦୀ କୁହନ୍ତି ।	नि:सन्देह! से प्राञ्जळ भाबरे हिन्दी कुहन्ति।
जब शिक्षक हिंदी में बोलते हैं तो क्या आप उसे समझते हैं?	ଶିକ୍ଷକ ହିନ୍ଦୀ କହୁଥିବା ବେଳେ ଆପଣମାନେ ତାକୁ ବୁଝନ୍ତି ?	शिक्षक हिन्दी कहुथिबा बेळे आपणमाने ताकु बुझन्ति?
जी हां, जब वह तेज बोलते हैं तो हम समझ लेते हैं।	ହଁ, ଯେତେବେଳେ ସେ ଶୀଘ୍ର କୁହନ୍ତି ତେବେ ଆମେ ବୁଝିଯାଉ ।	हँ, जेतेबेळे से शीघ्र कुहन्ति तेबे आमे बुझिजाउ।
क्या आप घर पर हिंदी में बोलते हैं?	ଆପଣ କ'ଣ ଘରେ ହିନ୍ଦୀରେ କଥା ହୁଅନ୍ତି ?	आपण कण घरे हिन्दीरे कथा हुअन्ति?

बेशक नहीं! मेरे परिवार के सदस्य हिंदी में नहीं बोलते। वे केवल मराठी में बोलते हैं। इसलिए हम लोग घर में केवल मराठी में बोलते हैं।	ନିଃସନ୍ଦେହ ନୁହେଁ! ମୋ ପରିବାରର ସଦସ୍ୟ ହିନ୍ଦୀରେ କଥା ହୁଅନ୍ତି ନାହିଁ। ସେମାନେ କେବଳ ମରାଠୀରେ କଥା ହୁଅନ୍ତି। ସେଥିପାଇଁ ଆମେସବୁ ଘରେ କେବଳ ମରାଠୀରେ କଥା ହେଉ।	नि:सन्देह नुहेँ! मो परिबारर सदस्य हिन्दीरे कथा हुअन्ति नाहिँ। सेमाने केबळ मराठीरे कथा हुअन्ति। सेथिपाइँ आमेसबु घरे केबळ मराठीरे कथा हेउ।
परंतु आप हिंदी बहुत अच्छी बोलते हैं।	କିନ୍ତୁ ଆପଣ ବହୁତ ଭଲ ହିନ୍ଦୀ କହୁଛନ୍ତି!	किन्तु आपण बहुत भल हिन्दी कहुछन्ति!
आपका बहुत-बहुत धन्यवाद!	ଆପଣଙ୍କୁ ଅଶେଷ-ଅଶେଷ ଧନ୍ୟବାଦ!	आपणंकु अशेष-अशेष धन्यबाद!

गाँव बनाम शहर ଗାଁ ବନାମ ସହର

आप गाँव में रहते हैं, पर शहर में काम करने जाते हैं। (क्या) आप गांव में रहना अधिक पसंद करते हैं?	ଆପଣ ଗାଁରେ ରୁହନ୍ତି, କିନ୍ତୁ ସହରକୁ କାମ କରିବା ପାଇଁ ଯାଆନ୍ତି। କ'ଣ ଆପଣ ଗାଁରେ ରହିବାକୁ ଅଧିକ ପସନ୍ଦ କରନ୍ତି?	आपण गाँरे रुहन्ति, किन्तु सहरकु काम करिबा पाइँ जाआन्ति। कण आपण गाँरे रहिबाकु अधिक पसन्द करन्ति?
जी हां! मैं वहां रहना अधिक पसंद करता हूं। पर मैं शहर को भी चाहता हूं।	ହଁ! ମୁଁ ସେଠାରେ ରହିବାକୁ ଅଧିକ ପସନ୍ଦ କରେ। କିନ୍ତୁ ମୁଁ ସହରକୁ ମଧ୍ୟ ଭଲପାଏ।	हँ! मुँ सेठारे रहिबाकु अधिक पसन्द करे। किन्तु मुँ सहरकु मध्य भलपाए।
आप शहर को क्यों चाहते हैं?	ଆପଣ ସହରକୁ କାହିଁକି ଇଚ୍ଛା କରନ୍ତି?	आपण सहरकु काहिँकि इच्छा करन्ति?
शहर में सिनेमा-नाटक है, संग्रहालय, पुस्तकालय और विश्वविद्यालय आदि	ସହରରେ ସିନେମା-ନାଟକ ଅଛି, ସଂଗ୍ରହାଳୟ, ପୁସ୍ତକାଳୟ ଏବଂ ବିଶ୍ୱବିଦ୍ୟାଳୟ ଆଦି	सहररे सिनेमा-नाटक अछि, संग्रहाळय, पुस्तकाळय एबं बिश्वबिद्याळय आदि

सभी कुछ हैं।	ସବୁକିଛି ଅଛି ।	सबुकिछि अछि।
परन्तु वहां कारखाने बसें, ट्रक, कारें भी हैं। हर जगह शोर-गुल होता है।	ହେଲେ ସେଠାରେ କାରଖାନା, ବସ୍, ଟ୍ରକ୍, କାର୍ ମଧ୍ୟ ଅଛି । ସବୁ ସ୍ଥାନରେ କୋଳାହଳ ସୃଷ୍ଟି ହୁଏ ।	हेले सेठारे कारखाना, बस्, ट्रक्, कार् मध्य अछि। सबु स्थानरे कोळाहळ सृष्टि हुए।
यह ठीक है। यही कारण है कि मैं गांव में रहना अधिक अच्छा समझता हूं, यद्यपि मैं शहर में काम करता हूं। गांव में शांति होती है। हवा स्वच्छ होती है।	ଏହା ଠିକ୍ । ଏହି କାରଣରୁ ମୁଁ ଗାଁରେ ରହିବାକୁ ଅଧିକ ଭଲ ବୋଲି ଭାବେ, ଯଦ୍ୟପି ମୁଁ ସହରରେ କାମ କରେ । ଗାଁରେ ଶାନ୍ତି ଥାଏ । ସ୍ୱଚ୍ଛ ପବନ ଥାଏ ।	एहा ठिक्। एहि कारणरु मुँ गाँरे रहिबाकु अधिक भल बोलि भाबे, जद्यपि मुँ सहररे काम करे। गाँरे शान्ति थाए। स्वच्छ पबन थाए।
और (क्या) आपकी पत्नी भी गांव की जिंदगी पसंद करती हैं?	ଏବଂ ଆପଣଙ୍କ ପତ୍ନୀ ମଧ୍ୟ ଗାଁ ଜୀବନ ପସନ୍ଦ କରନ୍ତି କି ?	एबं आपणंक पत्नी मध्य गाँ जीबन पसन्द करन्ति कि?
वह इसे बहुत पसंद करती है। वैसे जब-तब वह कपड़े तथा दूसरी चीजें खरीदने शहर जाती है।	ସେ ଏହାକୁ ବହୁତ ପସନ୍ଦ କରେ । ଯେତେବେଳେ ସେ ପୋଷାକ ତଥା ଅନ୍ୟ ଜିନିଷ କିଣିବାକୁ ସହର ଯାଏ ।	से एहाकु बहुत पसन्द करे। जेतेबेळे से पोषाक तथा अन्य जिनिष किणिबाकु सहर जाए।
इस पर भी, हमारे परिवार के सदस्य गांव में प्रसन्न हैं।	ଏହାପରେ ମଧ୍ୟ, ଆମ ପରିବାରର ସଦସ୍ୟମାନେ ଗାଁରେ ଖୁସିରେ ଅଛନ୍ତି ।	एहापरे मध्य, आम परिबारर सदस्यमाने गाँरे खुसिरे अछन्ति।

भाषा सीखना ଭାଷା ଶିଖିବା

श्री नंबियार महोदय आप कैसे हैं?	ଶ୍ରୀ ନାମ୍ବିଆର ମହୋଦୟ, ଆପଣ କେମିତି ଅଛନ୍ତି ?	श्री नाम्बिआर महोदय, आपण केमिति अछन्ति?
बिलकुल ठीक-ठाक हूं। धन्यवाद।	ଏକଦମ ଠିକ୍ ଅଛି । ଧନ୍ୟବାଦ ।	एकदम ठिक् अछि। धन्यबाद।

और आपका परिवार कैसा है?	ଆଉ ଆପଣଙ୍କ ପରିବାର କେମିତି ଅଛି ?	आउ आपणंक परिबार केमिति अछि?
आपकी मेहरबानी से सब ठीक-ठाक है।	ଆପଣଙ୍କ ଦୟାରୁ ସବୁ ଠିକ୍‌ଠାକ୍ ଅଛି ।	आपणंक दयारु सबु ठिक्ठाक् अछि।
वैसे, मैंने सुना है कि कुछ समय से आप हिंदी सीख रहे हैं।	ଏପରିକି, ମୁଁ ଶୁଣିଛି ଯେ ଆପଣ କିଛି ଦିନ ହେଲା ହିନ୍ଦୀ ଶିଖୁଛନ୍ତି ।	एपरिकि, मुं शुणिछि जे आपण किछि दिन हेला हिन्दी शिखुछन्ति।
यह सच है, मैं हिंदी पढ़ना, बोलना और लिखना चाहता हूं।	ଏହା ସତ ଅଟେ, ମୁଁ ହିନ୍ଦୀ ପଢ଼ିବା, କହିବା ଏବଂ ଲେଖିବାକୁ ଚାହୁଁଛି ।	एहा सत अटे, मुं हिन्दी पढ़िबा, कहिबा एबं लेखिबाकु चाहुँछि।
(क्या) आपको लगता है कि हिंदी भाषा कठिन है?	କ'ଣ ଆପଣଙ୍କୁ ଲାଗୁଛି ହିନ୍ଦୀ ଭାଷା କଠିନ ?	कण आपणंकु लागुछि हिन्दी भाषा कठिन?
विदेशियों को वह कठिन लगती है, पर मैं प्रगति कर रहा हूं।	ବିଦେଶୀଙ୍କୁ ତାହା କଠିନ ଲାଗେ, କିନ୍ତୁ ମୁଁ ଉନ୍ନତି କରୁଛି ।	बिदेशींकु ताहा कठिन लागे, किन्तु मुं उन्नति करुछि।
बहुत अच्छे! आप तो पहले ही हिंदी अच्छी बोलते हैं।	ବହୁତ ଭଲ ! ଆପଣ ତ ପୂର୍ବରୁ ହିଁ ଭଲ ହିନ୍ଦୀ କୁହନ୍ତି ।	बहुत भल! आपण त पूर्बरु हिँ भल हिन्दी कुहन्ति।
धन्यवाद! मैं और भी अच्छा बोलना चाहता हूं।	ଧନ୍ୟବାଦ ! ମୁଁ ଆହୁରି ଭଲ କହିବାକୁ ଚାହୁଁଛି ।	धन्यबाद! मुं आहुरि भल कहिबाकु चाहुँछि।
आपका उत्साह प्रशंसा योग्य है।	ଆପଣଙ୍କ ଉତ୍ସାହ ପ୍ରଶଂସା ଯୋଗ୍ୟ ଅଟେ ।	आपणंक उत्साह प्रशंसा योग्य अटे।

•••

बयालीसवीं सीढ़ी ୪୨ତମ ସୋପାନ

दो मित्रों के बीच
ଦୁଇ ମିତ୍ରଙ୍କ ମଧ୍ୟରେ

मीनाश्री–आप कैसी हैं श्रीमती?	ମିନାକ୍ଷୀ- ଆପଣ କେମିତି ଅଛନ୍ତି ମହାଶୟା ?	— मिनाक्षी–आपण केमिति अछन्ति महाशया?
गरिमा–ठीक-ठाक हूं आपकी कृपा है। और आप?	ଗରିମା- ଆପଣଙ୍କ ଦୟାରୁ ଠିକ୍ ଅଛି । ଏବଂ ଆପଣ ?	— गरिमा–आपणंक दयारु ठिक् अछि। एबं आपण?
मीनाक्षी–मैं ठीक से हूं। धन्यवाद!	ମିନାକ୍ଷୀ- ମୁଁ ଭଲ ଅଛି । ଧନ୍ୟବାଦ !	— मिनाक्षी–मुँ भल अछि। धन्यबाद!
गरिमा–अच्छा, फिर मिलेंगे।	ଗରିମା-ଆଚ୍ଛା, ପୁଣି କେବେ ଦେଖାହେବ ।	— गरिमा–आच्छा, पुणि केबे देखाहेब।

●

आभा–क्या तुम प्रायः दूरदर्शन देखते हो?	ଆଭା-କ'ଣ ତୁମେ ପ୍ରାୟତଃ ଦୂରଦର୍ଶନ ଦେଖ ?	— कण तुमे प्रायत: दूरदर्शन देख?
अमित–हां, मैं कभी-कभी इसे शाम को देखता हूं।	ଅମିତ-ହଁ, ମୁଁ ବେଳେ-ବେଳେ ସନ୍ଧ୍ୟାରେ ଏହାକୁ ଦେଖେ ।	— हँ, मुँ बेळे-बेळे सन्ध्यारे एहाकु देखे।
आभा–क्या तुमने पिछली रात दूरदर्शन देखा था?	ଆଭା-କ'ଣ ତୁମେ ଗତ ରାତିରେ ଦୂରଦର୍ଶନ ଦେଖିଥିଲ ?	— कण तुमे गत रातिरे दूरदर्शन देखिथिल?
अमित–हां, देखा था। मैंने कुछ अच्छे कार्यक्रम देखे।	ଅମିତ-ହଁ, ଦେଖିଥିଲି । ମୁଁ କିଛି ଭଲ କାର୍ଯ୍ୟକ୍ରମ ଦେଖିଲି ।	— हँ, देखिथिलि। मुँ किछि भल कार्यक्रम देखिलि।

●

अमित–क्या तुम कभी आकाशवाणी सुनती हो?	ଅମିତ-କ'ଣ ତୁମେ କେବେ ଆକାଶବାଣୀ ଶୁଣ ?	— कण तुमे केबे आकाशबाणी शुण?
आभा–हां, अवश्य।	ଆଭା-ହଁ, ନିଶ୍ଚୟ ।	— हँ, निश्चय।

मैं हर रात असल में आकाशवाणी सुनती हूं।	ପ୍ରକୃତରେ ମୁଁ ସବୁଦିନ ରାତିରେ ଆକାଶବାଣୀ ଶୁଣେ ।	प्रकृतरे मुँ सबुदिन रातिरे आकाशबाणी शुणे।
अमित-तुम्हारा मनपसंद कार्यक्रम कौन-सा है?	ଅମିତ-କେଉଁଟି ତୁମର ମନପସନ୍ଦ କାର୍ଯ୍ୟକ୍ରମ ଅଟେ ?	— केउँटि तुमर मनपसन्द कार्यक्रम अटे ?
आभा-मुझे वन्दनवार सबसे अच्छा लगता है।	ଆଭା-ମୋତେ ବନ୍ଦନା ସବୁଠାରୁ ଭଲ ଲାଗେ ।	— मोते बन्दना सबुठारु भल लागे।
●	●	●
शहनाज-तुम कहां गई थीं?	ଶେହନାଜ-ତୁମେ କେଉଁଆଡ଼େ ଯାଇଥିଲ ?	— तुमे केउँआडे जाइथिल ?
मीनाज-हम सुंदर समुद्र तट पर गई थीं।	ମୀନାଜ-ଆମେ ସୁନ୍ଦର ସମୁଦ୍ର କୂଳକୁ ଯାଇଥିଲୁ ।	— आमे सुन्दर समुद्र कुळकु जाइथिलु।
शहनाज-क्या तुम समुद्र में तैरी थीं?	ଶେହନାଜ-କ'ଣ ତୁମେ ସମୁଦ୍ରରେ ପହଁରିଲ ?	— कण तुमे समुद्ररे पहँरिल ?
मीनाज-हां, पर मैं किनारे के पास-पास तैरी थी।	ମୀନାଜ- ହଁ, କିନ୍ତୁ ମୁଁ କୂଳରେ ପହଁରିଥିଲି ।	— हँ, किन्तु मुँ कुळरे पहँरिथिलि।
●	●	●
मंजुला-आज रात का, आप का क्या कार्यक्रम हैं?	ମଞ୍ଜୁଳା-ଆଜି ରାତିରେ ଆପଣଙ୍କର କି କାର୍ଯ୍ୟକ୍ରମ ଅଛି ?	— आजि रातिरे आपणंकर कि कार्यक्रम अछि ?
गौरव-अभी मैंने निश्चय नहीं किया?	ଗୌରବ-ଏବେ ମୁଁ ସ୍ଥିର କରିନାହିଁ ।	— एबे मुँ स्थिर करिनाहिँ।
मंजुला-क्या आप सिनेमा जाना चाहेंगे?	ମଞ୍ଜୁଳା-କ'ଣ ଆପଣ ସିନେମା ଯିବାକୁ ଚାହିଁବେ ?	— कण आपण सिनेमा जिबाकु चाहिँबे ?
गौरव-नहीं, मैं नाटक देखना चाहूंगा।	ଗୌରବ-ନାଁ, ମୁଁ ନାଟକ ଦେଖିବାକୁ ଚାହିଁବି ।	— नाँ, मुँ नाटक देखिबाकु चाहिँबि।
●	●	●
मनोज-मुझे रेलवे स्टेशन जाना है।	ମନୋଜ-ମୋତେ ରେଲୱେ ଷ୍ଟେସନ ଯିବାର ଅଛି ।	— मोते रेल्वे ष्टेसन जिबार अछि।

विकास-तुम्हें वहां किसलिए जाना है? ବିକାସ-ତୁମେ ସେଠାକୁ କାହିଁକି ଯିବ ? — तुमे सेठाकु काहिँकि जिब?

मनोज-मेरी बहन बंबई से आ रही है, उसे लेने जाना है। ମନୋଜ-ମୋ ଭଉଣୀ ବମ୍ବେରୁ ଆସୁଛି, ତାକୁ ଆଣିବାକୁ ଯିବାର ଅଛି । — मो भउणी बम्बेरु आसुछि, ताकु आणिबाकु जिबार अछि।

विकास-आओ मेरे स्कूटर पर बैठ जाओ। ବିକାସ-ଆସ ମୋ ସ୍କୁଟରରେ ବସି ଯିବା । — आस मो स्कुटर्रे बसि जिबा।

● ● ●

प्रदीप-क्या आप डॉ. भारतेंदु हैं? ପ୍ରଦୀପ-କ'ଣ ଆପଣ ଡା. ଭାରତେନ୍ଦୁ ଅଟନ୍ତି ? — कण आपण डा. भारतेन्दु अटन्ति?

मनोहर-नहीं, वह लंबे महाशय डॉ. भारतेंदु हैं। ମନୋହର-ନା, ସେହି ଡେଙ୍ଗା ମହାଶୟ ଡା. ଭାରତେନ୍ଦୁ ଅଟନ୍ତି ? — ना, सेहि डेंगा महाशय डा. भारतेन्दु अटन्ति?

प्रदीप-(क्या) आपका मतलब है, वह जो ऐनक पहने हैं? ପ୍ରଦୀପ-କ'ଣ ଆପଣଙ୍କ ହିସାବରେ, ସେହି ଲୋକ ଯିଏ ଚଷମା ପିନ୍ଧିଛନ୍ତି ? — कण आपणंक हिसाबरे, सेहि लोक जिए चषमा पिंधिछन्ति?

मनोहर-हां, वह जो काले बालों वाले हैं। ମନୋହର-ହଁ, ସେଇ ଯାହାଙ୍କ କଳା କେଶ ଅଛି । — हँ, सेइ जाहांक कळा केश अछि।

● ● ●

ईनामदार-आप यहां कब से हैं? ଇନାମଦାର-ଆପଣ ଏଠାରେ କେତେବେଳୁ ଅଛନ୍ତି ? — आपण एठारे केतेबेळु अछन्ति?

गोपाल-मैं दो सप्ताह से यहां हूं। ଗୋପାଳ-ମୁଁ ଦୁଇ ସପ୍ତାହ ହେବ ଏଠାରେ ଅଛି । — मुँ दुइ सप्ताह हेब एठारे अछि।

ईनामदार-आप कब-कब यहां आते हैं? ଇନାମଦାର-ଆପଣ କେବେ କେବେ ଏଠାକୁ ଆସନ୍ତି ? — आपण केबे केबे एठाकु आसन्ति?

गोपाल-मैं लगभग वर्ष में दो बार इस शहर में आता हूं। ଗୋପାଳ-ମୁଁ ପାଖାପାଖି ବର୍ଷକରେ ଦୁଇଥର ଏହି ସହରକୁ ଆସେ । — मुँ पाखापाखि बर्षकरे दुइथर एहि सहरकु आसे।

अनु-क्या तुम्हारी छुट्टियाँ अच्छी ଅନୁ-କ'ଣ ତୁମର ଛୁଟି ଗୁଡ଼ିକ ଭଲରେ — कण तुमर छुटि गुड़िक भलरे

बीतीं?	ବିତିଲା ?	बितिला ?
सत्य-हां, अच्छी बीतीं। वह समय बड़ा मजे का रहा।	ସତ୍ୟ-ହଁ, ଭଲରେ ବିତିଲା । ସେହି ସମୟ ବହୁତ ମଜାଦାର ଥିଲା ।	— हँ, भलरे बितिला। सेहि समय बहुत मजादार थिला।
अनु-तुम ने क्या किया?	ଅନୁ-ତୁମେ କ'ଣ କଲ ?	— तुमे कण कल ?
सत्य-मैंने नई दिल्ली के कुछ पुराने मित्रों से भेंट की।	ସତ୍ୟ-ମୁଁ ନୂଆଦିଲ୍ଲୀର କିଛି ପୁରୁଣା ମିତ୍ରଙ୍କ ସହ ସାକ୍ଷାତ କଲି ।	— मुँ नूआदिल्लीरे किछि पुरुणा मित्रंक सह साक्षात कलि।

•••

तैंतालीसवीं सीढ़ी ୪୩ତମ ସୋପାନ

पैसे के बारे में
ପଇସା ବାବଦରେ

1. तुम्हारे पास कितने रुपये हैं?	ତୁମ ପାଖରେ କେତେ ଟଙ୍କା ଅଛି ?	तुम पाखरे केते टंका अछि ?
— बहुत अधिक नहीं।	ବେଶୀ ନାହିଁ ।	— बेशी नाहिँ।
●	●	●
2. वह किसी बात पर परेशान दीखती हैं?	ସେ କୌଣସି ବିଷୟରେ ଚିନ୍ତିତ ଥିବା ଜଣାପଡୁଛି ।	से कौणसि बिषयरे चिन्तित थिबा जणापडुछि।
— मुझे लगता है, उसके पैसे खो गए हैं।	ମତେ ଲାଗୁଛି, ତା ପଇସା ହଜିଯାଇଛି ।	— मते लागुछि, ता पइसा हजिजाइछि।
— क्या आपको पक्का मालूम है कि उसके पैसे खो गए हैं?	କ'ଣ ଆପଣଙ୍କୁ ସଠିକ୍ ଜଣାଅଛି ଯେ ତା ପଇସା ହଜିଯାଇଛି ?	— कण आपणंकु सठिक् जणाअछि जे ता पइसा हजिजाइछि ?

— हां, मुझे विश्वास हैं।	ହଁ, ମୋର ବିଶ୍ୱାସ ଅଛି ।	— हँ, मोर बिश्वास अछि।
●	●	●
3. अपने बैंक खाते में आपके कितने रुपये थे?	ଆପଣଙ୍କ ବ୍ୟାଙ୍କ୍ ଖାତାରେ କେତେ ଟଙ୍କା ଥିଲା ?	आपणंक ब्यांक खातारे केते टंका थिला ?
— मेरे पास ठीक तीन सौ रुपये थे।	ମୋ ପାଖରେ ଠିକ୍ ତିନିଶହ ଟଙ୍କା ଥିଲା ।	— मो पाखरे ठिक् तिनिशह टंका थिला।
●	●	●
4. क्या तुमने अपनी मोटरसाइकिल बेच दी?	କ'ଣ ତୁମେ ନିଜର ମୋଟରସାଇକଲ୍ ବିକି ଦେଇଛ ?	कण तुमे निजर मोटरसाइकल् बिकि देइछ ?
— हां, मैंने अपने मित्र अनुपम को बेच दी।	ହଁ, ମୁଁ ମୋର ବନ୍ଧୁ ଅନୁପମକୁ ବିକିଦେଲି ।	— हँ, मुँ मोर बंधु अनुपमकु बिकिदेलि।
●	●	●
5. क्या आप कल तक के लिए एक सौ रुपये उधार दे सकेंगे?	କ'ଣ ଆପଣ ଆସନ୍ତା କାଲି ଯାଏଁ ଶହେ ଟଙ୍କା ଉଧାର ଦେଇପାରିବେ ?	कण आपण आसन्ता कालि जाएँ शहे टंका उधार देइपारिबे ?
— नहीं, मैं नहीं दे सकता।	ନା, ମୁଁ ଦେଇପାରିବି ନାହିଁ ।	— ना, मुँ देइपारिबि नाहिँ।
●	●	●
6. क्या आप (मेरे लिए) छह सौ रुपये निकाल सकेंगे?	କ'ଣ ଆପଣ ମୋ ପାଇଁ ଛଅ ଶହ ଟଙ୍କା ବାହାର କରିପାରିବେ ?	कण आपण मो पाइँ छअ शह टंका बाहार करिपारिबे ?
— हां, पर मुझे वह पैसा अगले सप्ताह के पहले चाहिए।	ହଁ, କିନ୍ତୁ ମୋତେ ସେହି ପଇସା ଆଗାମୀ ସପ୍ତାହ ପୂର୍ବରୁ ଦରକାର ।	— हँ, किन्तु मोते सेहि पइसा आगामी सप्ताह पूर्बरु दरकार।
7. क्या तुम्हें पैसा मिल गया?	କ'ଣ ତୁମକୁ ପଇସା ମିଳିଗଲା ?	कण तुमकु पइसा मिळिगला ?
— हां, मैंने अपने साथी से उधार ले लिया।	ହଁ, ମୁଁ ମୋ ସାଙ୍ଗଠାରୁ ଧାର୍ ନେଇଗଲି ।	— हँ, मुँ मो सांगठारु धार् नेइगलि।

●	●	●
8. (क्या) आपके पास रेजगारी है?	କ'ଣ ଆପଣଙ୍କ ପାଖରେ ଖୁଚୁରା ଅଛି ?	कण आपणंक पाखरे खुचुरा अछि?
— मेरे पास सात सिक्के दस पैसे वाले और छः सिक्के पांच पैसे वाले हैं।	ମୋ ପାଖରେ ଦଶ ପଇସିଆ ସାତଟି ମୁଦ୍ରା ଏବଂ ପାଞ୍ଚ ପଇସିଆ ଛଅଟି ମୁଦ୍ରା ଅଛି ।	— मो पाखरे दश पइसिआ सातटि मुद्रा एबं पाञ्च पइसिआ छअटि मुद्रा अछि।
●	●	●
9. (क्या) आप यह दस रुपये वाला नोट बदल सकते हैं?	କ'ଣ ଆପଣ ଏହି ଦଶ ଟଙ୍କିଆ ନୋଟ୍‌କୁ ବଦଳାଇ ପାରିବେ ?	कण आपण एहि दश टंकिआ नोट्‌कु बदळाइ पारिबे?
— खेद है, मेरे पास कोई नोट नहीं है।	ମୁଁ ଦୁଃଖିତ, ମୋ ପାଖରେ କୌଣସି ନୋଟ୍ ନାହିଁ ।	— मुँ दु:खित, मो पाखरे कौणसि नोट् नाहिँ।
●	●	●
10. (क्या) आपके पास एक सौ रुपये के छोटे नोट हैं?	କ'ଣ ଆପଣଙ୍କ ପାଖରେ ଶହେ ଟଙ୍କାର ଖୁଚୁରା ନୋଟ୍ ଅଛି ?	कण आपणंक पाखरे शहे टंकार खुचुरा नोट् अछि?
— एक मिनट रुको, जरा देख लूं।	ଗୋଟେ ମିନିଟ୍ ରୁହ, ଟିକେ ଦେଖିଦିଏ ।	— गोटे मिनिट् रुह, टिके देखिदिए।
11. (क्या) तुम विदेशी मुद्रा विनिमय करोगे?	କ'ଣ ତୁମେ ବିଦେଶୀ ମୁଦ୍ରା ବିନିମୟ କରିବ ?	कण तुमे बिदेशी मुद्रा बिनिमय करिब?
— हां, अवश्य।	ହଁ, ନିଶ୍ଚୟ ।	— हँ, निश्चय।
●	●	●
12. आप कितनी राशि विनिमय करोगे?	ଆପଣ କେତେ ଟଙ୍କା ବିନିମୟ କରିବେ ?	आपण केते टंका बिनिमय करिबे?
— एक छात्र को प्राय: पांच हजार डालर प्रतिवर्ष विदेशी मुद्रा विनिमय प्राप्त होती है।	ଜଣେ ଛାତ୍ର ପ୍ରତିବର୍ଷ ପ୍ରାୟତଃ ପାଞ୍ଚ ହଜାର ଡଲାର ବିଦେଶୀ ମୁଦ୍ରା ବିନିମୟ କରିପାରିବ ।	— जणे छात्र प्रतिबर्ष प्रायत: पाञ्च हजार डलार बिदेशी मुद्रा बिनिमय करिपारिब।

13. तुम्हारा वेतन कितना है?	ତୁମର ଦରମା କେତେ ?	तुमर दरमा केते?
— मुझे चार सौ रुपये प्रतिमाह वेतन मिलता है।	ମତେ ମାସକୁ ଚାରିଶହ ଟଙ୍କା ବେତନ ମିଳେ ।	— मते मासकु चारिशह टंका बेतन मिळे।
14. आप कितनी राशि चाहते हैं?	ଆପଣ କେତେ ଟଙ୍କା ଚାହୁଁଛନ୍ତି ?	आपण केते टंका चाहुँछन्ति?
— मैं पचास रुपये से अधिक नहीं पाना चाहता।	ମୁଁ ପଚାଶ ଟଙ୍କାରୁ ଅଧିକ ପାଇବାକୁ ଚାହୁଁନାହିଁ ।	— मुँ पचाश टंकारु अधिक पाइबाकु चाहुँनाहिँ।
15. आप कुछ कमीशन देंगे?	ଆପଣ କିଛି କମିଶନ ଦେବେ ?	आपण किछि कमिशन देबे?
— कुछ भी नहीं।	କିଛି ବି ନୁହେଁ ।	— किछि बि नुहेँ।
16. क्या यह वस्तु बीस रुपये की होगी?	କ'ଣ ଏହି ଜିନିଷର ମୂଲ୍ୟ କୋଡ଼ିଏ ଟଙ୍କା ହେବ ?	कण एहि जिनिषर मूल्य कोड़िए टंका हेब?
— क्यों नहीं? बल्कि यह तो और भी महंगी है।	କାହିଁକି ନୁହେଁ ? କିନ୍ତୁ ଏହା ତ ଆହୁରି ମହଙ୍ଗା ।	— काहिँकि नुहेँ? किन्तु एहा त आहुरि महंगा।

•••

चौवालीसवीं सीढ़ी ୪୪ତମ ସୋପାନ

बस में
ବସ୍‌ରେ

1. टिकटें ले लो।	ଟିକଟ କାଟିଦିଅ ।	टिकट काटिदिअ।
2. नहीं, पिछली बार मैंने टिकटें ली थीं। आज तुम्हारी बारी है।	ନା, ପୂର୍ବଥର ମୁଁ ଟିକଟ କାଟିଥିଲି । ଆଜି ତୁମର ପାଳି ।	ना, पूर्बथर मुँ टिकट काटिथिलि। आजि तुमर पाळि।
3. अच्छा। क्या हम रिंग रोड, लाजपतनगर उतरें?	ଆଚ୍ଛା । କ'ଣ ଆମେ ରିଙ୍ଗ ରୋଡ୍, ଲାଜପତ ନଗରରେ ଓହ୍ଲାଇବା ?	आछा। कण आमे रिंग रोड्, लाजपथ नगररे ओह्लाइबा?
4. मैं तो समझता हूं, सेंट्रल मार्केट सिनेमा से थोड़ा पास पड़ता है। कुछ भी हो, किराया तो एक-सा है।	ମୁଁ ତ ଭାବୁଛି, ସେଣ୍ଟ୍ରାଲ୍ ମାର୍କେଟ୍ ଠାରୁ ସିନେମା ପାଖ ପଡ଼ିବ । ଯାହା ବି ହେଉ, ଭଡ଼ା ତ ଏକା ।	मुँ त भाबुछि, सण्ट्राल् मार्केट् ठारु सिनेमा पाख पड़ीब। जाहा बि हेउ, भड़ा त एका।
5. हां, ठीक है। मैं प्राय: रिंग रोड पर उतरता हूं। पर इससे कोई अंतर नहीं पड़ता।	ହଁ, ଠିକ୍ ଅଛି । ମୁଁ ପ୍ରାୟ ରିଙ୍ଗ୍ ରୋଡ୍‌ରେ ଓହ୍ଲାଏ । କିନ୍ତୁ ଏହାଦ୍ୱାରା କୌଣସି ଫରକ ପଡ଼େନାହିଁ ।	हँ, ठिक् अछि। मुँ प्राय रिंग् रोड्रे ओह्लाए। किन्तु एहाद्वारा कौणसि फरक पड़ेनाहिँ।
6. अब टिकटें ले लो।	ଏବେ ଟିକଟ କାଟିଦିଅ ।	एबे टिकट काटिदिअ।
7. बस में भारी भीड़ है। सो मेरा विचार है, संवाहक बहुत व्यस्त हैं।	ବସ୍‌ରେ ବହୁତ ଭିଡ଼ ଅଛି, ତେଣୁ ମୁଁ ଭାବୁଛି କଣ୍ଡକ୍ଟର ଅଧିକ ବ୍ୟସ୍ତ ଅଛି ।	बस्रे बहुत भिड़ अछि, तेणु मुँ भाबुछि कण्डक्टर अधिक व्यस्त अछि।
8. पर क्या तुमने पैसे निकाल लिए हैं?	କିନ୍ତୁ ତୁମେ କ'ଣ ପଇସା କାଢ଼ି ସାରିଛ ?	किन्तु तुमे कण पइसा काढ़ी सारिछ?

9.	हां, मेरे पास किराये के लिए खुले पैसे हैं।	ହଁ, ମୋ ପାଖରେ ଭଡ଼ା ପାଇଁ ଖୁଚୁରା ପଇସା ଅଛି ।	हँ, मो पाखरे भड़ा पाइँ खुचुरा पइसा अछि।

सार्वजनिक पुस्तकालय में ସର୍ବସାଧାରଣ ପୁସ୍ତକାଳୟରେ

1.	क्या मैं पुस्तकालय का नियमित सदस्य बन सकता हूं?	କ'ଣ ମୁଁ ପୁସ୍ତକାଳୟର ନିୟମିତ ସଦସ୍ୟ ହୋଇପାରିବି ?	कण मुँ पुस्तकाळयर नियमित सदस्य होइपारिबि?
2.	नि:संदेह। यह फार्म भरिए और किसी राजपत्रित अधिकारी से हस्ताक्षर करवाइए।	ନିଃସନ୍ଦେହ । ଏହି ଫର୍ମ ପୂରଣ କରନ୍ତୁ ଏବଂ କୌଣସି ଗେଜେଟେଡ୍ ଅଫିସରଙ୍କ ଠାରୁ ଦସ୍ତଖତ କରାଇ ଆଣନ୍ତୁ ।	नि:सन्देह। एहि फर्म पूरण करन्तु एबं कौणसि गेजेटेड् अफिसरंक ठारु दस्तखत कराइ आणन्तु।
3.	सदस्यता शुल्क कितना है?	ସଦସ୍ୟତା ଶୁଳ୍କ କେତେ ?	सदस्यता शुळ्क केते?
4.	कुछ भी नहीं। सार्वजनिक पुस्तकालय सेवा सर्वथा नि:शुल्क है।	କିଛି ନାହିଁ । ସର୍ବସାଧାରଣ ପୁସ୍ତକାଳୟ ସେବା ସବୁଆଡ଼େ ନିଃଶୁଳ୍କ ଅଟେ ।	किछि नाहिँ। सर्बसाधारण पुस्तकाळय सेबा सबुआडे नि:शुळ्क अटे।
5.	एक समय में आप कितनी पुस्तकें देते हैं?	ଗୋଟିଏ ସମୟରେ ଆପଣ କେତୋଟି ପୁସ୍ତକ ଦିଅନ୍ତି ?	गोटिए समयरे आपण केतोटि पुस्तक दिअन्ति?
6.	पुस्तकालय तीन पुस्तकें चौदह दिनों के लिए देता है।	ପୁସ୍ତକାଳୟ ଚଉଦ ଦିନ ପାଇଁ ତିନୋଟି ପୁସ୍ତକ ଦେଇଥାଏ ।	पुस्तकाळय चउद दिन पाइँ तिनोटि पुस्तक देइथाए।
7.	अच्छा! प्रतिदिन का विलम्ब शुल्क कितना है?	ଆଚ୍ଛା ! ପ୍ରତିଦିନର ବିଳମ୍ବ ଶୁଳ୍କ କେତେ ?	आच्छा! प्रतिदिनर बिळम्ब शुळ्क केते?
8.	हम प्रतिदिन प्रत्येक पुस्तक के दस पैसे लेते हैं।	ଆମେ ପ୍ରତିଦିନ ପ୍ରତ୍ୟେକ ପୁସ୍ତକ ପାଇଁ ଦଶ ପଇସା ନେଉ ।	आमे प्रतिदिन प्रत्येक पुस्तक पाइँ दश पइसा नेउ।
9.	पुस्तकालय कितने बजे से कितने बजे तक खुला रहता है?	ପୁସ୍ତକାଳୟ କେତେଟାରୁ କେତେଟା ପର୍ଯ୍ୟନ୍ତ ଖୋଲା ରୁହେ ?	पुस्तकाळय केतेटारु केतेटा पर्यन्त खोला रुहे?
10.	पुस्तकालय प्रात:	ପୁସ୍ତକାଳୟ ସକାଳ	पुस्तकाळय सकाळ

नौ बजे से सायं साढ़े सात बजे तक खुला रहता है।	୯ ଟାରୁ ସନ୍ଧ୍ୟା ସାଢ଼େ ସାତଟା ପର୍ଯ୍ୟନ୍ତ ଖୋଲା ରୁହେ ।	टारु संध्या साढ़े सातटा पर्यन्त खोला रुहे।

सिनेमा घर में ସିନେମା ଘରେ

1.	मध्यावकाश हो गया। अल्पाहार गृह चलकर एक-एक प्याला चाय ले लें?	ବିରତି ହୋଇଗଲା । ସ୍ନାକ୍ ବାର୍‌କୁ ଯାଇ କପେ ଲେଖା ଚାହା ପିଇବା ?	बिरति होइगला। स्नाक् बार्‌कु जाइ कपे लेखा चाहा पिइबा?
2.	मुझे कुछ नहीं चाहिए। जरा अपनी टांगे सीधी कर लें।	ମୋର କିଛି ଦରକାର ନାହିଁ । ଚାଲ ଆମ ଗୋଡ଼ ସିଧା କରିନେବା ।	मोर किछि दरकार नाहिँ। चाल आम गोड़ सिधा करिनेबा।
3.	चलो चलें। नायिका के बारे में तुम्हारा क्या विचार है?	ଚାଲ ଯିବା । ନାୟିକା ବାବଦରେ ତୁମର ମତ କ'ଣ ?	चाल जिबा। नायिका बाबदरे तुमर मत कण?
4.	उसका प्रदर्शन बहुत अच्छा था।	ତା'ର ପ୍ରଦର୍ଶନ ବହୁତ ଭଲ ଥିଲା ।	तार प्रदर्शन बहुत भल थिला।
5.	वस्तुतः उसका भविष्य बहुत उज्ज्वल है।	ବସ୍ତୁତଃ ତାହାର ଭବିଷ୍ୟତ ବହୁତ ଉଜ୍ଜ୍ୱଳ ଅଟେ ।	बस्तुतः ताहार भबिष्यत बहुत उज्वळ अटे।
6.	वह निश्चय ही सब अभिनेताओं से आगे बढ़ गई।	ସେ ନିଶ୍ଚୟ ହିଁ ସବୁ ଅଭିନେତାଙ୍କ ଠାରୁ ଆଗେଇ ଗଲା ।	से निश्चय हिँ सबु अभिनेतांक ठारु आगेइ गला।
7.	जितनी अच्छी वह रही उतना कोई दूसरा नहीं रहा।	ସେ ଯେତିକି ଭଲ ଥିଲା ସେତିକି ଅନ୍ୟ କେହି ନଥିଲେ ।	से जेतिकि भल थिला सेतिकि अन्य केहि नथिले।
8.	केवल नन्हीं बच्ची मीरा को छोड़कर जिसने हम सबका मनोरंजन किया।	କେବଳ ଛୋଟ ଝିଅ ମୀରାକୁ ଛାଡ଼ି, ଯିଏ ଆମ ସମସ୍ତଙ୍କ ମନୋରଞ୍ଜନ କଲା ।	केबळ छोट झिअ मीराकु छाड़ी, जिए आम समस्तंक मनोरञ्जन कला।
9.	घंटी बज रही है। यह लौटने का समय है।	ଘଣ୍ଟି ବାଜୁଛି । ଏହା ଫେରିବାର ସମୟ ଅଟେ ।	घण्टि बाजुछि। एहा फेरिबार समय अटे।

•••

पैंतालीसवीं सीढ़ी ୪୫ତମ ସୋପାନ

रास्ता पूछते हुए
ରାସ୍ତା ପଚାରିବା ବେଳେ

1. आपको कष्ट न हो तो क्या आप बता सकते हैं कि मंदिर कहां है?	କ୍ଷମା କରିବେ, କ'ଣ ଆପଣ କହି ପାରିବେ କି ମନ୍ଦିର କେଉଁଠି ଅଛି ?	क्षमा करिबे, कण आपण कहि पारिबे कि मन्दिर केउँठि अछि?
2. कौन सा मंदिर?	କେଉଁ ମନ୍ଦିର ?	केउँ मन्दिर?
3. मेरा मतलब है, लक्ष्मी नारायण मंदिर।	ମୋ କହିବାର ମାନେ, ଲକ୍ଷ୍ମୀ ନାରାୟଣ ମନ୍ଦିର ।	मो कहिबार माने, लक्ष्मी नारायण मन्दिर।
4. अच्छा, बिरला मंदिर। पहली ट्रैफिक बत्ती तक सीधे जाइए और फिर दायें घूमिए।	ଆଚ୍ଛା, ବିରଳା ମନ୍ଦିର । ପ୍ରଥମ ଟ୍ରାଫିକ୍ ଲାଇଟ ପର୍ଯ୍ୟନ୍ତ ସିଧା ଯାଆନ୍ତୁ ଏବଂ ତା ପରେ ବାମକୁ ବୁଲନ୍ତୁ ।	आच्छा, बिरळा मन्दिर। प्रथम ट्राफिक् लाइट् पर्यन्त सिधा जाआन्तु एबं ता परे बामकु बुलन्तु।
5. अच्छा! क्या यह दूर है?	ଆଚ୍ଛା ! କ'ଣ ଏହା ଦୂରରେ ଅଛି ?	आच्छा! कण एहा दूररे अछि?
6. नहीं, अधिक दूर नहीं। केवल एक किलोमीटर।	ନା, ଅଧିକ ଦୂର ନୁହେଁ । କେବଳ ଏକ କିଲୋମିଟର ।	ना, अधिक दूर नुहेँ। केबळ एक किलोमिटर।
7. पहली ट्रैफिक बत्ती पर बायीं ओर घूमना है?	ପ୍ରଥମ ଟ୍ରାଫିକ୍ ଲାଇଟ୍ ଠାରୁ ବାମ ପଟକୁ ଯିବାର ଅଛି ?	प्रथम ट्राफिक् लाइट् ठारु बाम पटकु जिबार अछि?
8. जब आप बायीं ओर घूमेंगे, तो मंदिर आपको दिखाई देगा।	ଆପଣ ଯେତେବେଳେ ବାମ ପଟକୁ ବୁଲିବେ, ତେବେ ଆପଣଙ୍କୁ ମନ୍ଦିର ଦେଖାଯିବ ।	आपण जेतेबेळे बाम पटकु बुलिबे, तेबे आपणंकु मंदिर देखाजिब।
9. आपका धन्यवाद!	ଆପଣଙ୍କୁ ଧନ୍ୟବାଦ !	आपणंकु धन्यबाद!
10. ऐसी कोई बात नहीं। अजनबी की	ଏମିତି କୌଣସି କଥା ନାହିଁ । ଅପରିଚିତ ବ୍ୟକ୍ତିଙ୍କୁ	एमिति कौणसि कथा नाहिँ। अपरिचित व्यक्तिंकु

सहायता करना	ସାହାଯ୍ୟ କରିବା	साहाज्य करिबा
प्रसन्नता की बात है।	ଖୁସିର କଥା ।	खुसिर कथा।

कैमिस्ट की दूकान पर ଔଷଧ ଦୋକାନରେ

1. क्या आप मेरी पर्ची की दवाई दे सकेंगे?	କ'ଣ ଆପଣ ମୋ ଚିଠାରେ ଥିବା ଔଷଧ ଦେଇପାରିବେ ?	कण आपण मो चिठारे थिबा औषध देइपारिबे ?
2. अवश्य, महोदय। क्या आप थोड़ी देर बाद फिर आ सकेंगे?	ନିଶ୍ଚୟ, ମହାଶୟ ! କ'ଣ ଆପଣ କିଛି ସମୟ ପରେ ଆସିପାରିବେ ?	निश्चय, महाशय! कण आपण किछि समय परे आसिपारिबे ?
3. कितना समय लगेगा।	କେତେ ସମୟ ଲାଗିବ ?	केते समय लागिब ?
4. केवल दस मिनट।	କେବଳ ଦଶ ମିନିଟ୍ ।	केबळ दश मिनिट्।
5. क्या आप सिरदर्द के लिए कोई दवा बताएंगे?	କ'ଣ ଆପଣ ମୁଣ୍ଡବିନ୍ଧା ପାଇଁ କୌଣସି ଔଷଧ କହିବେ ?	कण आपण मुण्डबिंधा पाइँ कौणसि औषध कहिबे ?
6. हां, ये टिकिया बड़ी प्रभावपूर्ण हैं। आजकल बहुधा डॉक्टर इनको देते हैं।	ହଁ, ଏହି ଟାବ୍‌ଲେଟ ଅଧିକ ଫଳପ୍ରଦ । ଆଜିକାଲି ଅଧିକାଂଶ ଡାକ୍ତର ଏହାକୁ ଲେଖୁଛନ୍ତି ।	हँ, एहि टाब्लेट अधिक फळप्रद। आजिकालि अधिकांश डाक्तर एहाकु लेखुछन्ति।
7. बहुत अच्छा! मैं दस टिकिया लूंगा।	ବହୁତ ଭଲ ! ମୁଁ ଦଶଟି ଟାବ୍‌ଲେଟ ନେବି ।	बहुत भल! मुँ दशटि टाब्लेट नेबि।
8. इतना ही है न महोदय?	ଏତିକି ତ' ମହାଶୟ ?	एतिकि त महाशय ?
9. जी हां, केवल मेरी पर्ची की दवाई। क्या वह अभी तैयार हो जाएगी?	ହଁ ଆଜ୍ଞା, କେବଳ ମୋ ଚିଠାର ଔଷଧ । କ'ଣ ତାହା ଏବେ ପ୍ରସ୍ତୁତ ହୋଇଯିବ ?	हँ आज्ञा, केबळ मो चिठिर औषध। कण ताहा एबे प्रस्तुत होइजिब ?
10. नहीं, अभी नहीं। थोड़ी देर प्रतीक्षा कीजिए। कृपया बैठ जाइए।	ନା, ଏବେ ନୁହେଁ । କିଛି ସମୟ ଅପେକ୍ଷା କରନ୍ତୁ । ଦୟାକରି ବସିଯାନ୍ତୁ ।	ना, एबे नुहेँ। किछि समय अपेक्षा करन्तु। दयाकरि बसिजान्तु।

दूरभाष पर ଟେଲିଫୋନ୍‌ରେ

1. डायमंड पॉकेट बुक्स?	ଏହା ଡାୟମଣ୍ଡ ପକେଟ୍ ବୁକ୍ସ କି ?	एहा डायमण्ड पकेट् बुक्स् कि ?
2. जी हां, डायमंड।	ଆଜ୍ଞା ହଁ, ଡାୟମଣ୍ଡ ।	आज्ञा हँ, डायमण्ड।

नमस्कार।	ନମସ୍କାର ।	नमस्कार।
3. क्या श्री नरेंद्र कुमार हैं।	କ'ଣ ନରେନ୍ଦ୍ର କୁମାର ଅଛନ୍ତି ?	कण नरेन्द्र कुमार अछन्ति?
4. खेद है, वह अभी आये नहीं हैं।	ମୁଁ ଦୁଃଖିତ, ସେ ଏବେ ଆସିନାହାନ୍ତି ।	मुँ दु:खित, से एबे आसिनाहान्ति।
5. क्या आप बता सकते हैं, वे कब आएंगे?	କ'ଣ ଆପଣ କହିପାରିବେ, ସେ କେତେବେଳେ ଆସିବେ ?	कण आपण कहिपारिबे, से केतेबेळे आसिबे?
6. मैं नहीं जानता। आप अपना संदेश दे सकते हैं।	ମୁଁ ଜାଣିନାହିଁ । ଆପଣ ନିଜର ସନ୍ଦେଶ ମତେ ଦେଇପାରନ୍ତି ।	मुँ जाणिनाहिँ। आपण निजर संदेश मते देइपारन्ति।
7. क्या आप उन्हें कह देंगे कि श्री लांबा का फोन आया था, और वे मुझे आकर जल्दी से जल्दी फोन कर लें?	କ'ଣ ଆପଣ ତାଙ୍କୁ କହିଦେବେ ଯେ ଶ୍ରୀ ଲାମ୍ବାଙ୍କ ଫୋନ୍ ଆସିଥିଲା, ଏବଂ ସେ ଆସି ମୋତେ ଶୀଘ୍ରାତି ଶୀଘ୍ର ଫୋନ୍ କରିବେ ?	कण आपण तांकु कहिदेबे जे श्री लांबांक फोन् आसिथिला, एबं से आसि मोते शीघ्राति शीघ्र फोन् करिबे?
8. कह दूंगा। आपका फोन नंबर क्या है?	କହିଦେବି । ଆପଣଙ୍କ ଫୋନ୍ ନମ୍ବର କେତେ ?	कहिदेबि। आपणंक फोन् नंबर केते?
9. मेरा नंबर 654527* है-श्री नरेंद्र कुमार इसे जानते हैं।	ମୋ ନମ୍ବର ହେଉଛି 654527*-ଶ୍ରୀ ନରେନ୍ଦ୍ର କୁମାର ଏହା ଜାଣିଛନ୍ତି ।	मो नंबर हेउछि 654527* -श्री नरेन्द्र कुमार एहा जाणिछन्ति।
10. बहुत अच्छा, श्रीमान्! जैसे ही वह आयेंगे, मैं उन्हें बता दूँगा।	ଠିକ୍ ଅଛି, ମହାଶୟ ! ସେ ଆସିବା କ୍ଷଣି, ମୁଁ ତାଙ୍କୁ ଜଣାଇଦେବି ।	ठिक् अछि, महाशय! से आसिबा क्षणि, मुँ तांकु जणाइदेबि।
11. धन्यवाद। कृपया ध्यान रखिए यह अत्यावश्यक है। अलविदा!	ଧନ୍ୟବାଦ । ଦୟାକରି ମନେ ରଖନ୍ତୁ, ଏହା ଜରୁରୀ ଅଟେ । ବିଦାୟ !	धन्यबाद। दयाकरि मने रखन्तु, एहा जरुरी अटे। बिदाय!
*छः पांच चार पांच दो सात।	*ଛଅ ପାଞ୍ଚ ଚାରି ପାଞ୍ଚ ଦୁଇ ସାତ ।	*छअ पांच चारि पांच दुइ सात।

•••

छियालीसवीं सीढ़ी ୪୬ତମ ସୋପାନ

ट्रंक कॉल करते समय
ଟ୍ରଙ୍କ୍ କଲ୍ କରିବା ସମୟରେ

ग्राहक-हेलो एक्सचेंज।	ଗ୍ରାହକ-ହାଲୋ ଏକ୍ସଚେଞ୍ଜ !	ग्राहक- हालो एक्सचेंज।
चालक-जी हां, एक्सचेंज से बोल रहा हूं।	ଚାଳକ-ଆଜ୍ଞା ହଁ, ଏକ୍ସଚେଞ୍ଜରୁ କହୁଛି ।	चाळक- आज्ञा हँ, एक्सचेंजरु कहुछि।
ग्राहक-कृपया एक आवश्यक ट्रंक कॉल बुक कीजिए।	ଗ୍ରାହକ-ଦୟାକରି ଗୋଟିଏ ଜରୁରୀ ଟ୍ରଙ୍କ୍ କଲ୍ ବୁକ୍ କରନ୍ତୁ ।	ग्राहक- दयाकरि गोटिए जरुरी ट्रंक कल् बुक् करन्तु।
चालक-किस शहर के लिए?	ଚାଳକ-କେଉଁ ସହର ପାଇଁ ?	चाळक- केउँ सहर पाइँ ?
ग्राहक-जी, पुणे के लिए।	ଗ୍ରାହକ-ଆଜ୍ଞା, ପୁନେ ପାଇଁ ।	ग्राहक- आज्ञा, पुने पाइँ।
चालक-कौन-सा नंबर?	ଚାଳକ-କେଉଁ ନମ୍ବର ?	चाळक- केउँ नंबर ?
ग्राहक-6543*	ଗ୍ରାହକ-6543*	ग्राहक- 6543*
चालक-क्या कॉल व्यक्तिगत है?	ଚାଳକ-କ'ଣ କଲ୍ ବ୍ୟକ୍ତିଗତ ଅଟେ ?	चाळक- कण कल् व्यक्तिगत अटे ?
ग्राहक-हां श्रीमान् यह यश शाह के नाम से है।	ଗ୍ରାହକ-ହଁ ମହାଶୟ ଏହା ଯଶ୍ ଶାହଙ୍କ ନାମରେ ।	ग्राहक- हँ महाशय एहा यश् शाहंक नामरे।
चालक-कृपया नाम के हिज्जे बोलिए।	ଚାଳକ-ଦୟାକରି ନାମର ବନାନ କୁହନ୍ତୁ ।	चाळक- दयाकरि नामर बनान कुहन्तु।
ग्राहक-य से यमुनानगर श से शिवपुरी, य श यश शाह दक्कन	ଗ୍ରାହକ-ଯ ରେ ଯମୁନାନଗର, ଶରେ ଶିବପୁରୀ, ଯ ଶ ଯଶ ଶାହ, ଡେକାନ	ग्राहक- य रे यमुनानगर, शरे शिबपुरी, य श यश शाह, डेकान

कॉलेज, पुणे।	କଲେଜ ପୁନେ ।	कलेज पुने।
चालक-ठीक है, आपका फोन नंबर?	ଚାଳକ-ଠିକ୍ ଅଛି, ଆପଣଙ୍କ ଫୋନ୍ ନମ୍ବର ?	चाळक- ठिक् अछि, आपणंक फोन् नंबर ?
ग्राहक-203606+	ଗ୍ରାହକ-203606+	ग्राहक- दुइ शून तिन छ शून छ
चालक-ठीक है। पांच मिनट प्रतीक्षा कीजिए।	ଚାଳକ-ଠିକ୍ ଅଛି । ପାଞ୍ଚ ମିନିଟ୍ ଅପେକ୍ଷା କରନ୍ତୁ ।	चाळक- ठिक् अछि। पांच मिनिट् अपेक्षा करन्तु।
ग्राहक-मेरा पंजीकरण नंबर क्या है?	ଗ୍ରାହକ-ମୋ ପଞ୍ଜିକରଣ ନମ୍ବର କେତେ ?	ग्राहक- मो पंजिकरण नंबर केते ?
चालक-ब से बंबई 1002×	ଚାଳକ-ବ ରେ ବମ୍ବେ 1002×	चाळक- ब रे बंबे एक शून शून दुइ×
ग्राहक-धन्यवाद श्रीमान्!	ଗ୍ରାହକ-ଧନ୍ୟବାଦ ମହାଶୟ !	ग्राहक- धन्यबाद महाशय !
[सात मिनट बाद]	[ସାତ ମିନିଟ୍ ପରେ]	[सात मिनिट् परे]
चालक-हेलो! नंबर 203606?+	ଚାଳକ-ହାଲୋ ! କଣ ନମ୍ବର 203606 ?+	चाळक- हालो ! कण नंबर दुइ शून तिन छ शून छ ?
ग्राहक-हां, बोल रहा हूं।	ଗ୍ରାହକ-ହଁ, କହୁଛି ।	ग्राहक- हँ, कहुछि।
चालक-पुणे के लिए आपका ट्रंक कॉल ...अपने व्यक्ति से बात कीजिए।	ଚାଳକ-ପୁନେ ପାଇଁ ଆପଣଙ୍କ ଟ୍ରଙ୍କ୍ କଲ୍ ...ନିଜ ଲୋକ ସହିତ କଥା ହୁଅନ୍ତୁ ।	चाळक- पुने पाइँ आपणंक ट्रंक् कल् ... निज लोक सहित कथा हुअन्तु।
ग्राहक-आपका बहुत धन्यवाद।	ଗ୍ରାହକ-ଆପଣଙ୍କୁ ଅଶେଷ ଧନ୍ୟବାଦ ।	ग्राहक- आपणंकु अशेष धन्यबाद।
ग्राहक-हेलो, यश शाह?	ଗ୍ରାହକ-ହାଲୋ, ଯଶ ଶାହ ?	ग्राहक- हालो, यश शाह ?

यश-बोल रहा हूं।	ଯଶ-କହୁଛି ।	यश- कहुछि।
ग्राहक-दिल्ली से, अमित बोल रहा हूं।	ଗ୍ରାହକ-ଦିଲ୍ଲୀରୁ, ଅମିତ କହୁଛି ।	ग्राहक- दिल्लीरु, अमित कहुछि।
यश-अच्छा! तुम्हारे पिता जी तुम्हारे बारे में बहुत चिंतित थे।	ଯଶ-ଆଛା ! ତୁମର ବାପା ତୁମ ବିଷୟରେ ବହୁତ ଚିନ୍ତା କରୁଥିଲେ ।	यश- आच्छा! तुमर बापा तुम बिषयरे बहुत चिंता करुथिले।
अमित-मैं यहां कल ही पहुंचा।	ଅମିତ-ମୁଁ ଏଠାରେ କାଲି ପହଞ୍ଚିଲି ।	अमित- मुँ एठारे कालि पहंचिलि।
यश-परिवार में सभी कैसे हैं? मेरी भाभी तुम्हारी माँ जी कैसी हैं।	ଯଶ-ଘରେ ସମସ୍ତେ କେମିତି ଅଛନ୍ତି ? ମୋ ଭାଉଜ- ତୁମ ମା' କେମିତି ଅଛନ୍ତି ?	यश- घरे समस्ते केमिति अछन्ति? मो भाउज- तुम मा केमिति अछंति?
अमित-सभी ठीक-ठाक हैं मेरे पिता जी कहां हैं?	ଅମିତ-ସମସ୍ତେ ଭଲରେ ଅଛନ୍ତି, ମୋ ବାପା କୁଆଡ଼େ ଗଲେ ?	अमित- समस्ते भलरे अछंति, मो बापा कुआडे गले?
यश-वह एक साहित्य-गोष्ठी में गए हैं।	ଯଶ-ସେ ଗୋଟିଏ ସାହିତ୍ୟ ସମ୍ମିଳନୀକୁ ଯାଇଛନ୍ତି ।	यश- से गोटिए साहित्य सम्मिळनीकु जाइछंति।
अमित-वह कैसे हैं?	ଅମିତ-ସେ କେମିତି ଅଛନ୍ତି ?	अमित- से केमिति अछंति?
यश- मेरे भाई जी? वह स्वस्थ-प्रसन्न हैं। वह एक वर्गीकृत शब्दकोश संपादित करने में व्यस्त हैं।	ଯଶ-ମୋ ଭାଇ ? ସେ ସୁସ୍ଥ-ପ୍ରଫୁଲ୍ଲିତ ଅଛନ୍ତି । ସେ ଏକ ବର୍ଗୀକୃତ ଶବ୍ଦକୋଶ ସମ୍ପାଦିତ କରିବାରେ ବ୍ୟସ୍ତ ଅଛନ୍ତି ।	यश- मो भाइ? से सुस्थ-प्रफुल्लित अछंति। से एक बर्गिकृत शव्दकोश संपादित करिबारे व्यस्त अछंति।
अमित-फूफाजी कैसे हैं?	ଅମିତ-ପିଉସା କେମିତି ଅଛନ୍ତି ?	अमित- पिउसा केमिति अछंति?
यश-वह ठीक-	ଯଶ-ସେ ଭଲରେ ଅଛନ୍ତି !	यश- से भलरे अछंति!

ठाक हैं! आज बम्बई गए हैं।	ଆଜି ସେ ବମ୍ବେ ଯାଇଛନ୍ତି ।	आजि से बम्बे जाइछन्ति।
अमित-अभी काम कितना बाकी है?	ଅମିତ-ଏ ପର୍ଯ୍ୟନ୍ତ କେତେ କାମ ବାକି ଅଛି ?	अमित- ए पर्यन्त केते काम बाकि अछि?
यश-काम तो लगभग हो चुका है। केवल पुनरावलोकन होना है।	ଯଶ-କାମ ତ ପାଖାପାଖି ସରିଯାଇଛି । କେବଳ ପୁନରାବଲୋକନ କରିବାର ଅଛି ।	यश- काम त पाखापाखि सरिजाइछि। केबळ पुनराबलोकन करिबार अछि।
अमित-मेरे पिताजी से कहना कि वह मुझे कल साढ़े छः बजे फोन करें।	ଅମିତ-ମୋ ବାପାଙ୍କୁ କହିବ ଯେ ସେ କାଲି ମୋତେ ସାଢ଼େ ଛଅଟାରେ ଫୋନ୍ କରିବେ ।	अमित- मो बापांकु कहिब जे से कालि मोते साढे छअटारे फोन् करिबे।
यश-ठीक है, मैं कह दूंगी।	ଯଶ-ଠିକ୍ ଅଛି, ମୁଁ କହିଦେବି ।	यश- ठिक् अछि, मुँ कहिदेबि।
(वार्ता समाप्त करते हुए)	(କଥାବାର୍ତ୍ତା ସମାପ୍ତ କରିବା ଦିଗରେ)	[कथाबार्त्ता समाप्त करिबा दिगरे]
ग्राहक-हेलो श्रीमान्! मेरी वार्ता समाप्त हो गयी है। कृपया पैसे बताइए।	ଗ୍ରାହକ-ହାଲୋ, ମହାଶୟ ! ମୋ କଥା ସରିଯାଇଛି । ଦୟାକରି କେତେ ଟଙ୍କା କୁହନ୍ତୁ ?	ग्राहक- हालो, महाशय! मो कथा सरिजाइछि। दयाकरि केते टंका कुहन्तु?
चालक-साठ रुपये श्रीमान्।	ଚାଳକ-ଷାଠିଏ ଟଙ୍କା ମହାଶୟ ।	चाळक- साठिए टंका महाशय।
ग्राहक-आपका धन्यवाद।	ଗ୍ରାହକ-ଆପଣଙ୍କୁ ଧନ୍ୟବାଦ ।	ग्राहक- आपणंकु धन्यवाद।

*छः पांच चार तीन।—ଛଅ ପାଞ୍ଚ ଚାରି ତିନି ।
+दो शून्य तीन छः शून्य छः—ଦୁଇ ଶୂନ ତିନି ଛଅ ଶୂନ ଛଅ ।
×एक शून्य शन्य दो।—ଏକ ଶୂନ ଶୂନ ଦୁଇ ।

सैंतालीसवीं सीढ़ी ୪୭ତମ ସୋପାନ

भ्रमण के बारे में
ଭ୍ରମଣ ବାବଦରେ

आभा-पूजा, क्या तुम कभी महाबलीपुरम् गई हो?	ଆଭା-ପୂଜା, କ'ଣ ତୁମେ କେବେ ମହାବଳିପୁରମ୍ ଯାଇଛ ?	आभा- पूजा, कण तुमे केबे महाबलिपुरम् जाइछ ?
पूजा-नहीं, मैं इसके लिए कभी समय नहीं निकाल पाई।	ପୂଜା-ନା, ମୁଁ ଏଥିପାଇଁ କେବେ ସମୟ ବାହାର କରିପାରି ନାହିଁ ।	पूजा- ना, मुँ एथिपाइँ केबे समय बाहार करिपारि नाहिँ।
आभा-थोड़ा-सा घूम-घाम आओ। तुम्हें बहुत अच्छे दृश्य देखने को मिलेंगे।	ଆଭା-ଟିକେ ବୁଲି-ବାଲି ଆସ । ତୁମକୁ ବହୁତ ଭଲ ଦୃଶ୍ୟ ଦେଖିବାକୁ ମିଳିବ ।	आभा- टिके बुलि-बालि आस। तुमकु बहुत भल दृश्य देखिबाकु मिळिब।
पूजा-ठीक है, कल मैं अपने पिताजी के साथ इस लघु भ्रमण पर जाऊंगी।	ପୂଜା-ଠିକ୍ ଅଛି । କାଲି ମୁଁ ମୋ ବାପାଙ୍କ ସହିତ ଏହି ସ୍ଥାନକୁ ବୁଲିବାକୁ ଯିବି ।	पूजा- ठिक् अछि। कालि मुँ मो बापांक सहित एहि स्थानकु बुलिबाकु जिबि।
(दूसरे ही दिन आभा पूजा से पूछती है)	(ପରଦିନ ପୂଜାକୁ ଆଭା ପଚାରୁଛି)	(परदिन पूजाकु आभा पचारुछि)
आभा-तुम्हें महाबली-पुरम् कैसा लगा?	ଆଭା-ତୁମକୁ ମହାବଳିପୁରମ୍ କେମିତି ଲାଗିଲା ?	आभा- तुमकु महाबलिपुरम् केमिति लागिला ?
पूजा-दरअसल यह बड़ा अद्भुत था।	ପୂଜା-ପ୍ରକୃତରେ ଏହା ବଡ଼ ଅଦ୍ଭୁତ ଥିଲା ।	पूजा- प्रकृतरे एहा बड़ अद्भुत थिला।

आभा-समुद्रतट पर स्थित मूर्तिशिल्प को तुमने नहीं देखा क्या?	ଆଭା-ସମୁଦ୍ର କୂଳରେ ଥିବା ମୂର୍ତ୍ତି ଶିଳ୍ପକୁ ତୁମେ ଦେଖିନାହଁ କି ?	आभा- समुद्र कुळरे थिबा मूर्त्ति शिळ्पकु तुमे देखिनाहँ कि ?
पूजा-सचमुच देखा है। पर मैं इसकी ओर किसी धार्मिक भावना के कारण आकृष्ट नहीं हुई।	ପୂଜା-ପ୍ରକୃତରେ ଦେଖିଛି । କିନ୍ତୁ ମୁଁ ସେହି ଦିଗକୁ କୌଣସି ଧାର୍ମିକ ଭାବନା ଯୋଗୁ ଆକୃଷ୍ଟ ହୋଇନାହିଁ ।	पूजा- प्रकृतरे देखिछि। किन्तु मुँ सेहि दिगकु कौणसि धर्मिक भावना जोगु आकृष्ट होइनाहिँ।
आभा-मेरा दृष्टिकोण समझो। तुम एक कवयित्री हो। क्या तुम महाबलीपुरम् के आस-पास फैले मूर्तिशिल्प में कला कर्म नहीं देखतीं?	ଆଭା-ମୋର ଦୃଷ୍ଟିକୋଣ ବୁଝ । ତୁମେ ଜଣେ କବୟିତ୍ରୀ ଅଟ । କ'ଣ ତୁମେ ମହାବଳିପୁରମ୍ ଆଖପାଖରେ ବ୍ୟାପିଥିବା ମୂର୍ତ୍ତିଶିଳ୍ପରେ କଳାକୃତି ଦେଖିନାହଁ ?	आभा- मोर दृष्टिकोण बुझ। तुमे जणे कबयित्री अट। कण तुमे महाबलिपुरम् आखपाखरे ब्यापिथिबा मूर्त्तिशिळ्परे कळाकृति देखिनाहँ?
पूजा-सचमुच उनमें कला कर्म है और मैं उसकी प्रशंसक हूं। मैं सचमुच प्रभावित भी हुई।	ପୂଜା-ପ୍ରକୃତରେ ସେଥିରେ କଳାକୃତି ଅଛି ଏବଂ ମୁଁ ତାକୁ ପ୍ରଶଂସା କଲି । ମୁଁ ସତରେ ପ୍ରଭାବିତ ମଧ୍ୟ ହେଲି ।	पूजा- प्रकृतरे सेथिरे कळाकृति अछि एबं मुँ ताकु प्रशंसा कलि। मुँ सतरे प्रभाबित मध्य हेलि।
आभा-इसको छोड़ो। वैसे समुद्र के दृश्य से तुमने कितना आनंद लिया?	ଆଭା-ଛାଡ଼ ସେକଥା । ସମୁଦ୍ର ଦୃଶ୍ୟରୁ ତୁମେ କେତେ ଆନନ୍ଦ ଉଠାଇଲ ?	आभा- छाड़ से कथा। समुद्र दृश्यरु तुमे केते आनंद उठाइल ?
पूजा-मैं शब्दों में अभिव्यक्त नहीं कर सकती। वास्तव में यह अद्भुत था।	ପୂଜା-ମୁଁ ଶବ୍ଦରେ ବ୍ୟକ୍ତ କରିପାରିବି ନାହିଁ । ବାସ୍ତବରେ ଏହା ଅଦ୍ଭୁତ ଥିଲା ।	पूजा- मुँ शब्दरे ब्यक्त करिपारिबि नाहिँ। बास्तबरे एहा अद्भुत थिला।

यात्रा के बारे में
ଯାତ୍ରା ବାବଦରେ

उमा-पिताजी, आप दो मास बाद लौटे हैं। बताइए न, आपने कौन-से स्थान देखे।	ଉମା-ବାପା, ଆପଣ ଦୁଇମାସ ପରେ ଫେରିଛନ୍ତି । କୁହନ୍ତୁ ନା, ଆପଣ କେଉଁ ସ୍ଥାନ ଦେଖିଛନ୍ତି ।	उमा- बापा, आपण दुइमास परे फेरिछन्ति। कुहन्तु ना, आपण केउँ स्थान देखिछन्ति।
पिता- मैं भारत-भर भ्रमण करके लौटा हूं।	ବାପା-ମୁଁ ସାରା ଭାରତ ଭ୍ରମଣ କରି ଫେରିଛି ।	बापा- मुँ सारा भारत भ्रमण करि फेरिछि।
उमा-पिताजी, पहले आप कहां गए?	ଉମା-ବାପା, ପ୍ରଥମେ ଆପଣ କେଉଁଠାକୁ ଗଲେ ?	उमा- बापा, प्रथमे आपण केउँठाकु गले?
पिता-सबसे पहले मैं दिल्ली गया। दिल्ली भारत की राजधानी है।	ବାପା-ସର୍ବପ୍ରଥମେ ମୁଁ ଦିଲ୍ଲୀ ଗଲି । ଦିଲ୍ଲୀ ଭାରତର ରାଜଧାନୀ ଅଟେ ।	बापा- सर्बप्रथमे मुँ दिल्ली गलि। दिल्ली भारतर राजधानी अटे।
उमा-आपने दिल्ली में क्या देखा?	ଉମା-ଆପଣ ଦିଲ୍ଲୀରେ କ'ଣ ଦେଖିଲେ ?	उमा- आपण दिल्लीरे कण देखिले?
पिता-मैंने पुरानी दिल्ली में लाल-किला देखा। नई दिल्ली में केंद्रीय सचिवालय, बिरला मंदिर और कुतुब मीनार देखे।	ବାପା-ମୁଁ ପୁରୁଣା ଦିଲ୍ଲୀରେ ଲାଲକିଲ୍ଲା ଦେଖିଲି । ନୂଆଦିଲ୍ଲୀରେ କେନ୍ଦ୍ରୀୟ ସଚିବାଳୟ, ବିରଳା ମନ୍ଦିର ଏବଂ କୁତବ ମୀନାର ଦେଖିଲି ।	बापा- मुँ पुरुणा दिल्लीरे लालकिला देखिलि। नूआदिल्लीरे केन्द्रीय सचिबाळय, बिरळा मन्दिर एबं कुतब मीनार देखिलि।
उमा-उसके बाद आप कहां गए?	ଉମା-ତା ପରେ ଆପଣ କେଉଁଠାକୁ ଗଲେ ?	उमा- ता परे आपण केउँठाकु गले?
पिता-फिर मैं बम्बई गया। बम्बई भारत की सबसे बड़ी बंदरगाह है।	ବାପା-ପୁଣି ମୁଁ ବମ୍ବେ ଗଲି । ବମ୍ବେ ଭାରତର ସବୁଠୁ ବଡ଼ ବନ୍ଦର ଅଟେ ।	बापा- पुणि मुँ बम्बे गलि। बम्बे भारतर सबुठु बड़ बन्दर अटे।

उमा-तब तो आपने समुद्र और बड़े- बड़े जहाज देखे होंगे।	ଉମା-ତେବେ ତ ଆପଣ ସମୁଦ୍ର ଏବଂ ବଡ଼- ବଡ଼ ଜାହାଜ ଦେଖିଥିବେ ।	उमा- तेबे त आपण समुद्र एबं बड़- बड़ जाहाज देखिथिबे।
पिता-हां, मैंने बहुत जलयान देखे।	ବାପା-ହଁ, ମୁଁ ଅନେକ ଜାହାଜ ଦେଖିଲି ।	बापा- हँ, मुँ अनेक जाहाज देखिलि।
उमा-पिताजी, आप आगरा नहीं गए क्या?	ଉମା-ବାପା, ଆପଣ ଆଗ୍ରା ଯାଇନାହାନ୍ତି କି ?	उमा- बापा, आपण आग्रा जाइनाहान्ति कि?
पिता-अरे हाँ, मैं आगरा भी गया ताजमहल देखा और एक दिन के लिए मथुरा भी रुका?	ବାପା-ଆରେ ହଁ, ମୁଁ ଆଗ୍ରା ମଧ୍ୟ ଗଲି ଏବଂ ତାଜମହଲ ଦେଖିଲି ଓ ଗୋଟିଏ ଦିନ ପାଇଁ ମଥୁରାରେ ରହିଲି ।	बापा- आरे हँ, मुँ आग्रा मध्य गलि एबं ताजमहल देखिलि ओ गोटिए दिन पाइँ मथुरारे रहिलि।
उमा-पिताजी, क्या आप मानचित्र पर उन स्थानों को दिखा सकते हैं जो आपने देखे हैं?	ଉମା-ବାପା, କ'ଣ ଆପଣ ମାନଚିତ୍ର ଉପରେ ସେହି ସ୍ଥାନଗୁଡ଼ିକୁ ଦେଖାଇ ପାରିବେ ଯାହା ଆପଣ ଦେଖିଛନ୍ତି ?	उमा- बापा, कण आपण मानचित्र उपरे सेहि स्थानगुड़ीकु देखाइ पारिबे जाहा आपण देखिछन्ति?
पिता-क्यों नहीं मेरी बेटी अपना मानचित्र लाओ। मैं तुम्हें सब कुछ दिखाऊंगा।	ବାପା-କାହିଁକି ନୁହେଁ ଝିଅ, ତୁମ ମାନଚିତ୍ର ଆଣ । ମୁଁ ତୁମକୁ ସବୁକିଛି ଦେଖାଇବି ।	बापा- काहिँकि नुहेँ झिअ, तुम मानचित्र आण। मुँ तुमकु सबुकिछि देखाइबि।
उमा-धन्यवाद पिताजी।	ଉମା-ଧନ୍ୟବାଦ ବାପା ।	उमा- धन्यवाद बापा।
पिता-ठीक है, मेरी बिटिया।	ବାପା-ଠିକ୍ ଅଛି, ମୋ ଗେହ୍ଲାଝିଅ ।	बापा- ठिक् अछि, मो गेह्लाझिअ।

•••

अड़तालीसवीं सीढ़ी ୪୮ତମ ସୋପାନ

ग्रामीण और शहरी
ଗ୍ରାମୀଣ ଏବଂ ସହରୀ

शहरी-आप कैसे हैं! मैं आपको बहुत दिनों बाद देख रहा हूं।	ସହରୀ-ଆପଣ କେମିତି ଅଛନ୍ତି ! ମୁଁ ଆପଣଙ୍କୁ ବହୁତ ଦିନ ପରେ ଦେଖୁଛି ।	सहरी- आपण केमिति अछन्ति! मुँ आपणंकु बहुत दिन परे देखुछि।
ग्रामीण-हां मित्र, मैं यहां एक विशेष काम से आया हूं और इसी रात को वापस लौट जाऊंगा।	ଗ୍ରାମୀଣ-ହଁ ମିତ୍ର, ମୁଁ ଏଠାକୁ ଏକ ବିଶେଷ କାମରେ ଆସିଛି ଏବଂ ଆଜି ରାତିରେ ଫେରିଯିବି ।	ग्रामीण- हँ मित्र, मुँ एठाकु एक बिशेष कामरे आसिछि एबं आजि रातिरे फेरिजिबि।
शहरी-इतनी जल्दी क्यों? क्या आप शहरों में रहने से हिचकते हैं?	ସହରୀ-ଏତେ ଶୀଘ୍ର କାହିଁକି ? କ'ଣ ଆପଣ ସହରରେ ରହିବାକୁ ଇଚ୍ଛା କରୁନାହାନ୍ତି ?	सहरी- एते शीघ्र काहिँकि? कण आपण सहररे रहिबाकु इच्छा करुनाहान्ति?
ग्रामीण-हां महाशय, मुझे कतई पसंद नहीं। मुझे शहर के गंदे वातावरण में कुछ मजा नहीं आता-भीड़भाड़ से मैं बौखला उठता हूं।	ଗ୍ରାମୀଣ-ହଁ ମହାଶୟ, ମତେ କଦାପି ପସନ୍ଦ ନୁହେଁ । ମୋତେ ସହରର ଅଳିଆ ବାତାବରଣରେ ଭଲ ଲାଗେନାହିଁ । ଭିଡ଼-କୋଳାହଳ ଯୋଗୁ ମତେ ବିରକ୍ତ ଲାଗେ ।	ग्रामीण- हँ महाशय, मते कदापि पसन्द नुहेँ। मोते सहरर अळिआ बाताबरणरे भल लागेनाहिँ। भिड़-कोळाहळ जोगु मते बिरक्त लागे।
शहरी-आश्चर्य! आप भीड़-भाड़ के बिना	ସହରୀ-ଆଶ୍ଚର୍ଯ୍ୟ ! ଆପଣ ଭିଡ଼ ବିନା ଜୀବନର	सहरी- आश्चर्य! आपण भिड़ बिना जीबनर

जीवन का आनंद कैसे लेते हैं? मैं तो गांव की शांति और चुप्पी को बर्दाश्त ही न कर पाऊंगा। उससे मैं पागल हो उठूँगा।	ଆନନ୍ଦ କେମିତି ନିଅନ୍ତି ? ମୁଁ ତ ଗାଁର ଶାନ୍ତି ଏବଂ ନୀରବତାକୁ ସହି ପାରିବି ନାହିଁ । ସେଥିରେ ମୁଁ ପାଗଳ ହୋଇଯିବି ।	आनन्द केमिति निअन्ति? मुँ त गाँर शान्ति एबं नीरबताकु सहि पारिबि नाहिँ। सेथिरे मुँ पागळ होइजिबि।
ग्रामीण–हर व्यक्ति का अपना दृष्टिकोण होता है। पर मैं ग्रामीण सौंदर्य को अधिक प्यार करता हूं।	ଗ୍ରାମୀଣ–ପ୍ରତ୍ୟେକ ବ୍ୟକ୍ତିର ନିଜସ୍ୱ ଦୃଷ୍ଟିକୋଣ ଥାଏ । କିନ୍ତୁ ମୁଁ ଗ୍ରାମୀଣ ସୌନ୍ଦର୍ଯ୍ୟକୁ ଅଧିକ ଭଲପାଏ ।	ग्रामीण- प्रत्येक व्यक्तिर निजस्व दृष्टिकोण थाए। किन्तु मुँ ग्रामीण सौन्दर्यकु अधिक भलपाए।
शहरी–क्या आप इस आधुनिक युग का कुछ भी अपने गांव में पाते हैं?	ସହରୀ–କ'ଣ ଆପଣ ଏହି ଆଧୁନିକ ଯୁଗର କିଛି ଜିନିଷ ଆପଣଙ୍କ ଗାଁରେ ପାଆନ୍ତି ?	सहरी- कण आपण एहि आधुनिक जुगर किछि जिनिष आपणंक गाँरे पाआन्ति?
ग्रामीण–जो चीज गांव में मिल सकती है वह शहर में कदापि नहीं।	ଗ୍ରାମୀଣ–ଯେଉଁ ଜିନିଷ ଗାଁରେ ମିଳିପାରିବ ତାହା ସହରରେ କଦାପି ନୁହେଁ ।	ग्रामीण- जेउँ जिनिष गाँरे मिळिपारिब ताहा सहररे कदापि नुहेँ।
शहरी–ओह! क्या आप वातावरण में अकेले रहना चाहते हैं? आप का जीवन सिनेमा, खेलकूद और दूसरी सामाजिक गतिविधियों के बिना नीरस नहीं हो जाएगा?	ସହରୀ–ଓହ ! କ'ଣ ଆପଣ ଶାନ୍ତ ବାତାବରଣରେ ଏକୁଟିଆ ରହିବାକୁ ଚାହୁଁଛନ୍ତି ? ଆପଣଙ୍କ ଜୀବନ ସିନେମା, ଖେଳକୁଦ ଏବଂ ଅନ୍ୟ ସାମାଜିକ ଗତିବିଧି ବିନା ନୀରସ ହୋଇଯିବନି ?	सहरी- ओह! कण आपण शान्त बाताबरणरे एकुटिआ रहिबाकु चाहुँछन्ति? आपणंक जीबन सिनेमा, खेळकुद एबं अन्य सामाजिक गतिबिधि बिना नीरस होइजिबनि?

ग्रामीण–मेरा विचार है, वह अपेक्षाकृत अच्छा रहेगा। नि:संदेह शहर ने मानव जीवन को मशीन बनाकर रख दिया है।

ଗ୍ରାମୀଣ–ମୋର ମତ ହେଉଛି, ତାହା ଅପେକ୍ଷାକୃତ ଭଲ ହେବ । ନିଃସନ୍ଦେହ ସହର ମାନବ ଜୀବନକୁ ଯନ୍ତ୍ର କରିଦେଇଛି ।

ग्रामीण- मोर मत हेउछि, ताहा अपेक्षाकृत भल हेब। नि:सन्देह सहर मानब जीबनकु जन्त्र करिदेइछि।

शहरी–परंतु क्या कोई राष्ट्र बिना अपने बड़े शहरों के फल-फूल सकता है?

ସହରୀ–କିନ୍ତୁ କୌଣସି ରାଷ୍ଟ୍ର କ'ଣ ବିନା ବଡ଼ ସହରରେ ଉନ୍ନତି କରିପାରିବ ?

सहरी- किन्तु कौणसि राष्ट्र बिना बड़ सहररे उन्नति करिपारिब ?

ग्रामीण–पर यह मत भूलिए कि हमारे राष्ट्र की नींव हमारे गांवों पर टिकी है। गांवों की दशा सुधारे बिना राष्ट्र उन्नति नहीं कर सकता।

ଗ୍ରାମୀଣ–କିନ୍ତୁ ଏହା ଭୁଲନ୍ତୁ ନାହିଁ ଯେ ଆମ ରାଷ୍ଟ୍ରର ମୂଳଦୁଆ ଆମ ଗାଁ ଉପରେ ଠିଆ ହୋଇଛି । ଗାଁର ଦଶା ନ ସୁଧାରି ରାଷ୍ଟ୍ର ଉନ୍ନତି କରିପାରିବ ନାହିଁ ।

ग्रामीण- किन्तु एहा भुलन्तु नाहिँ जे आम राष्ट्रर मूळदुआ आम गाँ उपरे ठिआ होइछि। गाँर दशा न सुधारि राष्ट्र उन्नति करिपारिब नाहिँ।

शहरी–मैं इसे स्वीकार करता हूं पर मैं शहर को छोड़ने की बात नहीं सोच सकता।

ସହରୀ–ମୁଁ ଏହାକୁ ସ୍ୱୀକାର କରୁଛି, କିନ୍ତୁ ମୁଁ ସହରକୁ ଛାଡ଼ିବା କଥା ଭାବି ପାରିବି ନାହିଁ ।

सहरी- मुँ एहाकु स्वीकार करुछि, किन्तु मुँ सहरकु छाडिबा कथा भाबि पारिबि नाहिँ।

ग्रामीण–अच्छी बातचीत के लिए आपका धन्यवाद! अब मैं थोड़ा जल्दी में हूं। जब भी समय

ଗ୍ରାମୀଣ–ଭଲ କଥାବାର୍ତ୍ତା ପାଇଁ ଆପଣଙ୍କୁ ଧନ୍ୟବାଦ ! ଏବେ ମୁଁ ତରବରିଆ ଅଛି । ଯେତେବେଳେ ସମୟ

ग्रामीण- भल कथाबार्त्ता पाइँ आपणंकु धन्यवाद! एबे मुँ तरबरिआ अछि। जेतेबेळे

मिलेगा, हम फिर बात करेंगे। अच्छा चलता हूं।	ମିଳିବ, ଆମେ ପୁଣି କଥା ହେବା । ଆଚ୍ଛା ଆସୁଛି ।	समय मिळिब, आमे पुणि कथा हेबा। आच्छा आसुछि।
शहरी-अच्छा विदा! फिर मिलेंगे।	ସହରୀ-ଆଚ୍ଛା, ବିଦାୟ ! ପୁଣି ଦେଖାହେବ ।	सहरी- आच्छा, बिदाय! पुणि देखाहेब।

•••

उनचासवीं सीढ़ी ୪୯ତମ ସୋପାନ

डॉक्टर और रोगी
ଡାକ୍ତର ଏବଂ ରୋଗୀ

रोगी-नमस्कार डॉक्टर साहब! क्या आप कुछ मिनट मुझे दे सकेंगे?	ରୋଗୀ-ନମସ୍କାର ଡାକ୍ତର ବାବୁ! କ'ଣ ଆପଣ ମୋ ପାଇଁ କିଛି ସମୟ ଦେଇପାରିବେ ?	रोगी- नमस्कार डाक्तर बाबु! कण आपण मो पाइँ किछि समय देइपारिबे?
डॉक्टर-क्यों नहीं? बैठिए...अब बताइए, आपको क्या हुआ है?	ଡାକ୍ତର-କାହିଁକି ନୁହେଁ ? ବସନ୍ତୁ... ଏବେ କୁହନ୍ତୁ, ଆପଣଙ୍କର କ'ଣ ହୋଇଛି ?	डाक्तर- काहिँकि नुहेँ? बसन्तु... एबे कुहन्तु, आपणंकर कण होइछि?
रोगी-मेरी भूख मर गई है। मैं हर समय बदहजमी से ग्रस्त रहता हूं। और सबसे खराब बात यह है कि मैं	ରୋଗୀ-ମୋର ଭୋକ ମରିଯାଇଛି । ମୋର ସବୁବେଳେ ବଦହଜମୀ ହେଉଛି । ଏବଂ ସବୁଠାରୁ ଖରାପ କଥା ହେଉଛି ଯେ ମୁଁ ରାତିରେ	रोगी- मोर भोक मरिजाइछि। मोर सबुबेळे बदहजमी हेउछि। एबं सबुठारु खराप कथा

रात को सो नहीं पाता।

ଶୋଇ ପାରୁନାହିଁ ।

हेउछि जे मुँ रातिरे शोइ पारुनाहिँ।

डॉक्टर-ओह, यह बात है। आप करते क्या हैं?

ଡାକ୍ତର-ଓହ, ଏହି କଥା । ଆପଣ କ'ଣ କରୁଛନ୍ତି ?

डाक्तर- ओह, एहि कथा। आपण कण करुछन्ति?

रोगी-मैं प्रवर प्रूफ संशोधक हूं- एक प्रतिष्ठित छपाई खाने में। मुझे अपनी कुर्सी पर घंटों तक काम करना पड़ता है।

ରୋଗୀ-ମୁଁ ବରିଷ୍ଠ ପ୍ରୁଫ୍ ରିଡର୍ ଅଛି- ଏକ ପ୍ରତିଷ୍ଠିତ ଛାପାଖାନାରେ । ମୋତେ ଚେୟାର ଉପରେ ବସି ଘଣ୍ଟା-ଘଣ୍ଟା କାମ କରିବାକୁ ପଡ଼େ ।

रोगी- मुँ बरिष्ठ प्रुफ् रिडर् अछि- एक प्रतिष्ठित छापाखानारे। मोते चेयार उपरे बसि घण्टा-घण्टा काम करिबाकु पड़े।

डॉक्टर-क्या आप शाम की सैर के अभ्यस्त हैं?

ଡାକ୍ତର-ଆପଣ କ'ଣ ସାନ୍ଧ୍ୟ ଭ୍ରମଣ କରନ୍ତି ?

डाक्तर- आपण कण सांध्य भ्रमण करन्ति?

रोगी-नहीं डॉक्टर साहब! मैं शाम को सैर नहीं करता। जब मैं घर, पहुंचता हूं तो मैं बड़ा थका महसूस करता हूं। बस, मैं खाना खाता हूं और लेट जाता हूं।

ରୋଗୀ-ନା ଡାକ୍ତରବାବୁ ! ମୁଁ ସନ୍ଧ୍ୟାରେ ଭ୍ରମଣ କରେ ନାହିଁ । ମୁଁ ଯେତେବେଳେ ଘରେ ପହଞ୍ଚେ ତେବେ ମୁଁ ବହୁତ ଥକି ଯାଇଥିବା ଅନୁଭବ କରେ । ବାସ୍, ତାପରେ ଖାଦ୍ୟ ଖାଏ ଏବଂ ଖଟ ଉପରେ ଶୋଇପଡ଼େ ।

रोगी- ना डाक्तरबाबु! मुँ संध्यारे भ्रमण करे नाहिँ। मुँ जेतेबेळे घरे पहंचे तेबे मुँ बहुत थकि जाइथिबा अनुभब करे। बास्, ता परे खाद्य खाए एबं खट उपरे शोइपड़े।

डॉक्टर-मेरे विचार से, तुम्हारी परेशानियों की जड़ तुम्हारा अस्त-व्यस्त जीवन ही है। आराम करो और नियमित

ଡାକ୍ତର-ମୋ ହିସାବରେ ତୁମ ଚିନ୍ତାର ମୂଳ କାରଣ ହେଉଛି ତୁମର ବ୍ୟସ୍ତ ଜୀବନ । ଆରାମ କରନ୍ତୁ ଏବଂ ନିୟମିତ ଶାରୀରିକ

डाक्तर- मो हिसाबरे तुम चिंतार मूळ कारण हेउछि तुमर व्यस्त जीवन। आराम करन्तु एबं

शारीरिक श्रम करो।	ଶ୍ରମ କରନ୍ତୁ ।	नियमित शारीरिक श्रम करन्तु।
रोगी–मैं आपसे सहमत हूं। मैं लम्बे समय से कोई अवकाश नहीं पा सका।	ରୋଗୀ–ମୁଁ ଆପଣଙ୍କ କଥାରେ ଏକମତ । ମୁଁ ବହୁ ଦିନରୁ କୌଣସି ଛୁଟି ପାଇ ପାରିନାହିଁ ।	रोगी- मुँ आपणंक कथारे एकमत। मुँ बहु दिनरु कौणसि छुटि पाइ पारिनाहिँ।
डॉक्टर–अच्छा तो मैं आपको सलाह दूंगा कि आप कुछ समय के लिए ग्रामीण क्षेत्र में जाएं। दरवाजे खुले रखकर खुली हवा में आराम करें सुबह–शाम सैर करें। अपनी खुराक ठीक करावें। आराम और विश्राम में नियमित बनें। मैं समझता हूं इन निर्देशों को अपनाकर आप थोड़े समय में ही बिल्कुल स्वस्थ हो जाएंगे।	ଡାକ୍ତର–ଆଚ୍ଛା, ତେବେ ମୁଁ ଆପଣଙ୍କୁ ପରାମର୍ଶ ଦେବି ଯେ ଆପଣ କିଛି ସମୟ ପାଇଁ ଗ୍ରାମାଞ୍ଚଳକୁ ଯାଆନ୍ତୁ । କବାଟ ଖୋଲା ରଖି ଖୋଲା ପବନରେ ଆରାମ କରନ୍ତୁ । ସକାଳେ ଏବଂ ସନ୍ଧ୍ୟାରେ ଭ୍ରମଣ କରନ୍ତୁ । ନିଜ ଖାଦ୍ୟକୁ ବ୍ୟବସ୍ଥିତ ରଖନ୍ତୁ । ନିୟମିତ ଶୁଅନ୍ତୁ ଏବଂ ବିଶ୍ରାମ ନିଅନ୍ତୁ । ମୁଁ ଭାବୁଛି ଏହି ନିର୍ଦ୍ଦେଶଗୁଡ଼ିକୁ ମାନି ଆପଣ କମ୍ ସମୟ ଭିତରେ ସମ୍ପୂର୍ଣ୍ଣ ସୁସ୍ଥ ହୋଇଯିବେ ।	डाक्तर- आच्छा, तेबे मुँ आपणंकु परामर्श देबि जे आपण किछि समय पाइँ ग्रामांचळकु जाआन्तु। कबाट खोला रखि खोला पबनरे आराम करन्तु। सकाळे एबं संध्यारे भ्रमण करन्तु। निज खाद्यकु व्यबस्थित रखन्तु। नियमित शुअन्तु एबं बिश्राम निअन्तु। मुँ भाबुछि एहि निर्देशगुड़ीकु मानि आपण कम् समय भितरे संपूर्ण्ण सुस्थ होइजिबे।
रोगी–धन्यवाद, डॉक्टर! मैं आपके निर्देशों का अवश्य	ରୋଗୀ–ଧନ୍ୟବାଦ, ଡାକ୍ତର ! ମୁଁ ଆପଣଙ୍କ ନିର୍ଦ୍ଦେଶ ଗୁଡ଼ିକୁ ନିଶ୍ଚୟ ପାଳନ	रोगी- धन्यवाद, डाक्तर! मुँ आपणंक निर्देश

पालन करूँगा। धन्यवाद!	କରିବି । ଧନ୍ୟବାଦ !	गुड़ीकु निश्चय पाळन करिबि। धन्यवाद!
डॉक्टर-दस दिनों बाद आइएगा। मेरा विचार है, आपके स्वास्थ्य में सुधार होगा।	ଡାକ୍ତର-ଦଶ ଦିନ ପରେ ଆସିବେ । ମୋ ମତରେ, ଆପଣଙ୍କ ସ୍ୱାସ୍ଥ୍ୟରେ ଉନ୍ନତି ହୋଇଥିବ ।	डाक्तर- दश दिन परे आसिबे। मो मतरे, आपणंक स्वास्थ्यरे उन्नति होइथिब।

•••

पचासवीं सीढ़ी ୫୦ତମ ସୋପାନ

आत्मपरिचय
ଆତ୍ମପରିଚୟ

1. मेरा नाम शहनाज है।	ମୋ ନାମ ଶେହନାଜ ।	मो नाम शेहनाज।
2. मैं भारतीय हूँ और पुणे में रहती हूँ।	ମୁଁ ଭାରତୀୟ ଅଟେ ଏବଂ ପୁନେ ରେ ରହୁଛି ।	मुँ भारतीय अटे एबं पुने रे रहुछि।
3. मैं सत्रह वर्ष की हूँ।	ମୋର ବୟସ ୧୭ ବର୍ଷ ଅଟେ ।	मोर बयस सतर बर्ष अटे।
4. मैं कुमारी हूँ।	ମୁଁ କୁମାରୀ ଅଟେ ।	मुँ कुमारी अटे।
5. मैं छात्रा हूँ और दसवीं कक्षा में पढ़ती हूँ।	ମୁଁ ଛାତ୍ରୀ ଅଟେ ଏବଂ ଦଶମ ଶ୍ରେଣୀରେ ପଢୁଛି ।	मुँ छात्री अटे एबं दशम श्रेणीरे पढुछि।
6. मेरे पिताजी पी.एम.टी. में वरिष्ठ अधिकारी हैं।	ମୋ ବାପା ପି.ଏମ୍.ଟି. ରେ ବରିଷ୍ଠ ଅଧିକାରୀ ଅଛନ୍ତି ।	मो बापा पि.एम्.टि. रे बरिष्ठ अधिकारी अछन्ति।
7. मेरे दो भाई और तीन बहनें हैं।	ମୋର ଦୁଇଭାଇ ଏବଂ ତିନି ଭଉଣୀ ଅଛନ୍ତି ।	मोर दुइभाइ एबं तिनि भउणी अछन्ति।

8. मेरे भाईसाहब अभियन्ता हैं।	ମୋ ବଡ଼ଭାଇ ଯନ୍ତ୍ରୀ ଅଛନ୍ତି ।	मो बड़भाइ जन्त्री अछन्ति।
9. मेरे छोटा भाई दयालु हृदय हैं।	ମୋ ଛୋଟ ଭାଇ ଦୟାଳୁ ହୃଦୟର ଅଟେ ।	मो छोट भाइ दयाळु हृदयर अटे।
10. मीनाज, गुलनार और दिलशाद मेरी छोटी बहनें हैं।	ମୀନାଜ, ଗୁଲନାର ଏବଂ ଦିଲଶାଦ ହେଉଛନ୍ତି ମୋର ଛୋଟ ଭଉଣୀ ।	मीनाज, गुलनार एबं दिलशाद हेउछन्ति मोर छोट भउणी।
11. वे मुझसे अधिक अक्लमंद हैं।	ସେମାନେ ମୋ ଠାରୁ ଅଧିକ ବୁଦ୍ଧିମତୀ ।	सेमाने मो ठारु अधिक बुद्धिमती।
12. मेरे जीवन का उद्‌देश्य वैज्ञानिक बनना है।	ମୋ ଜୀବନର ଉଦ୍ଦେଶ୍ୟ ହେଉଛି ବୈଜ୍ଞାନିକ ହେବା ।	मो जीबनर उद्देश्य हेउछि बैज्ञानिक हेबा।
13. मैं विद्यालय साइकिल पर जाती हूं।	ମୁଁ ବିଦ୍ୟାଳୟକୁ ସାଇକଲ୍‌ରେ ଯାଏ ।	मुँ बिद्याळयकु साइकल्‌रे जाए।
14. मैं प्रातः कुछ देर से उठती हूं।	ମୁଁ ସକାଳେ ଟିକେ ଡେରିରେ ଉଠେ ।	मुँ सकाळे टिके डेरिरे उठे।
15. मैं जानती हूँ, यह बुरी आदत है।	ମୁଁ ଜାଣେ, ଏହା ଖରାପ ଅଭ୍ୟାସ ଅଟେ ।	मुँ जाणे, एहा खराप अभ्यास अटे।
16. इसके लिए मैं लज्जित हूं।	ଏଥିପାଇଁ ମୁଁ ଲଜ୍ଜିତ ଅଟେ ।	एथिपाइँ मुँ लज्जित अटे।
17. वास्तव में, मैं असहाय हूं।	ବାସ୍ତବରେ, ମୁଁ ଅସହାୟ ଅଟେ ।	बास्तबरे, मुँ असहाय अटे।
18. मैं अपनी आदत सुधारना चाहती हूं।	ମୁଁ ମୋ ସ୍ୱଭାବ ସୁଧାରିବାକୁ ଚାହୁଁଛି ।	मुँ मो स्वभाब सुधारिबाकु चाहुँछि।
19. मुझे आशा है, मैं इसे सुधार लूँगी।	ମୋର ଆଶା ଅଛି, ମୁଁ ଏହାକୁ ସୁଧାରିନେବି ।	मोर आशा अछि, मुँ एहाकु सुधारिनेबि।
20. इस बुरी आदत को दूर करने के लिए मैं अपने परिवार के सदस्यों की सहायता चाहती हूं।	ଏହି ଖରାପ ଅଭ୍ୟାସକୁ ଦୂର କରିବା ପାଇଁ ମୁଁ ମୋ ପରିବାର ସଦସ୍ୟଙ୍କ ସାହାଯ୍ୟ ନେବାକୁ ଚାହୁଁଛି ।	एहि खराप अभ्यासकु दूर करिबा पाइँ मुँ मो परिबार सदस्यंक साहाज्य नेबाकु चाहुँछि।
21. मैं स्नान करती हूं और खुदा की कृपा	ମୁଁ ସ୍ନାନ କରେ ଏବଂ ଭଗବାନଙ୍କ ଦୟା ପାଇଁ	मुँ स्नान करे एबं भगबानंक दया पाइँ

के लिए उसका धन्यवाद करती हूं।	ତାଙ୍କୁ ଧନ୍ୟବାଦ ଜଣାଏ ।	तांकु धन्यवाद जणाए।
22. मेरे कुछ पत्र-मित्र भी हैं।	ମୋର କିଛି ଚିଠି-ବନ୍ଧୁ ମଧ୍ୟ ଅଛନ୍ତି ।	मोर किछि चिठि-बंधु मध्य अछन्ति।
23. मैं उन्हें जब-तब (पत्र) लिखती हूं।	ମୁଁ ସେମାନଙ୍କୁ ଯେକୌଣସି ସମୟରେ ଚିଠି ଲେଖେ ।	मुँ सेमानंकु जे कौणसि समयरे चिठि लेखे।
24. मैं बड़ों का आदर करती हूं और छोटों से प्यार।	ମୁଁ ବଡ଼ମାନଙ୍କୁ ସମ୍ମାନ ଦେଖାଏ ଏବଂ ଛୋଟ ମାନଙ୍କୁ ସ୍ନେହ କରେ ।	मुँ बड़मानंकु सम्मान देखाए एबं छोटमानंकु स्नेह करे।
25. मेरी मातृभाषा मराठी है परंतु मैं हिंदी भी जानती हूं।	ମୋ ମାତୃଭାଷା ମରାଠୀ ଅଟେ, କିନ୍ତୁ ମୁଁ ହିନ୍ଦୀ ମଧ୍ୟ ଜାଣେ ।	मो मातृभाषा मराठी अटे, किन्तु मुँ हिन्दी मध्य जाणे।
26. मैं दिल्ली में दो दिन और रुकूंगी।	ମୁଁ ଦିଲ୍ଲୀରେ ଆହୁରି ଦୁଇଦିନ ରହିବି ।	मुँ दिल्लीरे आहुरि दुइदिन रहिबि।
27. मैं लाल किला, कुतुब मीनार, जामा मस्जिद, निजामुद्दीन दरगाह और बिरला मंदिर जाऊंगी।	ମୁଁ ଲାଲକିଲା, କୁତବ ମୀନାର, ଜାମା ମସ୍‌ଜିଦ, ନିଜାମୁଦ୍ଦିନ ଦରଘା ଏବଂ ବିରଳା ମନ୍ଦିର ଯିବି ।	मुँ लालकिला, कुतब मीनार, जामा मस्‌जिद, निजामुद्दिन दरघा एबं बिरळा मन्दिर जिबि।
28. सबसे पहले मैं भारतीय हूं।	ସର୍ବପ୍ରଥମେ ମୁଁ ଭାରତୀୟ ଅଟେ ।	सर्बप्रथमे मुँ भारतीय अटे।
मैं अपने सभी देशवासियों से प्यार करती हूं।	ମୁଁ ମୋର ସମସ୍ତ ଦେଶବାସୀଙ୍କୁ ଭଲପାଏ ।	मुँ मोर समस्त देशबासींकु भलपाए।
29. मैं अपने देश के लिए एक लाभ-दायक नागरिक बनना चाहती हूं।	ମୁଁ ମୋ ଦେଶ ପାଇଁ ଜଣେ ଲାଭଦାୟକ ନାଗରିକ ହେବାକୁ ଚାହୁଁଛି ।	मुँ मो देश पाइँ जणे लाभदायक नागरिक हेबाकु चाहुँछि।
30. मैं इस वर्ष पढ़ाई के लिए इंग्लैंड जाऊंगी।	ମୁଁ ଏହି ବର୍ଷ ପଢ଼ିବା ପାଇଁ ଇଂଲଣ୍ଡ ଯିବି ।	मुँ एहि बर्ष पढिबा पाइँ इंलण्ड जिबि।
31. मैं तकल्लुफ में विश्वास नहीं रखती।	ମୁଁ ବାହ୍ୟାଚାରରେ ବିଶ୍ୱାସ କରେନାହିଁ ।	मुँ बाह्याचाररे बिश्वास करे नाहिँ।

32. आपके आतिथ्य के लिए मैं आपका हृदय से धन्यवाद करती हूं।	ଆପଣଙ୍କ ଆତିଥ୍ୟ ପାଇଁ ମୁଁ ଆପଣଙ୍କୁ ହୃଦୟରୁ ଧନ୍ୟବାଦ ଜଣାଉଛି ।	आपणंक आतिथ्य पाइँ मुँ आपणंकु हृदयरु धन्यवाद जणाउछि।
33. अंततः मुझे विश्वास है कि आप मेरी त्रुटियों को क्षमा करेंगे।	ଅନ୍ତତଃ ମୋର ବିଶ୍ୱାସ ଅଛି ଯେ ଆପଣ ମୋର ଭୁଲ୍‌ଗୁଡ଼ିକୁ କ୍ଷମା କରିବେ ।	अन्ततः मोर बिश्वास अछि जे आपण मोर भुल्‌गुड़ीकु क्षमा करिबे।
34. मैं सदा हरेक के प्रति ईमानदार बनी रहना चाहती हूं।	ମୁଁ ସର୍ବଦା ପ୍ରତ୍ୟେକଙ୍କ ପ୍ରତି ସଚ୍ଚୋଟ ରହିବାକୁ ଚାହୁଁଛି ।	मुँ सर्बदा प्रत्येकंक प्रति सच्चोट रहिबाकु चाहुँछि।

•••

मुहावरे एवं लोकोक्तियाँ
ରୂଢ଼ି ଏବଂ ଲୋକକଥା

मुहावरे ରୂଢ଼ି

1. ଅନ୍ଧର ଲଉଡ଼ି — अंधर लउड़ी — अंधे की लाठी

ପ୍ରୟୋଗ- ବୁଢ଼ା ମାତା-ପିତାଙ୍କ ପାଇଁ ତାଙ୍କ ପୁଅ ହିଁ ଅନ୍ଧର ଲଉଡ଼ି ।

2. ନିର୍ବୋଧ — निर्बोध — अक्ल का दुश्मन

ପ୍ରୟୋଗ- ସେ ତ ନିର୍ବୋଧ, ତା ଠାରୁ କିଛି ଆଶା ରଖନାହିଁ ।

3. କୁବୁଦ୍ଧି ପଶିବା — कुबुद्धि पशिबा — अक्ल पर पत्थर पड़ना

ପ୍ରୟୋଗ- ସୁରେଶ ମୁଣ୍ଡରେ କୁବୁଦ୍ଧି ପଶିଛି, ସେଥିପାଇଁ ତ ସେ ନିଜର ସବୁକିଛି ହରାଇଦେଲା ।

4. ଆତ୍ମ-ବଡ଼ିମା ଗାଇବା — आत्म-बड़ीमा गाइबा — अपने मुंह मियां मिट्ठु बनना

ପ୍ରୟୋଗ- କିଛି କାମଧନ୍ଦା କରିବ ନା ଏମିତି ଆତ୍ମ-ବଡ଼ିମା ଗାଇ ଚାଲୁଥିବ ।

5. ବାଟ ଚାହିଁବା — बाट चाहिँबा — आंखें बिछाना

ପ୍ରୟୋଗ- ବରକୁ ସ୍ୱାଗତ କରିବା ପାଇଁ ଲୋକେ ବାଟ ଚାହିଁ ରହିଥିଲେ ।

6. ଆଖିର ତାରା — आखिर तारा — आंख का तारा

ପ୍ରୟୋଗ- ଶିଶୁମାନେ ନିଜ ମାତା-ପିତାଙ୍କ ଆଖିର ତାରା ହୋଇଥାନ୍ତି ।

7. ଆଖିର କଣ୍ଟା — आखिर कण्टा — आंख की किरकिरी

ପ୍ରୟୋଗ- କେଶବ ଏବେ ବିକାଶକୁ ଦେଖିପାରୁ ନାହିଁ, ସେ ତା ପାଇଁ ଆଖିର କଣ୍ଟା ସାଜିଛି ।

8. ଆକାଶ-ପାତାଳ ଏକ କରିବା	आकाश-पाताळ एक करिबा	आकाश-पाताल एक करना

ପ୍ରୟୋଗ- ନିଜ ହଜିଲା ପୁଅକୁ ଖୋଜିବାରେ ରାମ ଆକାଶ-ପାତାଳ ଏକ କରିଦେଲା ।

9. ଘର ଢିଙ୍କି କୁମ୍ଭୀର	घर ढिंकि कुम्भीर	आस्तीन का सांप

ପ୍ରୟୋଗ- ରାବଣ ବିଭୀଷଣଙ୍କୁ ଘର ଢିଙ୍କି କୁମ୍ଭୀର ବୋଲି ଭାବୁଥିଲେ ।

10. ମାଟିରେ ମିଶାଇବା	माटिरे मिशाइबा	ईंट से ईंट बजाना

ପ୍ରୟୋଗ- ହନୁମାନ, ଲଙ୍କାର ଅଶୋକ ବାଟିକାକୁ ମାଟିରେ ମିଶାଇ ଦେଇଥିଲେ ।

11. ଉଦିଆ ତାରା	उदिआ तारा	ईंद का चांद

ପ୍ରୟୋଗ- ଦେବେନ୍ଦ୍ର ତୁମେ ତ ଉଦିଆ ତାରା ହୋଇଗଲଣି । ଆଜିକାଲି କେଉଁଠି ରହୁଛ ?

12. ଅଙ୍ଗୁଳି ଉଠାଇବା	अंगुळि उठाइबा	उंगली उठाना

ପ୍ରୟୋଗ- ଚରିତ୍ରହୀନ ବ୍ୟକ୍ତି ଆଡ଼କୁ ସମସ୍ତେ ଅଙ୍ଗୁଳି ଉଠାନ୍ତି ।

13. ଗୋଦର କୋଡ଼େ ଯେତେ ମାଡ଼େ ସେତେ	गोदर कोड़े जेते माड़े सेते	उलटी गंगा बहाना

ପ୍ରୟୋଗ- ଗୋଦର କୋଡ଼େ ଯେତେ ମାଡ଼େ ସେତେ ନୀତିରେ ତୁମର ଉନ୍ନତି ହେବନାହିଁ ।

14. ଉଣେଇଶ-ବିଶ ଫରକ	उणेइश-बिश फरक	उन्नीस-बीस का अंतर

ପ୍ରୟୋଗ- ଦୁଇ ବନ୍ଧୁଙ୍କ ସ୍ୱଭାବରେ ଉଣେଇଶ-ବିଶ ଫରକ ଅଛି ।

15. ଧୂଆ ମୂଳା ଅଧୂଆ ମୂଳା ସବୁ ସମାନ	धूआ मूळा अधूआ मूळा सबु समान	एक ही लाठी से हांकना

ପ୍ରୟୋଗ- ସମସ୍ତଙ୍କୁ ଧୂଆ ମୂଳା ଅଧୂଆ ମୂଳା ସବୁ ସମାନ ଭଳି ଦେଖିବା ଠିକ୍ ନୁହେଁ ।

16. ମୁଣ୍ଡରୁ ବାଳ ଉପୁଡ଼ିବା	मुण्डरु बाळ उपुड़ीबा	एड़ी चोटी का ज़ोर लगाना

ପ୍ରୟୋଗ- ଦିନ ରାତି ଖଟି ଖଟି ତାଙ୍କ ମୁଣ୍ଡରୁ ବାଳ ଉପୁଡ଼ି ଗଲାଣି ।

17. ଗୋବର ଗଣେଶ	गोबर गणेश	काठ का उल्लू

ପ୍ରୟୋଗ- ସେ ଗୋଟେ ଗୋବର ଗଣେଶ, ତା'ଦେଇ କିଛି ହେବନି ।

18. ଖେଳଘର	खेळघर	खेल के घर

ପ୍ରୟୋଗ- ସୈନିକ ଜୀବନ ବିତାଇବା କୌଣସି ଖେଳଘର ନୁହେଁ ।

19. ଜୀବନର ବାଜି ଲଗାଇବା	जीबनर बाजि लगाइबा	खेत रहना

ପ୍ରୟୋଗ- ଦେଶରକ୍ଷା ପାଇଁ ସୈନିକମାନେ ନିଜ ଜୀବନର ବାଜି ଲଗାଇଥା'ନ୍ତି ।

20. ପୁରୁଣା ଘା' ଉଖାରିବା	पुरुणा घा उखारिबा	गड़े मुर्दे उखाड़ना

ପ୍ରୟୋଗ- ପୁରୁଣା ଘା' ଉଖାରି ଲାଭ କ'ଣ ! ବିତି ଯାଇଥିବା କଥାଗୁଡ଼ିକୁ ଭୁଲିଯିବା ଉଚିତ ।

21. ଘିଅ ଦୀପ ଜାଳିବା	घिअ दीप जाळिबा	घी के दिये जलाना

ପ୍ରୟୋଗ- କୁଖ୍ୟାତ ଡାକୁ ମରିଯିବା ପରେ ଗ୍ରାମବାସୀମାନେ ଘରେ ଘରେ ଘିଅ ଦୀପ ଜାଳିଲେ ।

22. କଟା ଘା'ରେ ଚୂନ ମାରିବା	कटा घारे चून मारिबा	घाव पर नमक छिड़कना

ପ୍ରୟୋଗ- ମୁଁ ପୂର୍ବରୁ ବହୁତ ହଇରାଣ ହୋଇଛି ଏହାପରେ ମଧ୍ୟ ତୁମେ ମୋ କଟା ଘା'ରେ ଚୂନ ଲଗାଉଛ !

23. ଗୋଡ଼-ହାତ ଥରିବା	गोड़-हात थरिबा	चम्पत होना

ପ୍ରୟୋଗ- ପୁଲିସ ଆସିବା ଯୋଗୁ ଚୋରର ଗୋଡ଼-ହାତ ଥରିଲା ।

24. ପ୍ରାଣ ଛାଡ଼ିଯିବା	प्राण छाड़ीजिबा	चल बसना

ପ୍ରୟୋଗ- ପୁରୁଷୋତ୍ତମ ରାମଙ୍କ ବିୟୋଗରେ ରାଜା ଦଶରଥଙ୍କ ପ୍ରାଣ ଛାଡ଼ିଗଲା ।

25. ତେଲ ମାରିବା	तेल मारिबा	चिकनी-चुपड़ी बातें करना

ପ୍ରୟୋଗ- ସଭାପତି ତେଲ ମାରି ବିପକ୍ଷ ନେତାମାନଙ୍କୁ ଫସାଇବାକୁ ଚେଷ୍ଟା କଲେ ।

26. ଦାନ୍ତ (ଟାଣ) ଭାଙ୍ଗିବା	दान्त (टाण) भांगिबा	छक्के छुड़ाना

ପ୍ରୟୋଗ- ଯୁଦ୍ଧରେ ଭାରତୀୟ ସେନା ପାକିସ୍ତାନୀ ସେନାକୁ ପରାସ୍ତ କଲା ।

27. ବୁକୁରେ ଲଗାଇବା	बुकुरे लगाइबा	छाती से लगाना

ପ୍ରୟୋଗ- ବହୁ ବର୍ଷରୁ ବିଚ୍ଛେଦ ହୋଇଥିବା ପୁଅକୁ ମା' ନିଜ ବୁକୁରେ ଲଗାଇଲା ।

28. ଗାତ ଖୋଳିବା	गात खोळिबा	जाल बिछाना

ପ୍ରୟୋଗ- ଅମିତକୁ ଫସାଇବା ପାଇଁ ମୋହନ ନିଜ କୂଟନୀତିର ଗାତ ଖୋଳିଲା ।

29. ନାହିରେ ତେଲ ପକାଇ ଶୋଇବା	नाहिरे तेल पकाइ शोइबा	जी का बोझ हलका होना

ପ୍ରୟୋଗ- ଝିଅ ସକୁଶଳ ଥିବା ଖବର ଶୁଣି ମାତା-ପିତା ନାହିରେ ତେଲ ପକାଇ ଶୋଇଲେ ।

30. ଜୀବନ ମୂର୍ଚ୍ଛା	जीबन मूर्च्छा	जी-जान लड़ाना

ପ୍ରୟୋଗ- ସେନାକୁ ସାମ୍ନା କରିବା ପାଇଁ ଜୀବନ ମୂର୍ଚ୍ଛା ପ୍ରସ୍ତୁତି କରିବାକୁ ହେବ ।

31. ଗୁଜୁରାଣ ମେଣ୍ଟିବା	गुजुराण मेण्टिबा	जीना दूभर होना

ପ୍ରୟୋଗ- ଆଜିକାର ମହଙ୍ଗା ବଜାରରେ ଗରିବ ଲୋକର ଗୁଜୁରାଣ ମେଣ୍ଟିବା କଷ୍ଟକର ହୋଇଯାଇଛି ।

32. ଲଗା ନା ପଘା	लगा ना पघा	जूतियां चटकाते फिरना

ପ୍ରୟୋଗ- କୌଣସି କାମଧନ୍ଦା କର, ଏମିତି କେତେଦିନ ଭାଁ ଭାଁ ହୋଇ ବୁଲିବୁ ।

33. ନିଆଁରେ ଘିଅ ପକାଇବା	निआँरे घिअ पकाइबा	जलती आग में घी डालना

ପ୍ରୟୋଗ- ସେ ପୂର୍ବରୁ ରାଗରେ ଜର ଜର ଥିଲା, ତୁମ କଥା ଜଳନ୍ତା ନିଆଁରେ ଘିଅ ପକାଇବା କାମ କଲା ।

34. ମୁହଁ ଉପରେ ଜବାବ ଦେବା	मुहँ उपरे जबाब देबा	टका सा जवाब देना

ପ୍ରୟୋଗ- ରାକେଶ ତାକୁ ସାହାଯ୍ୟ ମାଗିଲା କିନ୍ତୁ ସେ ମୁହଁ ଉପରେ ଜବାବ ଦେଇଦେଲା ।

35. ହାର୍ ମାନିବା	हार् मानिबा	टांग तले से निकलना

ପ୍ରୟୋଗ- ଶେଷରେ ଇଂରେଜମାନଙ୍କୁ ହାର୍ ମାନିବାକୁ ପଡ଼ିଲା ।

36. ନିଦ ହଜିଯିବା	निद हजिजिबा	तारे गिनना

ପ୍ରୟୋଗ- ଚିନ୍ତା ଓ ହତାଶା ଯୋଗୁ ହରିଶର ନିଦ ହଜିଯାଇଥିଲା ।

37. ଦୀପ ଲିଭିଯିବା	दीप लिभिजिबा	दम तोड़ना

ପ୍ରୟୋଗ- ଡାକ୍ତର ପହଞ୍ଚିବା ପୂର୍ବରୁ ହିଁ ରୋଗୀର ଜୀବନ ଦୀପ ଲିଭିଗଲା ।

38. ସନ୍ଦେହ ଉପୁଜିବା	सन्देह उपुजिबा	दाल में काला होना

ପ୍ରୟୋଗ- ପ୍ରତିଶ୍ରୁତି ଦେଇ ମଧ୍ୟ ସେ ନ ପହଞ୍ଚିବାରୁ ମୋର ସନ୍ଦେହ ଉପୁଜିଲା ।

39. ଲାଙ୍ଗୁଡ଼ ଜାକି ପଳାଇବା	लांगुड़ जाकि पळाइबा	दुम दबाकर भागना

ପ୍ରୟୋଗ- ଯୁଦ୍ଧ କ୍ଷେତ୍ରରୁ ଶତ୍ରୁପକ୍ଷ ଲାଙ୍ଗୁଡ଼ ଜାକି ପଳାଇଲା ।

40. ମୁଣ୍ଡ ଝାଳ ତୁଣ୍ଡରେ ମାରିବା	मुण्ड झाळ तुण्डरे मारिबा	दौड़-धूप करना

ପ୍ରୟୋଗ- କୃଷ୍ଣ, ଭଉଣୀ ବାହାଘର ପାଇଁ ମୁଣ୍ଡ ଝାଳ ତୁଣ୍ଡରେ ମାରି ଉପଯୁକ୍ତ ବର ସନ୍ଧାନ କଲା ।

41. ପାଲିଙ୍କି ଉପରେ ପାଟଛତା	पालिंकि उपरे पाटछता	दिन दूनी रात चौगुनी

ପ୍ରୟୋଗ- ମନୋଜ ପାଲିଙ୍କି ଉପରେ ପାଟଛତା ଭଳି ଉନ୍ନତି କରୁଛି ।

42. ମାଟି କାମୁଡ଼େଇବା	माटि कामुड़ेइबा	दांत खट्टे करना

ପ୍ରୟୋଗ- ଚନ୍ଦ୍ରଶେଖର ଆଜାଦ ଇଂରେଜମାନଙ୍କୁ ମାଟି କାମୁଡ଼େଇଥିଲେ ।

43. ମାଟିରେ ମିଶାଇବା	माटिरे मिशाइबा	धूल में मिलाना

ପ୍ରୟୋଗ- ସୁରେନ୍ଦ୍ର ପିତା-ମାତାଙ୍କ ଆଶାକୁ ମାଟିରେ ମିଶାଇଦେଲା ।

44. ଚମ୍ପଟ ମାରିବା	चंपट् मारिबा	नौ दो ग्यारह होना

ପ୍ରୟୋଗ- ଚୋର ପକେଟ୍‌ମାର କରି ଚମ୍ପଟ ମାରିଲା ।

45. କୁଆ ଉଡ଼ିଗଲେ ଛୁଆ ଉଡ଼ିଗଲା କହିବା	कुआ उड़ीगले छुआ उड़ीगला कहिबा	नमक-मिर्च लगाना

ପ୍ରୟୋଗ- ଅନେକ ମହିଳା କଥାବାର୍ତ୍ତା ବେଳେ କୁଆ ଉଡ଼ିଗଲେ ଛୁଆ ଉଡ଼ିଗଲା କୁହନ୍ତି ।

46. ନିଦ ହଜିଯିବା	निद हजिजिबा	नींद हराम होना

ପ୍ରୟୋଗ- ଝିଅର ବିବାହ ଚିନ୍ତା ଯୋଗୁ ମାତା-ପିତାଙ୍କ ନିଦ ହଜିଯାଇଛି ।

47. ଅପମାନ ଦେବା	अपमान देबा	पगड़ी उछालना

ପ୍ରୟୋଗ- ଆମର କାହାକୁ ଅପମାନ ଦେବା ଅଧିକାର ନାହିଁ ।

48. ରହସ୍ୟରୁ ପରଦା ଉଠାଇବା	रहस्यरु परदा उठाइबा	परदा उठाना

ପ୍ରୟୋଗ- ସେହି ବ୍ୟକ୍ତି ଜଣକ ଠିକ୍ ସମୟରେ ରହସ୍ୟରୁ ପରଦା ଉଠାଇଦେଲା, ନହେଲେ ନିର୍ଦ୍ଦୋଷ ଦଣ୍ଡ ପାଇଥାନ୍ତା ।

49. ଗୋପନୀୟ ରଖିବା	गोपनीय रखिबा	परदा डालना

ପ୍ରୟୋଗ- ରାମ ବହୁବର୍ଷ ଧରି ଏହାକୁ ଗୋପନୀୟ ରଖିଥିଲା ।

50. ଲାଜରେ ଜଳିଯିବା	लाजरे जळिजिबा	पानी-पानी होना

ପ୍ରୟୋଗ- ଅନିଲର ମନ୍ଦ ଅଭ୍ୟାସର ଚର୍ଚ୍ଚା ଶୁଣି ତା' ବାପା ଲାଜରେ ଜଳିଗଲେ ।

51. ଭୂମିସାତ କରିବା	भूमिसात करिबा	पानी फेरना

ପ୍ରୟୋଗ- କୁସଙ୍ଗତରେ ପଡ଼ି ପୁଅ ପିତା-ମାତାଙ୍କ ଆଶାକୁ ଭୂମିସାତ କରିଦେଲା ।

52. କୋହ ଫଟାଇ କାନ୍ଦିବା	कोह फटाइ कान्दिबा	फूट-फूटकर रोना

ପ୍ରୟୋଗ- ଭେଣ୍ଡିଆ ପୁଅର ଆକସ୍ମିକ ମୃତ୍ୟୁ ଖବର ଶୁଣି ମା' କୋହ ଫଟାଇ କାନ୍ଦିଲା ।

53. ଅତି ଆନନ୍ଦିତ ହେବା	अति आनन्दित हेबा	फूले न समाना

ପ୍ରୟୋଗ- ପୁଅର ମହାନ୍ ସଫଳତାରେ ମାତା-ପିତା ଅତି ଆନନ୍ଦିତ ହେଉଥିଲେ ।

54. ଅଳ୍ପକେ ବର୍ତ୍ତିବା	अळ्पके बर्त्तिबा	बाल-बाल बचना

ପ୍ରୟୋଗ- କାର୍ ଦୁର୍ଘଟଣାରେ ସେ ଅଳ୍ପକେ ବର୍ତ୍ତିଗଲେ ।

55. ବାଟ ଚାହିଁବା	बाट चाहिंबा	बाट जोहना

ପ୍ରୟୋଗ- ବିଳମ୍ବିତ ରାତି ପର୍ଯ୍ୟନ୍ତ ପତ୍ନୀ ନିଜ ପତିଙ୍କ ବାଟ ଚାହିଁ ରହିଥିଲେ ।

56. ସ୍ୱାର୍ଥପର ବନ୍ଧୁ	स्वार्थपर बंधु	मतलबी यार

ପ୍ରୟୋଗ- ତୁମେ ସ୍ୱାର୍ଥପର ବନ୍ଧୁଙ୍କୁ ଚିହ୍ନ । ପ୍ରକୃତ ବନ୍ଧୁ ମିଳିବା କଷ୍ଟକର ।

57. ବାରଦୁଆର ଶୁଣ୍ଢିପିଣ୍ଡା ହେବା	बार दुआर शुण्ढिपिण्डा हेबा	मारे-मारे फिरना

ପ୍ରୟୋଗ- ରମା ଚାକିରି ସନ୍ଧାନରେ ବାରଦୁଆର ଶୁଣ୍ଢିପିଣ୍ଡା ହେଉଛି ।

58. ପାଟିରୁ ଲାଳ ଗଡ଼ିବା	पाटिरु लाळ गड़ीबा	मुंह में पानी भर आना

ପ୍ରୟୋଗ- ଅଙ୍ଗୁର ପେଟ୍ଟା ଦେଖି କୋକିଶିଆଳୀର ପାଟିରୁ ଲାଳ ଗଡ଼ିଲା ।

59. ମାଛି ଘଉଡ଼ାଇବା	माछि घउड़ाइबा	मक्खियाँ मारना

ପ୍ରୟୋଗ- ଚାକିରି ଅଭାବରୁ ଯୁବଗୋଷ୍ଠୀ ମାଛି ଘଉଡ଼ାଉଛନ୍ତି ।

60. ଦିବାସ୍ୱପ୍ନ ଦେଖିବା	दिबास्वप्न देखिबा	मन के लड्डू पकाना

ପ୍ରୟୋଗ- କୌଣସି ମହତ କାର୍ଯ୍ୟ କରି ଦେଖାଅ, ଦିବାସ୍ୱପ୍ନ ଦେଖିବାରେ ଲାଭ ନାହିଁ ।

61. ପାଟିରୁ ଲାଳ ଗଡ଼ିବା	पाटिरु लाळ गड़ीबा	मुंह में पानी भर आना

ପ୍ରୟୋଗ- ଅଙ୍ଗୁର ପେନ୍ଥା ଦେଖି କୋକିଶିଆଳୀର ପାଟିରୁ ଲାଳ ଗଡ଼ିଲା ।

62. ଅଦୃଶ୍ୟ ହେବା	अदृश्य हेबा	रफू-चक्कर होना

ପ୍ରୟୋଗ- ପୁଲିସକୁ ଦେଖିବା କ୍ଷଣି ପକେଟ୍‌ମାର୍ ଅଦୃଶ୍ୟ ହୋଇଗଲା ।

63. ତିଳକୁ ତାଳ କରିବା	तिळकु ताळ करिबा	राई का पहाड़ बनाना

ପ୍ରୟୋଗ- ତୁମେ ମଧ୍ୟ ତା କଥାରେ ଭାସିଗଲ, ସେ ତ ତିଳକୁ ତାଳ କରିବାରେ ଅଭ୍ୟସ୍ତ ।

64. ସ୍ୱୀକାର କରିବା	स्वीकार करिबा	लोहा मानना

ପ୍ରୟୋଗ- ଆଖପାଖ ରାଜ୍ୟର ସମସ୍ତ ରାଜା ସମ୍ରାଟ୍‌ଙ୍କୁ ସ୍ୱୀକାର କରୁଥିଲେ ।

65. କଥା ଦେବା	कथा देबा	वचन देना

ପ୍ରୟୋଗ- ସେ ମୋତେ କଥା ଦେଇଥିଲା ଯେ ସେ ସର୍ବଦା ମୋ ସାଥିରେ ରହିବ ।

66. ବାହାଦୂରୀ ଗପିବା	बाहादूरी गपिबा	शेखी मारना

ପ୍ରୟୋଗ- ସେ ନିଜକୁ ମହାନ୍ ଭାବେ, ସବୁବେଳେ ବାହାଦୂରୀ ଗପେ ।

67. ସାମ୍ନା କରିବା	साम्ना करिबा	सामना करना

ପ୍ରୟୋଗ- ମୁଁ ପ୍ରତ୍ୟେକ ସମସ୍ୟାକୁ ଧୈର୍ଯ୍ୟର ସହ ସାମ୍ନା କରିଥାଏ ।

68. ସର୍ବେସର୍ବା ହେବା	सर्बेसर्बा हेबा	सर्वे-सर्वा होना

ପ୍ରୟୋଗ- ଶ୍ରୀ ବିଶ୍ୱନାଥ ଏହି ସଂସ୍ଥାର ସର୍ବେସର୍ବା ଅଟନ୍ତି ।

69. ଜୀବନ ନେଇ ଦୌଡ଼ିବା	जीबन नेइ दौड़ीबा	सिर पर पांव रखकर भागना

ପ୍ରୟୋଗ- ଜୁଆଡ଼ିମାନେ ପୁଲିସ ଆସୁଥିବା ଦେଖି ଜୀବନ ନେଇ ଦୌଡ଼ି ପଳାଇଲେ ।

70. ଆତ୍ମସମର୍ପଣ କରିବା	आत्मसमर्पण करिबा	हथियार डाल देना

ପ୍ରୟୋଗ- ଚୋରମାନେ ପୁଲିସ ସାମ୍ନାରେ ଆତ୍ମସମର୍ପଣ କଲେ ।

71. ହାତ ବାନ୍ଧି ବସିବା	हात बांधि बसिबा	हाथ पर हाथ धरे बैठना

ପ୍ରୟୋଗ- ଏହିଭଳି କେତେଦିନ ହାତ ବାନ୍ଧି ବସିବୁ । କିଛି କାମଧନ୍ଦା କର ।

72. ଚେଷ୍ଟା କରିବା	चेष्टा करिबा	हाथ-पांव मारना

ପ୍ରୟୋଗ- ମୁଁ ତୁମକୁ ପାଇବା ପାଇଁ ବହୁତ ଚେଷ୍ଟା କରିଛି ।

73. ହାତଛଡ଼ା କରିବା | हातछड़ा करिबा | हाथ धो बैठना

ପ୍ରୟୋଗ- କାର୍ଯ୍ୟକୁ ଠିକ୍ ଭାବେ ଆୟତ୍ତ କର, ନହେଲେ ଏ ସବୁକୁ ହାତଛଡ଼ା କରିବ ।

74. ପଶ୍ଚାତାପ କରିବା | पश्चाताप करिबा | हाथ मलते रह जाना

ପ୍ରୟୋଗ- ଏବେଠାରୁ ସତର୍କ ହୁଅ ନହେଲେ ପଛରେ ପଶ୍ଚାତାପ କରିବ ।

75. କୁହୁଡ଼ି ପହଁରିବା | कुहुड़ी पहँरिबा | हवाई किले बनाना

ପ୍ରୟୋଗ- କୁହୁଡ଼ି ପହଁରିବାରେ ଲାଭ କ'ଣ, କିଛି କରିକି ଦେଖାଇଲେ ଜଣାଯିବ ।

लोकोक्तियाँ ଲୋକକଥା

1.	ଅପାଳକ ରାଇଜରେ ବିଜୁଳି ଲକ୍ଷେ ଟଙ୍କା ।	अपाळक राइजरे बिजुळि लक्षे टंका।	अँधों में काना राजा।
2.	ଫମ୍ପା ମାଠିଆର ଶବ୍ଦ ଅଧିକ ।	फंपा माठिआर शब्द अधिक।	अधजल गगरी छलकत जाये।
3.	ଆପେ ବଞ୍ଚିଲେ ବାପର ନାଁ ।	आपे बंचिले बापर नाँ।	आप भला तो जग भला।
4.	ନିବାରଣ ଠାରୁ ନିରାକରଣ ଭଲ ।	निबारण ठारु निराकरण भल।	इलाज से परहेज बेहतर।
5.	ତରତରରେ କାମ ଖରାପ ।	तरतरे काम खराप।	उतावला सो बावला।
6.	ଗୋଟିଏ ଗୁଳିରେ ଦୁଇଟି ଶିକାର ।	गोटिए गुळिरे दुइटि शिकार।	एक पंथ दो काज।
7.	କାମ ଭଲ ତ ନିଜେ ଭଲ ।	काम भल त निजे भल।	काम प्यारा कि चाम प्यारा।
8.	ଦୀପ ତଳ ଅନ୍ଧାର ।	दीप तळ अंधार।	चिराग तले अंधेरा।
9.	ଜୀବ ଥିଲେ ଲୋଭ ଅଛି ।	जीब थिले लोभ अछि।	जब तक सांस तब तक आस।
10.	ଫୁଲ ଥିଲେ କଣ୍ଟା ଅଛି ।	फुल थिले कण्टा अछि।	जहां फूल वहां कांटा।
11.	ଜୋର୍ ଯା'ର ମୁଲକ ତା'ର ।	जोर् जार मुलक तार।	जिसकी लाठी उसकी भैंस।
12.	ଯାହାର କଷ୍ଟ ସେ ଜାଣେ ।	जाहार कष्ट से जाणे।	जिसका दु:ख वही जाने।

13.	ଯେପରି ରାଜା ସେପରି ପ୍ରଜା ।	जेपरि राजा सेपरि प्रजा।	जैसा राजा वैसी प्रजा।
14.	ଯେ ଦେଶ ଯାଇ ସେ ଫଳ ଖାଇ ।	जे देश जाइ से फळ खाइ।	जैसा देश वैसा भेष।
15.	ଭୁକିଲା କୁକୁର କାମୁଡ଼େ ନାହିଁ ।	भुकिला कुकुर कामुड़े नाहिँ।	जो गरजते हैं वे बरसते नहीं।
16.	ଛୋଟ ସାପର ବିଷ ବେଶୀ ।	छोट सापर बिष बेशी।	थोथा चना बाजे घना।
17.	କଣ୍ଟାକୁ କଣ୍ଟାରେ କଢ଼ାଯାଏ ।	कण्टाकु कण्टारे कढ़ाजाए।	धन को धन कमाता है।
18.	ନାହିଁ ମାମୁଁ ଠାରୁ କଣା ମାମୁଁ ଭଲ ।	नाहिँ मामुँ ठारु कणा मामुँ भल।	नौ नगद न तेरह उधार।
19.	ଚାଲି ନଜାଣି ବାଟର ଦୋଷ ।	चालि नजाणि बाटर दोष।	नाच न जाने आँगन टेढ़ा।
20.	ଅଳ୍ପ ବିଦ୍ୟା ଭୟଙ୍କର ।	अळ्प बिद्या भयंकर।	नीम हकीम खतरे जान।
21.	ପାଣିରେ ରହି କୁମ୍ଭୀର ସହ ଶତ୍ରୁତା ।	पाणिरे रहि कुम्भीर सह शत्रुता।	पानी में रहे मगर से वैर।
22.	କଷ୍ଟ କଲେ କୃଷ୍ଣ ମିଳେ ।	कष्ट कले कृष्ण मिळे।	बिना सेवा मेवा नहीं मिलता।
23.	ଏଣ୍ଡୁଅ ଦଉଡ଼ କିଆ ବୁଦାକୁ ।	एण्डुअ दउड़ किआ बुदाकु।	मुल्ला की दौड़ मस्जिद तक।
24.	ବିଷକୁ ବିଷ କାଟେ ।	बिषकु बिष काटे।	लोहे को लोहा काटता है।
25.	ଚୁପ୍ ରହିବା ସବୁଠାରୁ ଭଲ ।	चुप् रहिबा सबुठारु भल।	सबसे भली चुप।

•••

ओड़िया-हिंदी शब्दकोश
ଓଡ଼ିଆ-ହିନ୍ଦୀ
ଶବ୍ଦକୋଶ

वर्गीकृत शब्द सूची
ବର୍ଗୀକୃତ ଶବ୍ଦ ସୂଚୀ

1. संबंधी ସମ୍ପର୍କୀୟ

କକା	चाचा
ଖୁଡ଼ି	चाची
ଜା (ନଣନ୍ଦ)	जेठानी (देवरानी)
ଜେଜେ ବାପା	दादा
ଜେଜେ ମା'	दादी
ଜ୍ୱାଇଁ	दामाद
ଅଜା (ମା'ଙ୍କ ବାପା)	नाना
ଆଈ (ମା'ଙ୍କ ମା')	नानी
ସ୍ୱାମୀ	पति
ସ୍ତ୍ରୀ	पत्नी
ପିତା (ବାପା)	पिता
ପୁତ୍ର (ପୁଅ)	पुत्र
ପୁତ୍ରବଧୂ	पुत्रवधू
ଝିଅ	पुत्री
ଭଉଣୀ	बहन
ପୁତୁରା	भतीजा
ଝିଆରୀ	भतीजी
ଭାଇ	भाई
ଭଣଜା	भांजा
ଭାଣିଜୀ	भांजी
ମା'	माता
ମାମୁଁ	मामा
ମାଇଁ	मामी
ମାଉସୀ	मौसी
ଶ୍ୱଶୁର	ससुर
ଶାଶୁ	सास
ସାବତ ମା'	सौतेली माँ

2. घरेलू चीज़ें
ଘରୋଇ ସରଞ୍ଜାମ

ଆଲମାରୀ	अलमारी
ଚେୟାର	कुरसी
କଇଁଚି	कैंची
ଗିଲାସ	गिलास
ସପ	चटाई
ଚାମଚ	चमचा
ଚାବି	चाबी
ଖଟ	चारपाई
ଚୂଲା	चूल्हा
ଛତା	छाता
ଟୁଡ଼ି	टोकरी
ତାଲା	ताला
ଥାଳି	थाली
ବାକ୍ସ	बक्सा

ବାସନ	बर्तन
ବାଲ୍ତି	बाल्टी
ଟେବୁଲ୍	मेज
ମହମବତୀ	मोमबत्ती
ସିନ୍ଦୁକ	संदूक
ସାବୁନ	साबुन
ଛୁଞ୍ଚି	सूई
ହାତୁଡ଼ି	हथौड़ी

3. पढ़ाई-लिखाई का सामान

ଲେଖାପଢ଼ା ସାମଗ୍ରୀ

ଖବରକାଗଜ	अख़बार
ଆଲପିନ୍	आलपिन
କଲମ	कलम
କାଗଜ	कागज
ଡାକ ଟିକଟ	टिकट (स्टाम्प)
ତାର	तार
ସ୍ୟାହି ଦୁଆତ	दवात
କାର୍ବନ୍ କାଗଜ	नकल करने वाला पेपर
ନକଲ କରିବା ପେନ୍‌ସିଲ	नकल करने वाली पेंसिल
ନକ୍ସା	नक्शा
ବୃତ୍ତ ଆଙ୍କିବା ଯନ୍ତ୍ର	परकाल
ପେନ୍‌ସିଲ	पेंसिल
ପୋଷ୍ଟକାର୍ଡ	पोस्टकार्ड
ଫାଇଲ୍	फाइल
ଫିତା	फीता
ମୋହର	मोहर
ରବର	रबड़
ରବର ମୋହର (ଷ୍ଟାମ୍ପ)	रबड़ की मोहर
ଅନାବନା କାଗଜ ଝୁଡ଼ି	रद्दी की टोकरी
ଲଫାପା	लिफ़ाफा
ସ୍ୟାହି	स्याही
ବ୍ଲଟିଙ୍ଗ୍ କାଗଜ	स्याही चूस

4. शरीर के अंग

ଶରୀରର ଅଙ୍ଗ

ଆଙ୍ଗୁଳି (ଗୋଡ଼)	अँगुली (पैर)
ଆଙ୍ଗୁଳି (ହାତ)	अँगुली (हाथ)
ବୁଢ଼ା ଆଙ୍ଗୁଳି (ହାତ)	अँगूठा (हाथ)
ଆଖି	आँख
ଓଠ	ओंठ
ଗୋଇଠି	एड़ी
କାନ୍ଧ	कंधा
ଅଣ୍ଟା	कमर
କାନ	कान
ଖପୁରୀ	खोपड़ी
ବେକ	गर्दन
ଗଳା	गला
ଗାଲ	गाल
ଆଣ୍ଠୁ	घुटना
ଚମଡ଼ା (ତ୍ୱଚା)	चमड़ा
ମୁଖମଣ୍ଡଳ	चेहरा
ଛାତି (ପୁରୁଷ)	छाती (पुरुष)
ଛାତି (ମହିଳା)	छाती (स्त्री)
ଜଙ୍ଘ	जांघ
ଜିଭ	जीभ
ଥୋଡ଼ି	ठोड़ी
ଦାଢ଼ି	दाढ़ी
ଦାନ୍ତ	दाँत
ମସ୍ତିଷ୍କ	दिमाग
ନାଡ଼ି	नस
ନାକ	नाक
ପିଠି	पीठ
ପେଟ	पेट
ମାଂସପେଶୀ	पेशी
ପାଦ	पैर
ଫୁସ୍‌ଫୁସ୍	फेफड़ा
କେଶ (ବାଳ)	बाल
ମାଢ଼ି	मसूड़ा
ପାଟି	मुँह
ମେରୁଦଣ୍ଡ	रीढ़

ହାଡ଼	हड्डी
ପାପୁଲି	हथेली
ହୃଦୟ	हृदय

5. रोग ରୋଗ

କୁଷ୍ଠ ରୋଗ	कोढ़
କୋଷ୍ଠବଦ୍ଧତା	कोष्ठ्बद्धता
(କବ୍ଜ)	(कब्ज़)
କାଶ	खांसी
ଗଣ୍ଠିବାତ	गठिया
ଆବୁ	गाँठ
ମୂକ	गूँगा
ମୁଣ୍ଡବୁଲା ରୋଗ	चक्कर
ଛିଙ୍କ	छींक
ଜ୍ୱର	ज्वर
ଶ୍ୱାସରୋଗ	दमा
ଦାଦୁ	दाद
ପଥର	पथरी
ଝାଳ	पसीना
ପାଗଳାମି	पागलपन
ପୂଜ	पीब
କାମଳ ରୋଗ	पीलिया
ଅମାଶୟ (ନାଳଝାଡ଼ା)	पेचिश
ଶ୍ୱେତ ପ୍ରଦର	प्रदर
ବଥ	फोड़ा
କଫ	बलगम
ଅର୍ଶରୋଗ	बवासीर
ମଧୁମୂତ୍ର ରୋଗ	बहुमूत्र
ଜ୍ୱର	बुखार
ଭୋକ	भूख
ମୂତ୍ର	मूत्र
ମୋଟାପଣ	मोटापा
ମୋତିଆ ବିନ୍ଦୁ	मोतिया बिंद
ରକ୍ତହୀନତା	रक्ताल्पता
ପକ୍ଷାଘାତ	लकवा
ବିଷ୍ଠା (ମଳ)	विष्ठा
ବସନ୍ତ ରୋଗ	शीतला
ମୁଣ୍ଡବିନ୍ଧା	सिरदर्द
ଜଳାପୋଡ଼ା (ଫୁଲା)	सूजन
ହଇଜା	हैजा

6. वस्त्र एवं परिधान
ବସ୍ତ୍ର ଏବଂ ପରିଧାନ

ଗାମୁଛା	अँगोछा
ଶାର୍ଟ	कमीज़
କମ୍ବଳ	कंबल
କୋଟ	कोट
ଚାଦର	चादर
ପକେଟ୍	जेब
ତଉଲିଆ	तौलियां
ହସ୍ତାବରଣ	दस्ताने
ଶାଲ	दुशाला
ପ୍ୟାଣ୍ଟ	पतलून
ପାଇଜାମା	पायजामा
ବୋତାମ	बटन
ତୁଳା	रूई
ରେଶମ	रेशम
ଗାଉନ୍	लंबादा
ଘାଗରା	लहँगा
ପଗଡ଼ି	साफ़ा (पगड़ी)

7. आभूषण ଆଭୂଷଣ

ମୁଦି	अँगूठी
କଙ୍କଣ	कंगन
କଡ଼ା	कड़ा
ଚୁଡ଼ି	चूड़ी
ମାଳା	माला
ପୋହଳା	मूंगा
ମୋତି	मोती
ହାରା	हार

8. फल-फूल व सब्जियां
ଫୁଲ, ଫଳ ଏବଂ ପନିପରିବା

ଆମ୍ବ	आम
ଆଳୁ	आलू
ଅଙ୍ଗୁର	अंगूर

ଡିମିରି	अंजीर
ଆଖୁ	ईख
ପଦ୍ମ	कमल
ବୋଇତିକଖାରୁ	कद्दू
କଦଳୀ	केला
ଖଜୁରୀ	खजूर
ଗାଜର	गाजर
ଗୋଲାପ	गुलाब
ଘାସ	घास
ଜାମୁକୋଳି	जामुन
ତରଭୁଜ	तरबूज
ନଡ଼ିଆ	नारियल
କମଳା	नारंगी
ଲେମ୍ବୁ	नींबू
ଅମୃତଭଣ୍ଡା	पपीता
ପୋଦିନାପତ୍ର	पुदीना
ଗଛ	पौधा
ପିଆଜ	प्याज़
ଫୁଲକୋବି	फूलगोभी
ବନ୍ଧାକୋବି	बंद गोभी
ବରକୋଳି	बेर
ବାଇଗଣ	बैंगन
ଲଙ୍କା	मिर्च
ଚିନାବାଦାମ	मूँगफली
ମୂଳା	मूली
ରସୁଣ	लहसुन
ସେଓ	सेब

9. खनिज पदार्थ ଖଣିଜ ପଦାର୍ଥ

କୋଇଲା	कोयला
ଚାନ୍ଦି	चाँदी
ତମ୍ବା	तांबा
ପାରଦ	पारा
ପିତଳ	पीतल
ଟିଣ	रांगा
ସୀସା	सीसा
ଲୁହା	लोहा

10. अन्न व खाद्य पदार्थ
ଅନ୍ନ ଓ ଖାଦ୍ୟ ପଦାର୍ଥ

ଅଟା	आटा
କଫି	कह्वा
ଗହମ	गेहूँ
ଚଣା	चना
ରୁଟି	चपाती (रोटी)
ଚା’	चाय
ଚିନି	चीनी
ଯବ	जौ
ତେଲ	तेल
ଦହି	दही
ଡାଲି	दाल
ଦୁଧ	दूध
ଛେନା	पनीर
ମକା	भुट्टा (मकई)
ଭୋଜନ	भोजन
ଲହୁଣି	मक्खन
ସର	मलाई
ମାଂସ	मांस
ମିଠାଇ	मिठाई
ମୋରବା	मुरब्बा
ମଇଦା	मैदा
ରୁଟି	रोटी
ଗୁଡ଼	शक्कर
ମଦ	शराब
ମହୁ	शहद

11. व्यवसाय ବ୍ୟବସାୟ

ଅଧ୍ୟାପକ	अध्यापक
କାରିଗର	कारीगर
କଳାକାର	कलाकार
କୃଷକ	किसान
କୋଷାଧ୍ୟକ୍ଷ	खजांची
ମୋଚି	चमार (मोची)
ଅଳଙ୍କାର ବ୍ୟବସାୟୀ	जौहरी
ତନ୍ତୀ	जुलाहा

କଂସାରୀ	ठठेरा
ଡାକବାଲା	डाकिया
ଡାକ୍ତର	डॉक्टर
ତେଲୀ	तेली
ଦର୍ଜି	दर्जी
ଦନ୍ତ ଚିକିତ୍ସକ	दंत चिकित्सक
ଦୋକାନୀ	दुकानदार
ଧୋବା	धोबी
ଚୌକିଦାର	पहरेदार
ବୁଲାବିକାଳୀ	फेरीवाला
ବଢ଼େଇ	बढ़ई
ଭିକାରୀ	भिखारी
ଧୀବର	मछुआ
ନାଉରିଆ	मल्लाह
ମାଳୀ	माली
ଗୁମାସ୍ତା (କିରାନି)	मुंशी
ଝାଡୁଦାର	मेहतर
କୋଷାଧ୍ୟକ୍ଷ	रोकड़िया
ରଞ୍ଜକ	रंगरेज
ଲେଖକ	लेखक
ବଇଦ	वैद्य
ବଣିଆ	सोनार
ସମ୍ପାଦକ	संपादक
ଗୁଡ଼ିଆ	हलवाई

12. पशु ପଶୁ

ଓଟ	ऊँट
କୁକୁର	कुत्ता
ଠେକୁଆ	खरगोश
ଗଧ	गधा
ଗାଈ	गाय
ଘୋଡ଼ା	घोड़ा
ମୂଷା	चूहा
ଲାଞ୍ଜ	दुम
ପଶୁ	पशु
ପଶୁର ନଖ	पंजा
କୁକୁରଛୁଆ	पिल्ला
ଅଣ୍ଡିରା ଛେଳି	बकरा
ମାଈ ଛେଳି	बकरी
ବାଛୁରୀ	बछड़ा
ବିରାଡ଼ି	बिल्ली
ମାଙ୍କଡ଼	बंदर
ବଳଦ	बैल
ଭାଲୁ	भालू
ମେଣ୍ଢା	भेड़
ମେଣ୍ଢାଛୁଆ	मेमना
କୋକିଶିଆଳୀ	लोमड़ी
ଷଣ୍ଢ	साँड
ଶିଆଳ	सियार
ସିଂହ	सिंह
ଘୁଷୁରୀ	सूअर
ହରିଣ	हिरण
ହାତୀ	हाथी

13. पक्षी ପକ୍ଷୀ

ଅଣ୍ଡା	अंडा
ପେଚା	उल्लू
ପାରା	कबूतर
କୋଇଲି	कोयल
କାଉ	कौआ
ଇଗଲ	गरुड़
ଘରଚଟିଆ	गौरैया
ପକ୍ଷୀବସା	घोंसला
ବାଦୁଡ଼ି	चमगादड़
ଚିଲ	चील
ଥଣ୍ଟ	चोंच
ଡେଣା	डैना
ପିଞ୍ଜରା	पिंजड़ा
ବୁଲବୁଲ	बुलबुल
କୁକୁଡ଼ା (ଗଞ୍ଜା)	मुर्गा
ମାଈ କୁକୁଡ଼ା	मुर्गी
ମୟୂର	मोर
ସାରସ ପକ୍ଷୀ	सारस
ରାଜହଂସ	हंस

•••

कुछ प्रमुख ओड़िया क्रियाएँ
କିଛି ପ୍ରମୁଖ ଓଡ଼ିଆ କ୍ରିୟା

ବ୍ୟସ୍ତ ହେବା	अकुलाना	ଠକିବା	ऐंठना
ଅଟକିବା	अटकना	ଘୋଡ଼େଇହେବା	ओढ़ना
ଅଳସ ଲାଗିବା	अलसाना	ଘଡ଼ଘଡ଼ି ମାରିବା	कड़कना
ଆସିବା	आना	କାଟିବା	कतरना
ଫୁଟାଣି ଦେଖାଇବା	इतराना	ରୋଜଗାର କରିବା	कमाना
		କରିବା	करना
ପ୍ରବର୍ତ୍ତାଇବା	उकसाना	ବାନ୍ଧିବା	कसना
ଓପାଡ଼ିବା	उखड़ना	କହିବା	कहना
ବିନଷ୍ଟ କରିବା	उखाड़ना	ଥରିବା	काँपना
ଅଙ୍କୁରିତ ହେବା	उगना	ଧକ୍କା ଲାଗିବା	खटकना
ବାନ୍ତି କରିବା	उगलना	ଖାଇବା	खाना
ମନ ମଳିନ ପଡ଼ିଯିବା	उचटना	ଚିଡ଼ାଇବା	खिजाना
ଡେଇଁବା	उछलना	ଖେଳିବା	खेलना
ଉଜୁଡ଼ିବା	उजड़ना	ହରାଇବା	गँवाना
ଉଜାଡ଼ିବା	उजाड़ना	ଗାଇବା	गाना
ଉଠିବା	उठना	ଗଣିବା	गिनना
ଉଠାଇବା	उठाना	ପଡ଼ିବା	गिरना
ଉଡ଼ାଇବା	उड़ाना	ପକାଇବା	गिराना
ଓହ୍ଲାଇବା	उतरना	ଅଗ୍ରସର ହେବା	गुजरना
କାଢ଼ିଦେବା	उतारना	ରାଗରେ ଗର୍ଜିବା	गुर्राना
ଅଲଗା କରିବା	उधेड़ना	ପ୍ରବେଶ କରିବା	घुसना
ଫୁଲିବା	उभरना	ଘୂରିବା	घूमना
ଉଛୁଳି ପଡ଼ିବା	उमड़ना	ଘେରିବା	घेरना
ଅଡୁଆରେ ପଡ଼ିବା	उलझना	ଗୋଳାଇବା	घोलना
ଓଲଟିବା	उलटना	ମୁଣ୍ଡ ଘୂରେଇବା	चकराना
ଘୁମାଇବା	ऊँघना	ଚାଖିବା	चखना

ଚଢ଼ିବା	चढ़ना	ପିଟିବା	पीटना
ଚାଲିବା	चलना	ପେଷିବା	पीसना
ଝଟକିବା	चमकना	ଡାକିବା	पुकारना
ଚାଟିବା	चाटना	ପ୍ରବେଶ କରିବା	पैठना
ଇଚ୍ଛା କରିବା	चाहना	ପୋଛିବା	पोंछना
ଚୋରି କରିବା	चुराना	ଅଡୁଆରେ ପଡ଼ିବା	फँसना
ଝାମ୍ପିନେବା	छीनना	ଭର୍ତ୍ସନା କରିବା	फटकारना
ମୁକ୍ତ କରିବା	धुड़ाना	ଚିରିବା	फाड़ना
ଯିବା	जाना	ଭ୍ରମଣ କରିବା	फिरना
ଜାଣିବା	जानना	ଫୁଲିବା	फूलना
ଜିତିବା	जीतना	ଫୋପାଡ଼ିବା	फेंकना
ଚାଷ କରିବା	जोतना	ବାଜେ କଥା କହିବା	बकना
ଝଗଡ଼ା କରିବା	झगड़ना	ବଢ଼େଇବା	बढ़ना
ଝୁଲିବା	झूलना	ଜଣାଇବା	बताना
ବୁଲିବା	टहलना	ବଦଳାଇବା	बदलना
ଟାଳିବା	टालना	ତିଆରି କରିବା	बनाना
ପକାଇବା	डालना	ବରଷିବା	बरसना
ଢାଙ୍କିବା	ढकना	ବିଗାଡ଼ିବା	बिगाड़ना
ଆକାଂକ୍ଷା କରିବା	तरसना	ବସିବା	बैठना
ଅନୁମାନ କରିବା	ताड़ना	କହିବା	बोलना
ଭାଙ୍ଗିବା	तोड़ना	ହୁରୁଡାଇବା	भड़काना
ଅଟକିବା	थमना	ଧାଇଁବା	भागना
ଦୌଡ଼ିବା	दौड़ना	ମାଗିବା	माँगना
ଧିକ୍କାର କରିବା	धिक्कारना	ବଦଳାଇବା	मोड़ना
ବାହାର କରିବା	निकालना	ରଖିବା	रखना
ପୋଷଣ କରିବା	निबाहना	ନିର୍ମାଣ କରିବା	रचना
ଅନୁଗମନ କରିବା	निभाना	ଘୋଷିବା	रटना
ଧରିବା	पकड़ना	ବସବାସ କରିବା	रहना
ହଜମ ହେବା	पचना	ଅଟକାଇବା	रोकना
ତଳେ ଫୋପାଡ଼ିବା	पटकना	ମନେହେବା	लगना
ପଢ଼ିବା	पढ़ना	ନିୟୋଜିତ କରିବା	लगाना
ପଦାର୍ପଣ କରିବା	पधारना	ଝୁଲିବା	लटकना
ପିନ୍ଧିବା	पहनना	ଗୁଡ଼ାଇବା	लपेटना
ଲାଳନ ପାଳନ କରିବା	पालना	ଲଘିଂବା	लाँघना

ଲଦିବା	लादना	ବୁଦ୍ଧି ଜୁଟିବା	सूझना
ଲେଖିବା	लिखना	ଅର୍ପଣ କରିବା	सौंपना
ନେବା	लेना	ହସିବା	हँसना
ଫେରାଇବା	लौटना	ହସାଇବା	हँसाना
ତ୍ୟାଗ କରିବା	वारना	ଜିଭ ଲାଗିବା	हकलाना
ବିଚାର କରିବା	विचारना	ଗ୍ରାସ କରିବା	हड़पना
ଯୋଗାଡ଼ କରିବା	सँजोना	ହାତେଇବା	हथियाना
ସଜାଇବା	सजाना	ଦୀର୍ଘ ନିଃଶ୍ୱାସ ନେବା	हाँफना
ସଢ଼ିବା/ନଷ୍ଟ ହେବା	सड़ना	ହାରିବା	हारना
ପାଣି ମଡ଼ାଇବା	सींचना	ହଲିବା	हिलना
ଶିଖିବା	सीखना	ଦେଖାଯିବା	दिखना
ସିଲେଇ କରିବା	सीना	ଦେଖିବା	देखना
ଶୁଣିବା	सुनना	ଦୋହରାଇବା	दोहराना
ଶୁଖିବା	सूखना		

•••

www.ingramcontent.com/pod-product-compliance
Lightning Source LLC
LaVergne TN
LVHW091047150826
845673LV00002B/486

* 9 7 8 9 3 8 6 7 5 9 8 0 1 *